전은주(꽃님에미) 지음

북하우스

여는 말
그림책 대화의 힘

글자를 아는데도 왜 자꾸 읽어달라고 할까?

어휴, 아직 글자를 모르니 읽어주긴 하지만, 어서 빨리 아이가 한글을 익혀 혼자 책을 읽었으면 좋겠다고요? 똑같은 책 수십 번 수백 번 반복해서 읽어주자니, 그 책은 숨겨놓고 싶을 지경이신가요? 하긴, 책도 자기 혼자 읽어야 진짜 독서 같지요. 책을 키 높이만큼 쌓아놓고 책의 바다를 마음껏 유영하는 날은 언제나 올까요? 사실 아이가 혼자 책을 읽으면 엄마는 또 얼마나 편하겠습니까? 너는 니 일, 나는 내 일.

혹시 큰아이가 동생의 그림책을 옆에서 읽고 있으면 마음이 답답하신가요? 니가 지금 그거 읽을 때냐? 가서 문제집을 풀든가, 역사책이나 과학책을 보거라. 글자가 좀 있는 책은 사는 게 아깝지 않은데, 그림책은 어쩐지 장난감 같아서 사기 아까우신가요? 한 번만 봐도 내용 다 아는데…….

하하. 다 제가 했던 생각이거든요. 무슨 일제 강점기도 아닌데 왜 그렇게 '읽기 독립'을 간절히 바랐는지 모르겠습니다. 언젠가 아이들은 반드시 혼자 책을 읽는 날이 오는데 말이에요. 그리고 혼자 읽을 줄 아는 것과 몇 권의 책은 엄마와 같이 읽기를 원하는 건 별개의 얘기인데 말입니다. 전 그게 반대말인 줄 알았어요. 엄마가 읽어주다간 영영 읽기 독립이 안 될까 봐 걱정했으니까요.

그런데 아이가 글자를 알면서도 읽어달라고 하는 건 단순한 이유더군요. 왜? 더 재미있으니까! 혼자 읽을 줄 알아도 엄마랑 같이 읽으면 더 잘 이해되니까! 혼자서 읽으면 무슨 뜻인지 모르겠는 책도 엄마가 읽어주면 귀에 쏙쏙 들어오니까! 그리고 재미있는 책을 같이 읽고, 같이 이야기 나누면 더 재미있으니까! 재미있는 걸 사랑하는 사람과 같이하고 싶은 건 당연한 일이니까요.

다섯 살에 동생을 본 꽃님이가 동생의 그림책을 보기에, 속으로 좀 답답하기도 했습니다. 니가 지금 사과, 수박 그려진 사물 인지 그림책을 볼 때냐? 으이구. 그런데 그 책들을 유심히 보더니 아이 그림실력이 쑥 올라가는 겁니다. 꽃님이 동생 꽃봉이가 커서 제법 줄거리가 있는 책들을 읽자, 꽃님이가 동생의 책을 탐하는 일이 더 많아지기 시작했습니다. 자기 혼자 꺼내 읽으면 다행이게요? 동생에게 읽어주노라면 어느샌가 쓰윽 고개를 들이밀고 같이 듣더라고요.

"넌 가서 네 숙제 할래?" 잔소리도 했는데요, 어느 순간 딱 깨달았습니다. 초등 고학년 꽃님이가 그림책을 진짜 그림책답게 읽는다는 걸요. 어릴 땐 줄거리만 보거나 그림만 보더니 이젠 그림과 글이 어떻게 조화되는지 살펴서 읽고요, 작가의 집필 의도도 알아차리기 시작했습니다.

제 생각에 그림책을 함께 읽고, 함께 이야기를 나누는 최고의 시기는 5~10세 같아요. 딱 혼자 읽을 줄 아는 시기, 대부분의 엄마가 함께 읽기를 그만두는 그 시점부터 그림책을 함께 읽고, 함께 이야기 나누기 좋은 시기가 시작되는 거지요.

그림책 대화로 가족이 달라진다

저는 아이들과 그림책을 읽고 이런저런 이야기를 나누는 재미에 빠져들기 시작했습니다. 어린 꽃봉이가 그림책을 통해 세상에 대해 배우고 새로운 걸 알아가고 말귀, 말문이 트이는 재미를 느꼈다면, 꽃님이와는 본격적으로 대화하는 재미를 느끼게 됐습니다.

그림책이 아니었다면 아이들과 제가 나누는 대화는 어떤 색깔이었을까 생각해봅니다. 밥 먹어라. 빨리 좀 해. 다 했어? 오늘 어땠어? 좋았어? 손 씻어. 이는 닦았니? 옷 갈아입어. 숙제 했니? 그만 놀아. 빨리 가자. 싸우지 마. 어서 가서 자. …… 아, 중간 중간에 이런 말이 들어갔겠지요. 엄마가 몇 번을 말했어? 제발 공부 좀 해!

그림책을 같이 읽으면요, 일단 대화 주제가 무궁무진해집니다. 특히 부모가 일부러 주제로 삼아 이야기 나누기 힘든 것들에 대해서 자연스럽게 이야기해볼 수 있습니다. 『따귀는 왜 맞을까?』(페터

아브라함 지음, 게르트루드 쭉커 그림, 국민서관)라는 그림책이 있습니다. 생쥐 로버트는 늘 엄마 아빠에게 장난을 칩니다. 문 앞에 숨었다가 엄마 아빠가 오면 꺅 놀라게 하는 거지요. 그럼 엄마 아빠도 깔깔 웃어요. 그런데 어느 날, 평소와 똑같이 장난을 쳤는데 아빠가 뺨을 철썩 때리는 겁니다. 아니, 평소엔 괜찮았는데 왜 오늘은? 엄마 아빠는 정말 너무해! 치사해! 로버트는 홧김에 화분을 걷어찹니다. 그런 후, 이웃집 까치에게 오늘 엄마 아빠 직장에서 큰 사고가 있었다는 걸 알게 되지요. 아, 오늘 엄마 아빠가 마음이 편치 않으셨구나. 속상해서 예민해지신 거구나. 그제야 로버트는 자기가 걷어찬 화분 생각이 납니다. "아마 누구나 가끔은 공정하지 않은가 봐."

오오, 이 책만큼 완벽하게 엄마를 변명해주는 책이 어디 있을까요? 평소엔 텔레비전을 보면서 밥을 먹어도 됐는데, 부부싸움을 한 날은 당장 가서 숙제나 하라고 소리를 꽥 질렀던 엄마의 흑역사를 더 이상 부끄럽지 않게 설명해줍니다. 이 책을 읽고 꽃님이에게 오래 묵은 사과도 했고, 설명도 했습니다.

"꽃님아, 엄마도 일관성을 지키도록 애쓸게. 하지만 가끔은 왜 속상한지 설명도 하기 싫은 날이 있단다. 그럴 땐 네가 엄마 기분을 좀 살펴주면 좋겠어. 우리, 서로서로 그렇게 좀 봐주자, 응? 엄마도 네 마음을 잘 살필게."

심오한 주제에 대해서도 훨씬 더 쉽게 이야기를 나눌 수 있습니다. 앤서니 브라운의 그림책 『킹콩』(넥서스주니어)을 일곱 살 꽃봉이에게 읽어주다 말고 다시 한 번 그림책 표지를 살펴봤습니다. 이거, 애들 그림책 맞아? 영화 〈킹콩〉 아시지요? 그림책 『킹콩』은 영화와 줄거리는 똑같은데 느낌이 완전히 다릅니다. 아름답지만 가난한 여주인공은 사과를 훔치다 들킵니다. 경찰에게 잡혀가기 일보직전에 영화 제작자가 그녀를 구해주고, 다른 여배우들은 가려고 하지 않는 정글로 그녀를 데려가는데요, 그곳에서 킹콩이 그녀를 보고 그만 사랑에 빠져버린 겁니다. 그녀가 있는 도시, 높은 빌딩에서 최후를 맞는 킹콩을 보며 영화 제작자가 말해요. "킹콩은 단지 사랑하는 이와 함께하고 싶었을 뿐입니다. (사랑하면 안 되는 사람을 사랑한) 그 마음이 결국 녀석을 죽인 것이지요." 세상에, 이런 로맨틱한 사랑이라니요!

고릴라는 콧구멍이 커서 좋다는 일곱 살짜리 남자아이도 막연하게나마 사랑이 뭘까 그런 생각을 했나 봅니다. 이날, 잠자리에서 꽃봉이가 묻더군요.

"엄마! 나중에 내가 사랑에 빠졌어. 너무너무 사랑해. 근데 그 사람이 도둑이면 어떡해? 사과 막 훔치고 그러면? 결혼했는데, 안 착할 수도 있잖아. 그런데 나는 사랑해. 그럼 어떡해?"

목소리에 점점 근심이 담기더니, 급기야 울기 시작하는 겁니다. 아이쿠!

"꽃봉아, 만약 안 착한 사람이랑 결혼해도, 니가 그 사람을 많이 많이 사랑하고 잘해주면 그 사람도 바뀌어. 사람들이 왜 사랑을 기적이라고 하는데? 사람을 바꾸기 때문에 기적이야. 그러니까,

걱정하지 마."

"엄마, 그런데 엄마는 어떻게 아빠랑 결혼한다는 걸 알았어? 나는 누구랑 결혼해야 할지 암만 생각해도 모르겠어."

"아, 그건…… 엄마 심장이 말해줬어. 이 사람이랑 결혼하라고."

"내 심장도 말해줘?"

"그럼, 말해주지! 같이 있으면 행복하고, 오래오래 같이 있고 싶고, 이 사람하고 있으면 어려운 일이 있어도 막 힘이 나서 헤쳐나갈 수 있을 것만 같은 사람 만나면, 꽃봉이 마음이 다 말해줘."

"말 안 해주면 어떡해? 내가 막 나이 들고 할아버지 됐는데도 말 안 해주면?"

"할아버지 때 말해주면 할아버지 때 결혼하지 뭐. 결혼할 나이가 됐다고 아무나 만나서 결혼하면 안 돼. 아무나랑 결혼 딱 하고 나오는데, 어떤 여자랑 마주친 거야. 근데 심장이 '앗, 이 여자야! 이 여자랑 결혼해!' 하면 어떡할래? 그러니까 그 사람인 게 확실할 때 결혼해야 해. 그냥 아무나랑 하지 말고. 알았지?"

"알았어. 다른 사람 말고 내 마음의 소리를 잘 들을게. 근데, 아빠! 아빠는 어떻게 엄마랑 결혼한다는 걸 알았어? 아빠도 심장이 말해줘서 알았어?"

나 원 참. 남편이 뭐라고 대답했냐면요.

"아빤 몰랐어. 아빤, 그냥…… 당했어."

콱!

궁금한 아이 마음 들여다보기

함께 그림책을 읽고 이야기를 나누면 좋은 점이 또 있습니다. 일단 엄마가 편하답니다. 처음 아이의 말문을 열기가 힘들어서 그렇지, 아이와 시간을 보내는 방법 중에 제일 편한 방법일 겁니다. 엄마 체력은 딸리는데 언제 끝날지 모르는 칼싸움과 괴물놀이, 역할놀이? 잠깐 즐겁고 나서 온 집 안을 치우느라 녹초가 되는 일? 오, NO! 눕든 앉든 그저 편한 자세로 함께 낄낄대며 몇 권 같이 읽고, 아이와 수다를 떨면 그만이거든요.

책만 잘 고르면 아이가 내내 종알거리기 때문에 엄마는 수다를 떨 필요도 없습니다. 그저 "그래?", "정말?", "우와~" 하고 추임새를 넣어가며 듣기만 하면 됩니다. (중간에 아이의 손을 가져다 뽀뽀를 하며 이야기를 들으면, 아이가 더 신이 나서 떠들지요.) 도대체 무슨 생각을 하는지 궁금해 죽겠는 내 아이의 마음을 더 오래, 더 세밀하게 들여다볼 수 있는 기회랄까요? 남편과 연애할 때, 밤새워 이야기를 나누고 싶던 그 기분과는 비교도 되지 않게 짜릿하답니다.

믿어지지 않으신다고요? 제가 아이와 노는 방법으로 책까지 냈을 정도로(『초간단 생활놀이』!) 어지간히 놀아봤는데요. 책 읽고 함께 이야기를 나누는 것만큼 초간단, 최고 재미는 드물다는 거! 보장할게요.

그림책을 읽고 이야기를 나누면 아이가 똑똑해지고 어쩌고 하는 그런 장점은 말하고 싶지 않습니다. 분명히 그런 면이 있지만, 다른 장점들에 비하면 가장 사소한 것이거든요. 엄마 아빠와 함께 책을 읽고, 함께 이야기를 나누고, 그 과정에서 서로에 대해서 더 많이 알아가는 것. 이것이야말로 그림책 읽고 이야기 나누기의 가장 큰 장점이니까요.

그림책은, 읽는 그 자체만으로도 '추억'이 됩니다. 심지어 그다지 좋은 책이 아니어도 추억이 됩니다. 아이와 '함께' 읽기 때문이지요. 대부분 어떤 책에 대해서 이야기를 나눌 때도 읽기는 각자 따로 하잖아요? 하지만 그림책은 아이와 어른이 함께 읽는 경우가 많습니다. 같은 순간에, 같은 마음으로, 같은 곳을 바라보노라면, 어느새 기적이 일어납니다. 마음이 통하고 추억이 쌓이는 특별한 기적이요! 아이가 글자를 알아도, 혼자 책을 읽을 줄 알아도, 더 오래 책을 함께 읽어야 하는 이유가 바로 이것이 아닐까 싶습니다.

독서란 어차피 궁극적으로는 혼자 하는 것입니다. 작가와의 대화이고, 나 자신과의 대화이지요. 하지만 엄마 아빠와 같은 책을 읽고 대화를 나누는 건 '독서'가 아니라 '관계' 차원에서 정말 소중한 시간이거든요. 대화를 나누면서 서로를 더 잘 알게 되고, 더 놀라워하고("네가 이런 생각을 하다니!"), 더 많이 같이 웃을 수 있는 기회랍니다.

★ 차례

여는 말 _ 그림책 대화의 힘 • 4

CHAPTER 1   꽃님이네 그림책 고르는 비결 • 17
꼬리에 꼬리를 무는 그림책 1

그림책으로 배운 밀당의 기술?! _「비바람 치는 날」• 24
무채색 세상에 핀 파아란 하늘 _「태풍이 온다」• 28
제발 우리 아이가 좋은 선생님을 만나길 _「비가 오면」• 32
비 오는 날, 어디까지 놀아봤니? _「야호, 비 온다!」• 34
꿈꾸는 대로 이루어진다면 무슨 꿈을 꾸고 싶어?
  _「세상에서 가장 맛있는 무화과」• 38
사랑, 참 어렵다! _「새끼 개」• 40
사랑은 물어보는 거야 _「아주아주 많은 달」• 44
그 해 여름, 단짝 친구에게 생긴 일 _「우리는 단짝 친구」• 48
그림책 속에서 찾은 성장의 진실 _「모치모치 나무」• 52
도전, 위험하기에 아름다운 그 무엇 _「터널 밖으로」• 56

CHAPTER 2   도대체 그림책 읽고 무슨 얘길 할까? • 63
꼬리에 꼬리를 무는 그림책 2

스스로 인생을 개척하는 멋진 공주님 _「왕국 없는 공주」• 70
좋아도 아닌 척, 두근두근 이게 뭐게? _「흔들흔들 다리 위에서」• 74
감옥에 간 아빠 _「아주 특별한 토요일」• 78
이것도 다 복이다 _「다복이」• 82
SNS에서 본 멋진 가족, 정말 행복할까? _「행복한 우리 가족」• 84
눈치 있게, 배려 깊게! _「나는 사실대로 말했을 뿐이야!」• 88
누나는 초록색, 엄마는 핑크색이야 _「저마다 제 색깔」• 92

 ★ 3~7세 꽃봉이 베스트셀러 • 96

CHAPTER 3 책과 친해지는 일곱 가지 방법 · 115
친구들과 함께 읽으면 좋은 그림책

이건 바로 내 얘기야! _『집으로 가는 길』· 122
왜 우리 엄마는 맨날 피곤할까? _『어른들은 왜 그래?』· 124
"많이는 필요 없다, 남들만큼만" _『용돈 좀 올려 주세요』· 128
플라톤 '동굴의 우상'이 이거였어? _『그림자를 믿지 마!』· 132
어린 시절의 독서가 우리에게 남긴 것 _『눈물바다』· 136
사나이도 울리는 공룡의 사랑 _『나는 당신을 사랑하고 있어요』· 140
★ 버스 기다리며 읽어주기 좋은 책 · 143

CHAPTER 4 독서로 가는 마지막 비상구, 전래동화 · 145
옛이야기의 즐거움을 가르쳐준 그림책

전래의 새로운 해석 _『끝지』· 152
무서운데 자꾸만 손이 가네 _『밥 안 먹는 색시』· 158
색깔만 봐도 알 수 있는 것 _『예쁜이와 버들이』· 162
세상의 모든 똥들아, 모여라! _『똥벼락』· 166
비뚤어진 자식 사랑의 코믹 버전
　_『김수한무거북이와두루미삼천갑자동방삭』· 168
만약 투명인간이 된다면 _『이상한 나뭇잎』· 170
★ 그림이 멋진 전래동화 · 174

CHAPTER 5 편식도 싫고, 편독도 싫어요 · 179
이야기가 있는 과학 그림책

자연과 인간은 친구야 _『사막 할아버지의 선물』· 184
나도 이런 벌 받고 싶어 _『엄마 말 안 들으면 흰긴수염고래 데려온다!』· 186
이게 과학책이라고? 매력 만점 사진 그림책 _『이글루를 만들자』· 190
옐로스톤을 살린 늑대 이야기 _『늑대가 돌아왔다』· 194
물리학자 아빠의 베드타임 스토리
　_『블랙홀을 향해 날아간 이카로스』· 198

CHAPTER 6 고학년도 그림책 읽어줘요? • 201
고학년을 위한 추천도서

나이에 따라 반응이 달라지는 그림책 _「에리카 이야기」• 206
이런 어려운 주제도 이해한다고? _「갈색 아침」• 210
눈 내리는 밤, 돼지는 어디로 갔을까? _「돼지 이야기」• 214
우리는 공장을 탈출할 수 있을까? _「토끼들의 섬」• 218
진정한 용기에 대하여 _「야쿠바와 사자 1: 용기」• 222
나비 잡는 세상의 모든 아빠들을 위하여 _「나비를 잡는 아버지」• 226
비밀을 지킬 수는 없었니? _「마지막 거인」• 230
네가 개구리라면, 키스할 거야? _「나에게 키스하지 마세요」• 232
동화와 영화 사이 어디쯤 _「적」• 236
적나라한 노예의 삶 _「자유의 길」• 240
★ 미술놀이가 하고 싶어지는 그림책 • 243

CHAPTER 7 엄마, 내가 책 읽어줄까요? • 251
엄마를 위로하는 그림책

화나는 일도 내가 화나지 않으면 그만이야
_「혼자서도 신나벌레는 정말 신났어」• 256
아프기 위해 태어난 아이 _「세상에 태어난 아이」• 258
때리는 아이, 맞는 아이, 보고만 있는 아이 _「도둑맞은 이름」• 262
제발 이런 책 좀 좋아해줘, 응? _「눈 내리는 저녁 숲가에 멈춰 서서」• 266
네가 안 읽어도 엄마는 살 거다 _「고향의 봄」• 270
남편에게 읽어주고 싶은 그림책 _「개구리 왕자 그 뒷이야기」• 272
엄마가 읽다 울어도 책임 못 져요 _「기차와 물고기」• 276
그림책에서 만난 내 청춘의 그날 _「버스 왔어요!」• 280
나에게 토닥토닥 괜찮아, 괜찮아 _「괜찮아요 괜찮아 1: 천둥 도깨비 편」• 284
사랑은 함부로 위로하지 않는 것 _「기억의 끈」• 286

CHAPTER 8 육아서야, 그림책이야? • 289
육아의 힌트가 담긴 그림책

아이가 못 보게 숨겨두고 싶은 그림책 _『너 왜 울어?』• 294
사는 게 다 그렇지는 않아 _『문제가 생겼어요!』• 298
꺄악! 공포의 "왜요?" _『왜요?』• 302
남들과 달라도 괜찮아 _『꽃을 좋아하는 소 페르디난드』• 306
지켜보는 게 제일 힘들어! _『레오가 해냈어요』• 310
내 인생 단 한 권의 그림책을 고르라면 _『마법의 여름』• 314

CHAPTER 9 도서관에서 그림책 잘 고르는 방법 • 321
도서관에서 찾은 보물들

신데렐라는 끝까지 행복했을까? _『신데렐라』• 328
빨간 모자를 구해줘 _『로베르토 인노첸티의 빨간 모자』• 332
딸아, 너무 아픈 사랑은 사랑이 아니란다 _『인어공주』• 336
좋은 남편감을 고르는 방법 _『아기돼지 세 자매』• 340
메롱, 널 좋아한다구! _『엄마, 생각고래가 왔어요!』• 344
아이들은 엄마 생각보다 빨리 자란다 _『내 자전거』• 348
나는 누구인지 알아가는 먼 길에서 _『기러기』• 352
★ 그림책 속의 도서관들 • 357

CHAPTER 10 여행 가서 읽은 책은 그 자체로 추억이 된다 • 363
뉴욕 여행 전 읽었던 그림책

그저 살아남는 것의 위대함 _『제시가 바다를 건널 때』• 368
우주로 확장되는 마법의 순간 _『한밤중에』• 370
100년 전 뉴욕의 모습 _『페페, 가로등을 켜는 아이』• 374
가난하지만 꿈이 있는 이민자들의 도시 _『도착』• 378
죽으려고 작정했어? _『쌍둥이 빌딩 사이를 걸어간 남자』• 382
때로 어둠은 삶이 주는 선물 _『앗, 깜깜해』• 384
★ 세계의 여러 모습을 보여주는 그림책 • 386

닫는 말 _ 육아가 재미있어지는 비밀 • 396

CHAPTER 1

꽃님이네 그림책 고르는 비결

★
꼬리에 꼬리를 무는 그림책 1

그림책, 어떻게 고르세요?

아이에게 좋은 그림책을 보여주고 싶지만 무슨 책을 골라야 할지 모르겠다는 분들 많으실 텐데요. 대부분 이웃의 추천을 받거나, 여러 단체에서 나오는 권장도서 목록을 많이 보시더라고요. 저는 블로그나 독서 카페의 서평을 많이 보는 편입니다.

처음엔 많은 사람들이 좋다고 추천한 책을 위주로 골랐는데요, 유명한 책이라도 우리 집에선 찬밥인 책들이 꼭 있더라고요. 요즘은 누가 추천했는가를 유심히 봅니다. 어떤 분 추천은 번번이 우리 아이가 지루해하고, 어떤 분 추천은 우리 집에선 무조건 대박입니다. 서로 취향이 비슷하기 때문이지요.

그럼 취향이 비슷한 사람을 어떻게 찾아낼까요? 저는 기본적으로는 인터넷 독서 카페 활동(네이버 카페 〈제이 그림책포럼〉과 〈느림보 부모, 행복한 아이들〉 회원이에요)을 하면서 자연스럽게 눈에 익힌 분들이 있고요, 인터넷 서점 서평도 유심히 보는 편입니다.

제가 터득한 비결이라면요, 인터넷 서점이나 포털 사이트에서 새로 살 책의 서평도 보지만, 이미 재미있게 읽은 책의 서평을 더 열심히 보는 거예요. 그 책이 어떤 책인지, 내 아이의 반응이 어땠는지 다 아는 책을 검색해 서평을 읽어보면 서평자의 취향을 좀 더 쉽게 알 수 있거든요. 내 아이와 비슷한 이유로 그 책을 좋다고 평가한 사람이 틀림없이 있습니다. 그러면 그 서평을 쓴 사람의 다른 서평을 찾아봅니다. 다른 책에 대한 느낌도 비슷하다면, 그 사람이 추천하는 책들에 도전을 해보는 거지요.

한 가지 조심할 점은 추천 책 루트를 너무 많이 만들지 않는다는 거예요. '과유불급'이라는 말이 있지요? 지나친 것은 모자란 것과 똑같다! 저는 '정보'야말로 여기 해당되는 것 같아요. 그림책 정보를 찾는 이유는, 책 읽을 시간은 한정돼 있으니 이왕이면 더 재미있고 더 유익한 책을 읽기 위해서잖아요? 그런데 정보가 너무 많아지면 이 책도 봐야겠고 저 책도 봐야겠고, 엄마 마음은 조급해지고, 책 고르기 어려운 건 똑같은 상황이 되더라고요. 심지어 엄마가 너무 많은 책을 들이대니 아이는 지레 질려서 안 읽는다고 도망가는 경우도 있답니다(경험담!). 어느 순간, 아이에게 책을 읽어줘야 할 시간에 책을 읽어줘야 한다는 독서론 책을 읽고 있거나, 책 정보를 사냥하고 있는 자신을 발견한다면? 긴장해야 할 때인 거지요. 아무리 그림책 읽기가 좋아도, 아무리 그림책 읽고 이야기 나누기가 즐거워도 모두 다 엄마가 체력이 뒷받침될 때 얘기예요. 당장 내 몸이 힘든데, 뭘 할 수 있겠어요? 모쪼록 마음과 정보의 균형을 잘 맞추어야겠습니다.

연령별 권장도서 목록의 함정

그림책을 고르는 또 다른 방법으로, 저는 여러 단체에서 추천하는 권장도서 목록도 잘 보는 편이긴 해요. 단, 도서 목록을 모두 '클리어'하겠다는 욕심은 절대 부리지 않습니다. 목록 만들어놓고 쭉 지워나가는 것, 다 엄마 기분 좋자고 하는 거지 애들한텐 하기 싫은 숙제거든요.

특히 '글밥량'에 따라 정해지는 것 같은 '연령별 권장도서'는 좀 의심스러울 때가 많습니다. 글자 수는 적어도 내용이 심오한 책도 많고, 길어도 쉬운 문장, 쉬운 내용인 책도 많은데, 아직까지 많은 분들이 "책이 길면 아이가 읽기 어려워"라고 생각하는 것 같아 안타깝습니다. 심지어 다섯 살은 한 쪽에 다섯 줄 있는 책, 여섯 살은 여섯 줄, 일곱 살은 일곱 줄…… 이런 식의 기준도 있더라고요.

그러다 보니 긴 책도 읽을 수 있는 고학년이 되면 짧은 그림책은 애들이나 보는 책 같아 안 읽게 됩니다. 또 일정 나이가 됐으니 이 정도 분량은 읽어야 한다는 무언의 기대가 아이들에게 책 읽는 재미를 확 떨어뜨리지요. '연령별 권장도서 목록'이 다른 아이들은 이 정도 글밥 책, 이 정도 어려운 책은 다 읽고 있는 것 같은 불안감을 주는 경우, 정말 많이 봤다니까요.

좋은 책 모아 읽기의 특별한 방법, 릴레이 독서

저는 똑같은 책도 어떤 순서로 읽어줄지 고민을 많이 하는 편입니다. 아무 책이나 주고 읽어라 해도 다 읽는 아이를 키우는 분들은 이 심정 모르세요. 저희 아이들은 매일 '일용할 양식'의 양이 정해져 있어서, 몇 권 읽고 나면 재미있는 책이 더 있어도 그날은 끝입니다. 그럼, 어쩌다 재미가 없는 책만 고른 날도 그 양은 채워서 읽느냐? 천만에요. 읽다가 재미없으면 바로 그날 독서 끝! 그러니 재미있는 책, 재미는 없지만 유익한 책, 재미있을 줄 알았는데 재미없는 책, 아이에게 새로운 관심사를 열어줄 책을 골고루 잘 섞어야합니다. 어떤 순서로 읽는가에 따라 몰입도가 확 차이 나거든요.

"우와! 역시 기차는 멋있어. 꽃봉아, 근데 이 책에도 기차 나온다? 이 기차는 훨씬 더 특별한 기차야. 왜? 하늘을 나는 기차거든. 어디 볼까?" 아이의 관심이 사라지기 전에 같은 주제의 책을 착 들이밀 때도 있고요. "우리 꽃봉이가 이런 그림을 좋아하는구나. 엄마도 김동성 화가 진짜 좋아하는데. 앗, 여기 김동성 화가가 그린 책 또 있다! 볼래?" 좋아하는 작가 책을 슬쩍 더 넣기도 하지요.

다른 집 아이들은 전쟁에 관한 책을 쭉 모아서 읽는다든지, '주제별 독서'를 많이 하더군요. 아이가 읽기만 한다면야 그것도 참 좋을 것 같아요. 더 깊이 있는 정보를 얻기도 하고, 여러 가지 시각의 차이를 한 번에 경험할 수도 있으니 말이에요. 하지만 꽃님이와 꽃봉이는 두 권 정도 몰아 읽는 건 괜찮은데, 세 권만 되면 "또 그 얘기야?" 하고 바로 도망을 갑니다. 같은 작가의 책을 주르륵 모아놓고 읽는 것도 세 권이 한계고요.

이런저런 방법을 써본 결과, 우리 집에서 가장 반응이 좋은 건 '이 책 읽고 생각나는 저 책'입니다. 일명 '꼬리에 꼬리를 무는 그림책 읽기'인데요. 열 권을 읽는다고 해서 열 권이 다 같은 주제의 책이 아니라 1번 책을 읽으니 같은 작가의 2번 책이 생각나 2번을 읽고, 2번에 새가 나왔는데 3번 책에도 새가 나온다니 읽어보고, 3번 책은 배경이 북극이니까 같은 배경인 4번 책도 읽자. 뭐 이런 식으로 중구난방 생각나는 책을 읽어나가는 겁니다. 사실, 그냥 죽 쌓아놓고 읽는 것과 나중 목록을 보면 별 차이가 없는데, 아이 입장에서는 그게 아닌가 봐요. '이 책은 이래서 의미가 있고, 저 책은 저래서 관심이 간다'고 억지로라도 의미를 담으면 아이가 훨씬 더 집중해서 책을 읽더라고요.

그럼, 우리 집 책 릴레이, 한번 보실래요? (꽃님이가 5학년, 꽃봉이가 1학년 때입니다.)

그림책 고르기 TIP!

제가 그림책에 관해 갖고 있는 지식과 마인드의 대부분은 온라인 어린이책 전문서점 오픈키드 www.openkid.co.kr에서 얻었다고 해도 과언이 아닙니다. 그림책 자체를 보는 눈을 기르고 싶거나, 주제별 독서를 하고 싶다, 혹은 어느 작가에 대해서 알고 싶다 등등 뭐든지 오픈키드에서 답을 얻으실 수 있을 거예요. '웹진 열린 어린이'를 놓치지 마세요.

꼬리에
꼬리를 무는   **01**
그림책 1

그림책으로 배운
밀당의 기술?!

『비바람 치는 날』 바바라 리만 지음, 마루벌

● 　　　　유난히 반찬이 없는 저녁을 먹이면서, 미안한 마음에 아이들 옆에 앉아 반찬 삼아 그림책을 읽어줬습니다. 아니, 보여줬지요. 이 책은 글자가 없으니까요. 아이들이 밥을 먹는 동안 제가 인간 텔레비전 노릇을 하는 거예요. 구연동화를 하듯이 책을 세워 들고 읽으면 아이들이 듣고 봅니다.

비바람이 치는 날, 대저택.
친구가 없는데 장난감이 많으면 뭐하나요? 넥타이에 이대팔 가르마를 한 도련님이 심심해서 온몸을 뒤틀다가 열쇠 하나를 발견합니다. 어디에 쓰는 열쇠일까? 여기저기 맞춰보다가 딱 맞는 궤짝을 찾아내지요. 궤짝을 열어보니? 물건이 들어 있는 게 아니라, 비밀 통로인 거예요! 사다리를 타고 내려가 돌벽을 따라가니, 으잉? 바다 건너 동네로 연결돼 있네요.
도련님이 섬마을 아이들과 신나게 놀다가 돌아온다, 이런 얘기예요. 깔끔한 그림이 제 맘에 쏙 들더라고요.

책을 보던 5학년 꽃님이가 말했습니다.
"엄마! 작가가 머리를 참 잘 쓴 거 같아. 여기 봐. 궁금한 부분에서 딱 페이지가 바뀐다? 궤짝을 여는 그림 옆 페이지에 궤짝 안에 비밀 통로가 있는 그림이 올 수도 있는 거잖아. 근데 뚜껑을 여는 페이지 뒤쪽에 상자 안이 보이도록 그림을 배치한 거야. 여기도 봐. 계단을 올라가는 데서 딱 페이지가 바뀌잖아. 계단 위에 뭐가 있을지 책장을 넘기면서 조마조마하는데, 그 짧은 사이에 재미가 확 생기네. 와, 작가 머리 좋다!"
 정말 그러네요? 그림책은 페이지 구성을 치밀하게 해야 하는군요!

 "꽃님아, 근데 있잖아. 연애도 이렇게 해야 돼. 밀당이 뭔지 알지? 밀었다 당겼다~. 연애도 아주 찰나에 긴장감이 생겼다 풀렸다 하는 거야. 너무 당기면 끊어지고, 너무 풀어주면 지루한 거지."
 꽃님이랑 깔깔거리며 시시껍질 연애론을 펴는데, 엄마와 누나가 뭔 소리를 하든지 코 박고 밥 먹던 꽃봉이가 불쑥 끼어들었습니다.

 "그니까, 오빠를 들었다 놨다 들었다 놨다, 이걸 잘하라는 거잖아."

 누나와 엄마가 동시에 외쳤습니다.
 "오, 천잰데?"

꼬리에
꼬리를 무는
그림책 1   02

무채색 세상에 핀
파아란 하늘

『태풍이 온다』 미야코시 아키코 지음, 베틀북

• 『비바람 치는 날』 표지를 보면, 비가 오는데도 유리창에 비친 하늘은 어찌된 일인지 너무나 파랗고 예쁩니다. 이렇게 비 오는 날과 대조되는 청명한 하늘을 어디서 봤더라 하다가 외쳤습니다.

"맞다! 『태풍이 온다』!"

내일 바닷가로 놀러 가기로 했는데, 태풍이 온다네요. 엄마 아빠는 바닷가를 못 가는 게 아무렇지 않겠지만, 아이는 실망을 하다못해 직접 태풍을 몰아내기로 합니다. 어떻게? 거대한 선풍기로 먹구름을 날려버리는 것이지요.

아이의 작전이 성공했나 봅니다. 다음 날, 창문을 활짝 열자 태풍은 간 곳 없고 파아란 하늘만 가득합니다. 이 하늘이 얼마나 파랗고 예쁜지 몰라요. 길에 생긴 웅덩이에 비친 하늘조차 어찌나 파랗고 예쁜지요.

미야코시 아키코는 워낙 흑백연필 그림에 딱 한 색깔로 포인트를 주는 그림을 자주 그리는 작가예요(다른 책으로 『심부름 가는 길에』, 『비밀의 방』이 있어요). 책을 꺼낼 땐, 꽃봉이에게 일기 그림을 한번 이렇게 그려보라고 할 생각이었어요. 연필로 흑백 그림을 자세하게 그리고, 딱 한 부분만 한 색깔로 포인트를 주라고 말이지요.

무채색의 세상에서 너에게 빛을 주는 것은 무엇이냐고 물어보고 싶었건만……. 음, 전에 일기장에 공들여서 스케치를 해갔다가 담임선생님께 "앞으로는 색칠도 해"라고 지적을 받은 적이 있는 꽃봉이가 절대 거부를 하더군요.

"색칠은 전체 다 하는 거야! 엄마가 몰라서 그래."

언젠가 다양한 재료를 한번 써볼까 하고 목탄도 일부러 사왔는데, 그때도 "색칠해야 해!"라며 거부.

어휴, 선생님의 말 한마디는 이렇게나 중요합니다.

꼬리에
꼬리를 무는
그림책 1

03

제발 우리 아이가
좋은 선생님을 만나길

『비가 오면』 신혜은 지음, 최석운 그림, 사계절

- 아, 비가 그치고 선물처럼 찾아온 파란 하늘, 거기에 멋진 선생님까지(꼭 전체 다 색칠을 해야 한다고 야단치지 않을 것 같은!) 풀세트로 나오는 책이 있어요.

갑자기 비가 온 날. 다른 아이들은 우산을 들고 데리러 온 엄마랑 집에 갔지만, 소은이는 다릅니다. 데리러 오시기는커녕 비가 와서 장사가 잘 안 될까 봐 오히려 소은이가 엄마 걱정을 하지요. 흙물이 들면 양말을 빨기 힘들다는 엄마 말이 생각나 양말도 벗고, 비슷한 신세의 친구들과 빈 교실에서 공기놀이를 하며 비가 그치기를 기다립니다.

그때, 선생님께서 아이들을 부르세요. "얘들아, 라면 먹을래?"

선생님과 숙직실에서 나눠 먹는 냄비 라면이라니……. 얼마나 맛있을까요! 얼마나 멋진 추억일까요! 말없이 아이들을 지켜보던 선생님께서 아이들에게 말씀하세요.

"얘들아, 먹구름 뒤엔 파란 하늘이 있단다. 그런데 선생님도 가끔 잊어버리곤 해."

비가 그치고 먹구름 뒤로 파란 하늘이 보이기 시작합니다. 얼마나 이쁜 파랑인지요. 하늘은 하늘만 있을 때보다, 먹구름에 가려져 있을 때 더 푸르고 아름다운 것 같습니다. 아이들은 집으로 가면서 떠들어요. "나는 다음에도 비 오면 무조건 끝까지 남을 거야!"

5학년 꽃님이에게 먹구름과 하늘 얘기를 좀 하고 싶어서 읽으라고 줬더니, 대번에 1학년 꽃봉이를 부릅니다.

"꽃봉아, 먹구름 뒤에 푸른 하늘이 있다는 게 무슨 뜻인지 알아? 그건 말이야. 어려운 일이 있어도 어쩌구저쩌구~."

아, 김빠져. 다 커버렸어요. 잉~ 저렇게 쉽게 눈치채버리다니.

아이들이 이렇게 따뜻한 선생님을 만나기를, 기도할 뿐입니다.

꼬리에
꼬리를 무는   **04**
그림책 1

비 오는 날,
어디까지 놀아봤니?

『야호, 비 온다!』 피터 스피어 지음, 비룡소

● 　　　　　비가 오면 우리 집에서 제일 먼저 꺼내드는 책입니다. 뭐, 아이들은 글자도 없고, 드라마틱한 사건도 없는 이 책을 썩 좋아하는 건 아니고, 그저 비가 오면 습관처럼 "여기 엄마 좋아하는 책!" 하고 봐주는 거지요. 제가 이 책을 좋아하는 이유는, 제 어린 시절 모습이기도 하고 제가 아이들에게 주고 싶은 유년의 모습이기도 하기 때문입니다.

내용은 별 다를 게 없어요. 그냥, 마당에서 놀던 남매는 빗방울이 떨어지자 집으로 뛰어들어갑니다. 우산과 우비, 장화를 챙겨 입은 아이들은 본격적으로 비 오는 날만의 놀이를 합니다.

나뭇가지 흔들어서 빗방울 우르르 쏟아지게 하기, 물웅덩이에서 첨벙첨벙 물 장난, 젖은 모래 장난, 콸콸 쏟아지는 낙숫물 맞기……. 그러다 집으로 돌아온다는 내용이에요.

이렇게 평범한 내용인데, 사실은 얼마나 평범하지 않은 모습인지요. 엄마가 옷 젖었다고 혼내지 않아야 하고, 산성비 걱정을 안 해야 하고, 놀다 말고 학원시간에 쫓겨 허둥지둥 중단하지 않아야 합니다.

속 좋은 엄마와 아주 한가로운 오후……가 얼마나 드문 조합인데요! 비가 오지 않아도 아이들에게 수학이다 영어다 시키고 싶은 것이 늘어날 때마다, 책 안 보고 빈둥빈둥 쓸데없이 뭐하는 거냐 잔소리 하고 싶을 때마다, 마음을 다잡기 위해 꺼내보는 책이기도 합니다.

"꽃님이, 꽃봉이가 비 오는 날 이렇게 놀지 못하는 건, 엄마 탓이 아니라 우리 집에 이런 넓은 마당이 없기 때문이야!"
 이런 말도 안 되는 핑계를 대며, 그나마 따라할 수 있는 거 하나 따라합니다. 그림책 속 엄마가 실컷 놀고 들어온 아이들이 목욕을 하고 나오면 따끈한 코코아를 타주거든요.
 따끈한 코코아를 마시며 뽀송뽀송한 집안의 아늑함을 만끽하는 것도 비 오는 날만의 행복 아니겠어요?

 꽃봉아, 코코아 한 잔 할래?

꼬리에
꼬리를 무는
그림책 1

05

꿈꾸는 대로 이루어진다면 무슨 꿈을 꾸고 싶어?

『세상에서 가장 맛있는 무화과』
크리스 반 알스버그 지음, 미래아이

- 『야호, 비 온다!』 다음에 바로 이 책으로 넘어온 건 아니고요. 『야호, 비 온다!』를 보고 코코아 한 잔을 들면 영화 〈폴라 익스프레스〉를 보는 게 정해진 수순이거든요. 〈폴라 익스프레스〉는 크리스마스이브 밤, 산타 할아버지가 과연 실제로 있나 없나 의심하기 시작한 아이들을 태우고 북극으로 가는 기차에서

일어나는 일입니다. 기차에 올라타 어리둥절한 아이들에게 신나는 음악과 함께 뜨거운 코코아가 한 잔씩 나옵니다.

『세상에서 가장 맛있는 무화과』는 〈폴라 익스프레스(북극으로 가는 기차)〉의 원작자 크리스 반 알스버그의 그림책이에요. 『주만지』(프뢰벨), 『압둘 가사지의 정원』(베틀북), 『북극으로 가는 기차』(프뢰벨)로 세 번이나 칼데콧 상을 받은 크리스 반 알스버그의 책들은 독특한 상황이 너무나 섬세하게 그려져 있어서 이게 과연 실제인가 꿈인가 기묘한 느낌이 듭니다. 이 책도 진짜 재미있어요.

치과의사 비보 씨는 어느 가난한 할머니의 이를 치료해주고 무화과 두 개를 받습니다.

"뭐야? 돈은 안 주고 이따위 무화과라니. 뭐? 이 무화과를 먹고 꿈을 꾸면 실제가 된다고? 말도 안 돼!"

그런데요, 정말인 거예요! 무화과를 하나 먹고 꿈을 꿨더니 실제 상황이 되네요. 그럼 하나 남은 무화과를 먹고 무슨 꿈을 꿀까? 세상에서 제일 부자가 되는 꿈? 최고 권력자가 되는 꿈? 으핫핫핫!

그런데 이게 웬일? 아침에 일어났더니 세상에, 집안에 비보 씨가 한 명 더 있는 거예요. 그런데 난 왜 침대 아래에 있는 거지? 마치 우리 집 개 마르셀처럼.

으악!!! 마르셀! 너 어젯밤에 뭘 먹은 거야?
무화과를 먹고 도대체 무슨 꿈을 꾼 거냐고오~~!!!

꼬리에
꼬리를 무는
그림책 1   06

사랑, 참 어렵다!

『새끼 개』
박기범 지음, 유동훈 그림, 낮은산

- "엄마, 이 책도 개가 나오지? 근데 이 책은 안 웃기고 되게 슬프지이~!" 엄마가 읽어주고 나면 아이들이 꼭 혼자 한 번 더 보는 책, 『새끼 개』입니다.

갓 태어난 순돌이는 남자아이가 둘 있는 집에 팔려갑니다. 아이

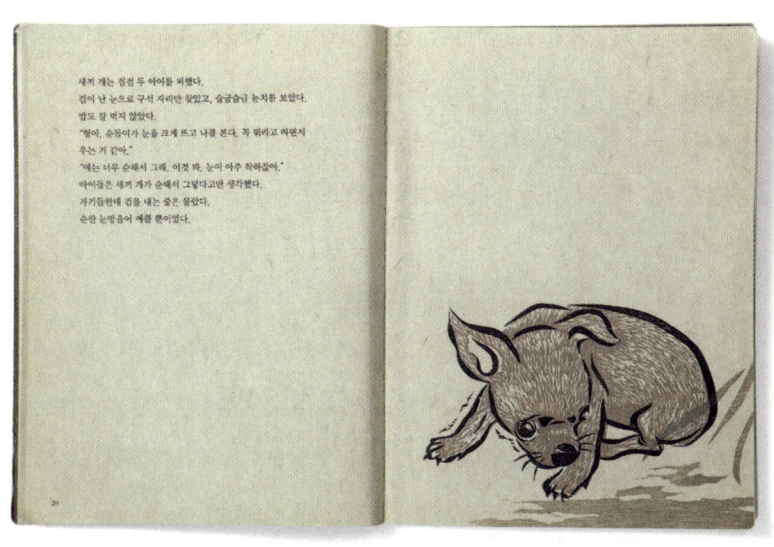

들이 순돌이를 참 예뻐해요. 안고 싶어 하고, 간질이며 장난하고 싶어 하고, 빙빙 돌려서 비행기도 태워줍니다.

문제는 순돌이가 그 모든 걸 괴로워한다는 거지요. 낯선 이곳이 무섭고 엄마가 그리울 뿐입니다. 무서운 아이들을 피해 구석으로 숨고, 그르르릉 싫다고 표현도 해보지만, 그럴수록 사람들은 순돌이를 성질 나쁘고 사나운 개라고 합니다. 무서워서 짖은 거고, 무서워서 으르렁댄 것뿐인데요.

급기야 아이들이 더우니 시원한 수영장에서 놀라고 순돌이를 물속에 밀어 넣었을 때는 아이들을 물어버렸습니다.

"이렇게 사나운 개를 어떻게 키워? 안 되겠다."

순돌이는 다시 팔려갑니다. 그러던 어느 날, 개장 문이 열렸을 때 순돌이는 뛰어나갔습니다. 난생 처음 자유롭게 달려본 그날, 달리고 달려 어딘가로 간 날, 순돌이는 저 멀리 있는 형제를 보았습니다. 순돌이는 그 아이들이 무섭기는 했지만, 자기를 예뻐해준 줄 알고 있어요. 반가운 마음에 앞뒤 안 보고 뛰어갔습니다.

끼이익!
검은 자동차에 치어 순돌이의 몸이 짓이겨졌습니다. 몸이 뭉개지고 살이 터졌는데도 순돌이는 꼬리를 흔듭니다. 반갑다고, 기쁘다고요. 두 형제는 그것도 모르고 제 갈 길을 갑니다. 누가 사고를 당했는지, 어디로 달려가다 그랬는지도 모르고요.

"강아지가 싫어하면 그만해야지. 얘네 나쁘다!"
"얘넨 순돌이가 싫어하는 줄 몰랐지."
"멍멍 했잖아."
"무서워하는 줄 몰랐지. 강아지니까 멍멍 하는 줄 알았지. 그냥 성질이 나쁜가 보다 한 거지. 오히려 얘네는 착한 애들이야. 개가 성질이 나쁜데도 계속 귀여워해주고 친해지려고 계속 간질이고 비행기 태워주고 그랬으니까."
"둘 다 서로 잘해주려고 서로 괴롭힌 거야? 아, 너무 슬프다."

아이들의 대화에 제가 끼어들었어요.
"나는 목이 마른데, 날 너무너무 사랑하는 사람이 자꾸 빵을 주는 거야. 이 빵 진짜 맛있다고. 꼭 먹어보라고. 그럼 고마울까, 안 고마울까?"

"안 고맙지. 목마른 데 빵 먹으면 더 목마를 거 아니야."

"그래도 날 생각해서 주는 거잖아. 혼자 먹지 않고 아껴서 나눠 주는 건데? 보통 사랑으로는 그거 못해."

"그래도. 무조건 나눠주는 게 사랑인가? 상대방이 지금 목이 마른지 배가 고픈지 그걸 잘 살펴서 보는 게 진짜 사랑이지."

"맞아, 맞아."

"애들아, 그럼 상대방을 잘 살펴보고 파악해서 딱딱 맞춰주는 것만 사랑이고, 어쨌거나 잘해주려고 하는 그 자체는 사랑이 아니야? 결과가 꼭 좋아야 사랑인 거야? 사랑도 처음부터 잘하는 사람이 어디 있어? 상대가 뭘 좋아하고 어떤 걸 원하는지 처음엔 잘 모를 수도 있잖아. 일단 내가 좋아하는 걸 그 사람한테 해줄 거 아니야? 그런데 반응이 안 좋으면 '아, 이 사람은 이게 싫구나. 다음엔 안 해야지' 하고 배우는 건데, 그럼 처음에, 잘 못할 땐 사랑이 아니야?"

"음…… 그건 또 아닌데? 잘해주려는 것도 사랑인데?"

"나한텐 맞지 않는 방법이라도, '저 사람이 날 위해서 이렇게 하는구나' 하고 알아주는 것도 사랑이지. 사랑하면, 상대가 주는 빵을 참고 먹어줄 수도 있는 거지."

"아, 어렵다!"

꼬리에
꼬리를 무는
그림책 1

07

사랑은
물어보는 거야

『아주아주 많은 달』
제임스 서버 지음, 루이스 슬로보드킨 그림, 시공주니어

"엄마, 사랑은 어렵지 않아. 되게 쉽게 하는 방법도 있어."

"어떻게 하면 쉬운데?"

"사랑은 상대방한테 잘해주고 싶은데, 내가 좋아하는 거 말고 상대방이 좋아하는 걸로 잘해주고 싶은 거잖아."

"그렇지."

"그럼, 물어보면 되잖아. 뭐 해줄까? 내가 어떻게 해줄까?"

"맞다! 그러면 되겠네! 넌 아기가 그런 걸 어떻게 알았니?"

"이 책에 쓰여 있잖아. 물어보라고."

1학년 꽃봉이에게 사랑의 방법을 가르쳐준 책은 1944년 칼데콧 수상작 『아주아주 많은 달』입니다. 어린 레노어 공주가 파이를 잔뜩 먹고 배탈이 났는데, 글쎄 밤하늘의 달을 가지면 병이 나을 것 같다는 거예요. 왕은 당장 달을 따오라고 신하들에게 명령하지만 달을 어찌 따오나요. 시종장도, 마술사도, 과학자도 모두 달이 너무 커서 안 된다고 합니다. 그때 어릿광대가 공주에게 가서 물어봅니다.

"공주님, 달은 얼마나 커요?"

"얼마나 크긴. 내 손톱만 하지."

당장 손톱만 한 달을 만들어서 갖다 줬더니 공주님 배 아픈 건 나왔는데, 또 걱정거리가 생겼습니다. 밤하늘에 달이 둥실 떴네요. 공주님이 자기가 가진 달이 가짜인 걸 알면 어떡하지요? 이 문제는 어떻게 해결할까요? 커튼으로 창을 가려서? 아님 공주님의 눈을 가려서?

"지금까지 얘기했잖아. 물어보라고. 왜 달이 또 있냐고 물어보라니까."
"공주가 뭐라고 대답했게? 꽃봉이 너는 달이 왜 또 생긴 거 같아?"
"몰라. 빨리 읽어줘. 공주가 뭐라고 했나."
"공주가 그랬대. 바보처럼 그걸 몰라요? 손톱도 깎으면 자라나는 것처럼, 달님도 가져오면 또 자라는 거예요."
"우와, 그렇네!"

어느 날 차 안에서 아이들이 심심해서 난리를 칠 때 이 책 얘기를 다시 한 번 했습니다.
"어떤 부부가 있었는데, 어느 날 아내가 남편에게 이혼을 하자고 한 거야. 남편이 깜짝 놀랐어. 그동안 우리는 싸움 한 번 안 하고 잘 살았는데, 왜 갑자기 이혼을 하자는 거요? 알겠소. 나는 평생 당신 뜻을 존중하면서 살았으니까, 이번에도 당신 뜻에 따르겠소. 마지막으로 우리 밥이나 먹고 헤어집시다. 그래서 두 사람은 식당에 갔어. 밥을 먹는데, 남편이 바게트가 나오니까 빵 끄트머리

꽁지를 아내에게 줬어. 그러자 아내가 막 화를 내면서 말했어. 봐요, 당신은 평생 나한테 꽁지를 줬어! 맛있는 데는 자기가 먹고, 나는 딱딱한 꽁지만 주고! 이기주의자!! 그러니까 남편이 깜짝 놀란 거야. 왜 그랬게?"

"갑자기 소리를 지르니까?"

"아내가 평생 꽁지 싫다는 소릴 한 적이 없거든. 남편이 그랬대. 나는 끝 부분을 너무너무 먹고 싶은데, 당신한테 맛있는 부분을 주려고 일부러 먹고 싶은 것도 꾹 참고 준 거예요. 평생 당신한테 제일 좋은 거, 제일 맛있는 것만 주고 살았는데⋯⋯!!"

"남편은 꽁지를 좋아하고, 아내는 싫어한 거야?"

"그렇지. 근데 서로 그걸 몰랐던 거지. 아내는 꽁지가 싫은데도 그냥 참고 먹은 거야."

"싫다고 말하지!"

"그게 쉽지 않아. 상대방이 기분 나쁠 수도 있고. 그냥 내가 참지 뭐, 그런 거지. 사랑하니까. 그러니까 얘들아, 사랑은 순하게 물어볼 줄도 알아야 하고, 부드럽게 거절할 줄도 알아야 한단다."

엄마도 못하는 걸 아이들에게 하라고 가르치네요. 하하하.

얘들아, 따라해봐. 바담 풍!

꼬리에
꼬리를 무는
그림책 1

08

그 해 여름,
단짝 친구에게 생긴 일

『우리는 단짝 친구』 스티븐 켈로그 지음, 비룡소

● 이 책 저 책 꺼내다가 "여기도 달 있다!" 하고 꺼낸 책입니다. 이 책 표지에도 달이 있거든요. 사실, 현명하게 사랑하는 사람은 지레짐작하지 않고 묻고 감춤 없이 대답한다고 아이들과 얘기하긴 했지만, 그래도 '차마 말로 할 수 없는 감정'이란 것도 있다는 걸 얘기하고 싶었습니다. 말하자니 치사해서 말하지 않는 경우도 있을 거고, 말해봤자 해결되는 게 없으니까 말하지 않는 경우도 있겠지요. 말해서 문제를 만드는 게 싫어서 무조건 참는 경우도 있을 거고요.

꽃봉이가 일곱 살 땐가 처음 이 책을 읽어주는데, 지나가다 말고 머리 들이밀고 듣던 당시 4학년 꽃님이가 그러더군요. "이 얘길 유치원 다니는 애가 어떻게 알아들어? 4학년은 돼야 이 기분 이해할걸?" 자기 마음속에 있는 감정이지만 말로 어떻게 표현해야 할지 몰라서 말 못하는 감정도 있겠지요.

저는 『우리는 단짝 친구』이 책이 참 슬프더라고요.
루이즈와 캐시는 단짝 친구입니다. 둘이 함께 '황금 바람'이라는 이름의 상상 속 말을 키워요. 어느 여름, 루이즈가 삼촌을 따라 여름캠프에 가버리고 캐시 혼자 남습니다. 캐시는 루이즈를 그리워하지만, 루이즈의 엽서를 받고 마음을 닫아버립니다.
루이즈가, 세상에, "너무너무 재미있어!"라고 써 보낸 거예요. 내가 없는데! 나 없이 여름방학을 보내면서도 재미있다고? 난 이렇게 널 그리워하는데, 넌 재미있다고? 이 배신자! 넌 너무너무 못된 친구야!

그럴 때쯤 새로운 이웃이 이사를 옵니다. 또래 친구면 좋겠지만 아쉽게도 혼자 사는 조드 할아버지예요. 하지만 조드 할아버지에겐 개가 있고, 그 개가 곧 새끼를 낳는다는 엄청난 사실! 심지어 강아지를 낳으면 캐시에게 주기로 했다는 거!!

캐시는 속으로 생각합니다. 루이즈가 돌아와서 강아지를 만지려고 하면 딱 잘라 말할 거야. "내 강아지한테 손대지 마!"

이윽고 여름방학이 끝나고, 루이즈가 돌아와요. 당연히 캐시에게 너무너무 보고 싶었다고 하지요. 캐시도 루이즈에게 보고 싶었다고 말하긴 하지만, 자기가 얼마나 토라져 있었는지는 굳이 얘기하지 않습니다.

루이즈 역시 조드 할아버지에게 강아지 한 마리를 얻기로 하는데요, 문제가 생겼습니다. 캐시는 얼룩 강아지, 루이즈는 단색 강아지를 얻기로 했는데, 그냥 갈색 강아지만 한 마리 태어난 겁니다.

그러니까, 이건 그러니까, 루이즈의 강아지인 거예요!

세상에 이런 일이 어디 있어요? 루이즈는 캠프도 다녀왔는데, 한 마리밖에 없는 강아지까지 혼자 차지하다니요. 아무리 인생은 불공평한 거라 해도 이건 너무하잖아요.

저는 캐시에게 너무 감정이입을 해서 눈물이 찔끔 날 정도였습니다. 너무해! 너무해! 느낌 알거든요. 친구가 일부러 날 괴롭히려고 그런 건 아니니 원망할 수도 없지만, 내가 상실감과 상대적인 불행감을 느끼는 건 분명하니까요. 이런 괴로움은 나쁜 사람이 없으니, 어디에다 말도 못하지요.

저는 이 책의 결론이 너무 착해서 마음에 들지 않습니다. 루이즈는 캐시에게 "이 강아지는 우리 둘의 강아지야. 쟤 이름을 황금 바람이라고 짓자"라고 합니다. 둘이 함께 키우던 상상 속 말의 이름을 딴 거지요. 두 아이는 다시 사이가 좋아지고, 캐시는 자기에게 이렇게 특별한 친구가 있다는 게 얼마나 행운인지 계속 생각한다……면서 끝이 납니다.

쪼잔한 저만 계속 속상합니다. 이런 게 어딨어! 이름을 황금 바람이라고 짓건 말건, 우리 둘의 강아지라고 하건 말건, 그 강아지는 루이즈 꺼잖아!

그래도 이런 감정을 속 좁은 나만 느끼는 것이 아니라 다른 사람도 느낀다는 그 자체가 위로가 됩니다. 꽃님이가 이 책을 두고두고 여러 번 본 것도 아마 그런 이유가 아니었을까요? '맞아, 나도 이런 적 있어!' 하는 공감이요.

꽃님이가, 유치원 다니는 남자애는 이런 기분 모를 거라고 했는데, 아니나 다를까, 꽃봉이는 이 책 읽고서 "엄마, 나도 강아지 사줘!" 엉뚱한 얘길 하더라고요. 캐시가 왜 속상한지는 관심도 없어요, 에휴.

꼬리에
꼬리를 무는　**09**
그림책 1

그림책 속에서 찾은 성장의 진실

『모치모치 나무』
사이토 류스케 지음, 다키다이라 지로 그림, 주니어RHK

●   '달' 하면 이 책도 빼놓을 수 없지요. 꽃봉이가 먼저 기억하고 꺼내왔습니다.

    다섯 살 마메타는 산 속에서 할아버지와 단둘이 삽니다. 오늘은 집 앞에 있는 모치모치 나무가 일 년에 딱 한 번, 환하게 불을 밝힌다는 날이지만, 용기 있는 아이만 볼 수 있다니 그냥 포기하고 잠자리에 듭니다. 곰과 싸우다가 돌아가신 아빠와는 달리 마메타는 밤에 쉬하러 갈 때도 혼자 못 가는 겁쟁이거든요.
    그런데 한밤중에 할아버지께서 갑자기 아파 정신을 잃은 겁니다. 이러다 할아버지가 돌아가시면 어떡하지? 나한텐 할아버지밖에 없는데……. 마메타는 눈 딱 감고 캄캄한 숲을 지나 산 아래 마을로 달려갑니다. 의사 선생님을 모시러 말이지요. 긴 손을 뻗어 잡으러 올 것만 같은 무시무시한 모치모치 나무도 마메타를 막을 수 없습니다. 사랑은, 두려움보다 강한 법이지요. 두려움을 이기는 건 용기보다 사랑일 때가 더 많습니다.
    의사 선생님을 모시고 온 마메타. 아아, 보고 말았지요. 모치모치 나무가 환하게 불을 밝힌 전설 속의 장면을요! 용감한 아이만 본다는, 그 멋진 모습을요!

    판화 그림이 다소 거칠게 느껴져 무섭다는 어른 독자도 있지만요, 정작 아이들은 모치모치 나무에 불이 밝혀진 화려한 모습을 더 기억하는 것 같습니다.

그렇지만 제가 이 책에서 가장 좋아하는 대목은 모치모치 나무에 불 밝히는 장면도 아니고요, 마메타가 용기를 내어 뛰어가는 부분도 아닙니다. 다음 날, 마메타가 할아버지를 깨우는 끝 장면이에요.

"할아버지, 쉬."

어젯밤 그렇게나 용감했던 마메타는 여전히 혼자 쉬하러 가지 못하는 겁니다. 어젯밤의 용기는 우연이었을까요? 아니요. 성장은 극적으로, 하루아침에 일어나는 게 아니라는 걸 작가가 아는 거지요. 한 발짝 나아갔나 하면 때론 두 발짝 돌아오기도 한다는 것을. 그렇지만 조금씩조금씩 앞으로 나아가는 것. 성장과 믿음은 원래 그런 것이니까요.
꽃봉이도 이 장면을 좋아합니다. 아마 용감하게 혼자 자러 갔다가도 새벽이면 타박타박 엄마 아빠 사이로 오고야 마는 스스로에게 위로가 되나 봅니다.

1. 꽃님이네 그림책 고르는 비결

꼬리에
꼬리를 무는
그림책 1

10

도전, 위험하기에
아름다운 그 무엇

『터널 밖으로』 바바라 레이드 지음, 국민서관

'용기'를 얘기하기에 좋은 책이 또 있습니다. 어? 그런데 꽃봉이 반응이 시큰둥하네요. 책 표지를 보자마자 그러는 겁니다.

"이거 옛날에 읽은 거잖아. 지하철 역 안에서만 살아온 쥐가 터널 밖으로 나가고 싶어 하는 얘기잖아. 친구랑 같이 가는데, 잘 데가 없어서 벽 틈에 막 쪼그려서 자잖아. 다 알아. 안 볼래."

이럴 땐 글자 적다고, 줄거리 알아듣는다고 너무 일찍 읽어준 걸 후회합니다. 줄거리는 알지 몰라도 작가가 무슨 얘길 하고 싶은지, 이 얘기가 왜 아름다운 건지 하나도 모르니까요. 마음이 좀 더 자랐을 때 함께 읽었다면, 생쥐 닙의 모험에 함께 마음을 졸이며 터널 밖으로 여행을 떠날 수 있었을 텐데 말입니다. 꽃봉이, 꽃님이 너희도 터널 밖으로 나가고 싶은지, 왜 나가고 싶은지, 무서울 땐 어떡할 건지, 닙이 터널 바깥 세상을 상상하게 하는 물건들을 모은 것처럼 네게도 마음 설레게 하는 물건이 있는지, 나누고 싶은 얘기가 얼마나 무궁무진한데!

살살 꼬셔서 『터널 밖으로』를 다시 읽고 물어보았습니다.

"꽃봉아, 넌 터널 밖으로 나가고 싶니? 엄마가 못 나가게 하면 어떡할래?"

꽃봉이는 엄마가 허락할 때까지 기다렸다가 가겠답니다. 당장 못 나가도 포기하지 않고 끝까지 기다린다네요.

꽃님이가 톡 끼어들었습니다.

"너, 기다리다가 늙어죽는다. 엄마가 80살에 허락하면 그때 갈래? 엄마는 오토바이도 40살 될 때까진 못 타게 한다잖아."

"누나! 엄마 말을 들어야지. 안 그러면 엄마 속상하잖아. 엄마가 안 되니까 안 된다고 하겠지."

"그래도 자식이 넓은 세상으로 간다는데 반대하면 나쁜 엄마야." 하며 꽃님이가 내 눈치를 봅니다.

"위험하니까 그렇지. 터널 바깥이 넓고 좋을지 별로일지 알게 뭐야. 하지만 위험한 건 확실하니까 반대하는 거지. 넓은 세상 보는 걸 말리는 게 아니고……" 하고 말리는 척을 했습니다.

어릴 때가 생각납니다.

옛날, 친구들 집은 못하는 게 많던 시절, 어쩐지 우리 엄마는 못하게 하는 게 별로 없었어요. 아니, 못하게 하긴 하는데 그다지 세게 반대하지 않았다고 할까요? 언젠가 오빠들이 속상하게 하면 엄마는 어린 저를 붙들고 혼잣말을 하셨습니다.

"그래. 부모는 울타리를 치는 게 일이고, 자식은 울타리를 넘어가는 게 일이지. 울타리 있다고 못 넘어가는 것도 바보고, 울타리 넘어서 너무 멀리 나가는 것도 바보지……."

꽃님아, 꽃봉아.

엄마야말로 터널 끝으로 가장 가보고 싶어 하는 사람이란다. 하지만 그건 내 얘기고, 엄마로서는 위험한 줄 뻔히 아는데 나가라고 등 떠밀 순 없잖아. 어느 날엔가 엄마가 유난히 코를 크게 고는 밤이 있거들랑, 떠나기 전에 뽀뽀나 한 번 해다오.

혹시 부모의 속마음과 겉으로 하는 말이 다르면 아이가 혼란스러울라나? 책 다 읽고 부앙부앙 자동차 놀이에 빠진 아이의 등에 대고 다시 말했습니다.

"얘들아, 엄마가 터널 끝으로 가지 말라는 건 너무너무 걱정된다는 뜻이지, 진짜 나가지 말라는 건 아니거든. 당연히 나가야지, 나가야 하고말고! 엄마가 행여나 늙은 마음에 못 나가게 하거들랑 꼬시고 싸우고 설득해서 나가, 엉? 네 꿈도 포기하지 말고, 엄마를 포기하지도 말고, 응? 만약…… 만약 하나를 포기해야 한다면 엄마를 포기하렴……."

아이들은 이미 관심 없고, 저 혼자 그림책을 다시 보며 마음 한 구석이 찌르르 합니다. 흑흑.

주인공 닙은 터널 바깥을 상상하게 하는 물건들을 모읍니다. 그 물건들 중에 고양이 그림이 있습니다. 그래요. 때로는 위험한 게 제일 매력적이지요. 위험한데도 설레는 게 아니라, 위험하기 때문에 설레는 느낌. 그 느낌 아니까.

책의 끝 부분에 이런 말이 나옵니다.

터널은 닙이 상상했던 것보다 훨씬 더 위험한 곳이었어.
닙이 꿈꿔왔던 것보다 훨씬 더 아름다운 곳이기도 했고.

"여기가 터널의 끝이구나." 닙은 숨을 크게 들이쉬었어.

CHAPTER 2

도대체 그림책 읽고 무슨 얘길 할까?

★
꼬리에 꼬리를 무는 그림책 2

우리 집 애는 대답을 안 해요

꽃님이, 꽃봉이와 그림책을 읽고 나눈 이야기들을 보고 아직 아기가 어린 이웃들이 그러세요. "우리 아이도 빨리 커서 그런 대화를 나누고 싶어요. 언제쯤이면 할 수 있을까요?" 언제부터긴요, 지금 당장이지요. 지금부터 이야기를 나누지 않으면, 나중에 말 잘하는 나이가 됐을 땐 입 꽉 다물고 얘기하지 않을걸요.

"우리 집 애는 이제 두 살인데요?" 두 살엔 두 살에 어울리는 대화를 하면 되지요. 말을 못하는 아기와도 그림책 대화를 할 수 있다니까요! 대화라고 해서 꼭 질문하고 대답하고, 그럴 필요는 없거든요. 사과가 나오는 그림책을 봤다고 해서 "사과 먹었던 기억 나니? 언제 먹었을 때가 제일 맛있었어?" 이런 질문을 해봤자 아이는 손가락으로 엄마 입이나 쑤실걸요. 그만 물어보고 계속 읽기나 하라고요.

아이가 말을 못할 땐 아이의 말을 대신해주면 됩니다. "빨간 사과네. 우리 꽃봉이는 그저께 할머니랑 초록색 사과 먹었는데, 그치? 엄마는 초록 사과가 빨간 사과보다 더 맛있더라." 아이는? 그냥, 고개만 끄덕. 그래도 충분히 대화가 된다는 거, 아시잖아요?

그렇다고 엄마 혼자 주절주절 얘기를 하라는 건 아닙니다. 엄마 혼자 떠드는 게 익숙해지면, 아이가 입을 다물더라고요. 엄마가 뭘 물어도 잠깐만 있으면 금방 엄마가 알아서 대답할 테니까요. 아이의 대답이 필요한 순간엔 아이와 눈을 맞추면 됩니다. 아이가 고개를 끄덕이거나 "응, 응" 대답을 해주면 최고고요, 대답이 없더라도 지금은 대답 타이밍인 걸 알려주는 거지요. 대답이 없다고 실망하지만 않으면 됩니다. 방금 아이는 속으로 다 대답했어요. 말을 못할 뿐이지요.

아이가 좀 큰 집에선 이런 얘기가 나옵니다. "우리 집 애들은 책 읽어도 암말도 안 하던데?" 왜 아무 말도 안 하냐면요, 안 물어봤으니까요. 책 읽고 나서 얘기해야겠다는 생각을 해본 적이 없거든요. 아이들에게 책 재미있냐고 물어보면, 대부분의 아이들은 종알종알 자기 생각을 풀어놓는답니다. 놀라울 정도로 쉽게요.

"아니야. 물어봤어. 책을 읽고 무슨 대화를 좀 해보려고 해도, 우리 집 애들은 대답을 안 해. 뭐든지 '몰라', '그냥'. 대답이 두 개뿐이야." 사춘기에 들어가서 입을 딱 닫아버린 게 아니라 5~8세 정도 아이라면요, 십중팔구 어떻게 대답해야 하는지 모르는 경우랍니다. 이럴 땐 대답을 어떻게 하는지 가르쳐주면 됩니다. "강아지똥은 왜 운 걸까? (잠깐 기다렸다가) 자기가 똥이라니까, 아무 쓸모없는 똥이라니까, 슬퍼서 그랬나 보다. 똥이 얼마나 쓸데가 많은데. 그걸 모르고, 에구." 엄마가 모범답안(이란 건 없지만, 그래도 이런 식으로 대답하면 좋겠다 하는 거요)을 슬쩍 들려주면 됩니다. 처음엔 거의 엄마가 대답할 각오를 해야지요.

그림책 대화, 테스트가 아니라 생각 나누기

똑같은 질문을 아빠나 다른 어른에게 해보는 것도 좋습니다. "아까 낮에 『강아지똥』을 읽었는데, 이러이러한 장면이 나왔어. 당신은 강아지똥이 왜 그런 거 같아?" 아빠가 어떻게 대답하는지를 보면서 아이는 '아, 저렇게 대화하는 거구나' 배울 수 있습니다. "아까 꽃봉이는 뭐라고 그랬냐면, 이러이러해서 그런 거래. 꽃봉이 생각도 일리가 있지?" 하고 아까 아이가 횡설수설했던 대답을 정리해서 아빠에게 들려줘도 좋습니다. '아, 내 생각이 저거였구나. 저렇게 말하니까 훨씬 더 알아듣기 쉽구나.' 이것도 보고 배운답니다. 저는 이 효과를 많이 본 것 같아요. 아이와 함께 있을 때, 다른 사람에게 오늘 우리가 함께 읽은 책 줄거리와 논쟁거리를 자주 이야기하고 의견을 물었습니다. 어떻게 내용을 요약정리 하는지, 자기 생각을 어떻게 주장하는지, 아이에게 예시를 보여준 셈이지요. 꽃님이에게 꽃봉이와 읽은 책 이야기를 해준 적도 많습니다.

더 중요한 건 "아, 우리 엄마가 내가 얼마나 대답을 잘 하는가 테스트 해본 게 아니었구나. 정말 그게 궁금했구나."라고 받아들이는 거예요. 아이도 기껏 책 읽었더니 내용을 잘 이해했나 못했나 엄마가 테스트 삼아 물어본다고 생각하면 대답하고 싶지 않겠지요. 자칫하면 "책 읽기 싫어. 또 뭘 물어보고, 뭘 야단치려고?" 이렇게 될 수도 있다고요.

 평소 시험에 많이 노출된 아이라면, 책을 읽고 서로 생각을 물어보고 대화를 하는 것도 일종의 시험으로 받아들일 수 있어요. 어른이 정말 몰라서 물어보는 것 같지는 않고, 자기가 대답을 잘하나 못하나 보려고 물어보나 보다 할 밖에요.

 엄마의 질문에 아이가 테스트 받는 기분이거나 놀림당하는 기분이 들면 안 되잖아요. 꽃봉이는 지금도 가끔 물어본답니다. "엄마, 정말 몰라서 물어보는 거야?" 저는 솔직하게 대답합니다. "물론 엄마도 생각이 있긴 하지. 근데 네가 어떻게 생각하는지 궁금해서 물어보는 거야. 엄마 생각은 이러이러한데, 넌 어떤가 하고."

아이의 말문을 여는 비결

 아이가 좀 더 마음 편하게 말문을 열도록 하는 요령, 몇 가지는요. 첫 번째, 정답이 없는 질문을 하는 겁니다. "여기 나오는 사람 중에 누가 제일 마음에 들어?" 열린 대답을 부담스러워하면 둘 중에 하나를 고르게 합니다. "꽃봉이는 부엉이랑 독수리 둘 중에 누구 말이 더 맞는 거 같아?"

 아이가 말을 하다가 횡설수설하기도 합니다. 머릿속에 뭔가 지나가는 게 있긴 한데, 딱 말로 표현이 안 되는 거지요. 그럴 땐 엄마가 한번 정리를 해줍니다. "아, 그러니까 에이프릴은 무서웠던 거구나? 진짜 바빠서 도와주지 않겠다고 한 게 아니라, 무서운데 무섭다고 하기가 창피하니까 바쁜 척한 거구나?"

책을 읽자마자 질문하지 않는 것도 손쉬운 요령이랍니다. 조금 있다가 조용할 때, "아까 그 책 말이야"라고 얘기를 꺼내도 아이가 가볍게 "응. 뭐?" 말문을 열거든요. 물론 "아까 무슨 책? 기억 안 나는데?" 이러는 경우도 너무너무 많아요. 저도 금방 본 드라마 줄거리 다 까먹는걸요. 이럴 땐 흥분하지 말고, 설명해주면 됩니다. "아까 여름 한밤중에 갑자기 온 동네가 다 정전되는 얘기 있었잖아."

참, 뭐니 뭐니 해도요, 아이의 입을 열게 하는 가장 좋은 방법은 이야기를 나누고 싶은 책을 보여주는 것입니다. 아이의 관심사가 나오는 책, 생각만 해도 웃긴 책, 서로 의견이 달라서 내 생각이 맞다 주장할 수 있는 책, 나라면 어떡할지 고민이 되는 책, 읽다가 슬퍼서 눈물이 찔끔 나오는 책이요.

한번 이야기가 시작되면 엄마가 아이에게 다음 책을 제시하지 않아도 아이가 골라온답니다. "엄마, 그 책을 읽었더니, 이 책 생각이 나요." 때론 저와 아이 모두 발을 동동 구르지요. "이 책 보니까 생각나는 책 있다! 근데, 어, 어? 그 책 제목이 뭐더라? 왜 그거 있잖아. 택배 하는 공주. 아, 뭐더라?"

아이가 말을 하기 시작하면요, 줄줄이 책들이 이어져 나온답니다. 이른바 그림책 고구마 캐기! 꼬리에 꼬리를 무는 그림책!

꼬리에
꼬리를 무는
그림책 2

01

스스로 인생을 개척하는
멋진 공주님

『왕국 없는 공주』
우르슐라 존스 지음, 세라 깁 그림, 킨더랜드

- 실루엣 그림이 아주 예쁜 공주 이야기책입니다. 세라 깁은 여자아이들이 영어 공부할 때 인기 많은 『티아라 클럽 The Tiara Club』 시리즈의 작가예요.

이 공주, 공주이긴 공주인데 왕국이 없어서 내 왕국은 어디 있나 떠돌고 있는 신세입니다. 먹고 사느라 택배 일을 하지요. 그러다가 어느 궁전에서 어릿광대를 만납니다. 이 궁전의 왕비가 자기 아들이 가난뱅이 공주에게 반할까 봐 돈까지 줘서 아들을 멀리 놀러 보내고, 어릿광대더러 손님대접을 하라고 했거든요. 다행히 다른 여자들은 알아듣지 못하는 어릿광대의 농담에 공주는 깔깔깔 신나게 웃습니다. 왕비의 푸대접에도 공주는 전혀 기죽지 않아요. 오히려 이 궁전의 왕자뿐만 아니라 더 크고 더 잘사는 나라의 왕자들이 결혼하자고 덤벼도 싫답니다.

"다들 별로야. 웃기지도 않고 점잖지도 않아!"

공주는 왕자들의 청혼을 피해 궁전에서 나오다가 숲속에서 어릿광대와 마주칩니다. 어릿광대가 고백을 하네요.

"내 마음에 있는 왕국의 공주가 되어 주실래요?"

이 야무진 공주님의 대답은요?

"그래도 아이들을 키우려면 진짜 왕국이 필요하다고요."

어릿광대, 당장 돈 벌러 나서네요. 사랑은 사랑이고, 현실은 현실이니까요. 공주님은 과연 자기의 왕국을 찾았을까요?

왕자 잘 만나 팔자 고치는 공주 말고, 자기 인생 자기가 개척하는 새로운 공주로 흔히 『종이 봉지 공주』(로버트 문치 지음, 마이클 마첸코 그림, 비룡소)를 얘기합니다. 하지만 어렸을 때부터 꽃님이는 종이 봉지 공주를 싫어했습니다. "이게 무슨 공주야? 종이 봉투 옷이라니, 거지 같아!" 독후놀이 삼아 종이 봉지 옷 좀 입혀보려고 해도 내내 뺑소니를 치더라고요.

하지만 꽃님이도 이 공주는 좋아합니다. 이 공주는 주체적이면서도 예쁘고, 여성스러움을 포기하지 않으니까요. 예전 우리 세대는 주체성을 찾기 위해선 아름다움을 포기해야 하는 경우가 많았습니다. '내가 생각하는 아름다움' 자체도 남성의 기준이 아닌지 의심해야 했고 의식적으로 벗어던지는 과정이 필요했는데, 이제 세상이 좀 바뀐 걸까요? 꽃님이에게 아름다움은 수줍고 소극적인 여성성이 아닙니다. "누가 뭐래도 난 이게 아름다워!"라는 개인 취향의 발현이지요.

어쨌거나, 엄마 입장에선 그래도 공주가 영토가 좀 있는 왕자를 고르지 그랬냐 싶지만, 걱정은 안 됩니다. 다 알고 시작한 건데요, 뭐. 영토가 필요한 줄도 알지만, 사랑이 중요한 줄도 알고 시작했잖아요. 특히, 이 어릿광대는 웃기거든요. 같이 사는 데 사랑만큼이나 중요한 게 유머감각이라는 걸 이 어린 공주가 어떻게 알았을까요?

"꽃님아, 유난히 웃긴 남자애 있어? 남들은 별로 안 웃기다는데, 너는 걔가 너무 웃긴 거야. 그런 애 혹시 없니? 남들은 안 웃는데 넌 그 애 말이 자꾸 웃긴다, 그럼 네가 너도 모르는 새 그 아이를 좋아하는 걸 수도 있단다" 했더니 1학년 꽃봉이가 끼어들었습니다.

"엄마, 우리 반에 내가 뭔 말만 하면 막 웃는 여자애 있다. 내가 별 말 안 해도, 막 웃어."
"그래? 그럼 넌 어떤데? 너도 그 애 말이 막 웃겨?"
"아니, 그건 아닌데. 난, 자꾸 그 앨 웃기고 싶어."

하하하. 아무래도 우리 집은 누나보다 동생이 먼저 결혼할 것 같아요. 간질간질 오글오글한 연애감정에 대해서 꽃님이보다 꽃봉이가 훨씬 더 예민하게 반응하는 걸 보면 말입니다.

꼬리에
꼬리를 무는
그림책 2

02

좋아도 아닌 척,
두근두근 이게 뭐게?

『흔들흔들 다리 위에서』
기무라 유이치 지음, 하타 고시로 그림, 청어람미디어

- 간질간질한 연애감정에 대해서 얘기하자면 우리 집에선 이 책을 빼놓을 수 없습니다.

여우가 토끼를 쫓고 있습니다. 외나무다리에 딱 올라섰는데! 다리가 끼이익~ 기슭에서 떨어져버렸네요. 이제 여우와 토끼는 시소 위에 선 꼴이 됐습니다. 누구라도 떨어지면 다른 쪽도 절벽 아래 강물로 떨어져 죽을 판.

"아이고, 눈앞에 먹이가 있는데 그냥 보고만 있어야 하다니!"

"흥! 그런 줄 알고도 달아나지 않고 있으니 고마운 줄 알아. 내 친구들이 오면 너 같은 건 막대기로 쿡쿡 찔러서 강물에 밀어 넣어 버릴 텐데."

처음엔 이랬지만, 함께 밤을 보내면서 둘 사이가 달라집니다.

"야. 난 무서우면 오줌이 마렵더라."

"그래? 난 으악 하고 고함을 치게 되던데."

그러다 토끼가 졸면 여우가 버럭 소리를 지릅니다.

"야. 얼른 일어나. 지금 잠들면 떨어져 죽는다고! 목숨 귀한 줄 알아야지."

아까 못 잡아먹어서 안달이었던 게 누구였더라? 하하. 아침이 되고, 어찌어찌 강기슭으로 올라선 여우와 토끼. 토끼는 다시 도망치고 여우가 쫓아가는데, 여우가 가다 말고 멈춰 섭니다.

"이런, 난 꼭 무서워서 떨고 나면 오줌이 마렵단 말이야."

여우가 오줌을 누는 새, 토끼는 도망을 칩니다. 여우가 속으로 그러지요.

"어이 토끼야. 앞으로는 잡히지 마."

킬킬거리며 읽던 꽃봉이가 흥얼흥얼 노래를 합니다. "뚜 뚜루 뚜 뚜 뚜루뚜~" 텔레비전 코미디 프로그램 중 한 코너의 주제가입니다. 이 코너는 오래된 친구 사이인 남녀가 서로를 좋아하면서도 그 감정을 숨기고 오히려 서로 윽박지른다는 내용이에요.

"엄마, 두근두근 노래가 막 들리지 않아? 서로 좋아하면서 아닌 척, 싸우는 척. 얘네 웃긴다."

"근데 꽃봉아, 너는 꼬맹이가 그 마음을 어떻게 이해해? 좋아하면서 아닌 척하는 거 말이야. 좋아하면 좋다고 말하면 되지, 왜 꼭 아닌 척하는 거야? 바보 아냐?"

"어후, 엄마는 그걸 모르냐? 쑥스럽잖아! 지금까지 친군데, 사실은 너랑 뽀뽀하고 싶고, 손잡고 싶다고 어떻게 말을 해애~~~. 아, 부끄러워~~~~~."

어쭈? 뭐 좀 아는데요?

"꽃봉아, 친구끼리 좋아하는 거랑, 뽀뽀하고 싶은 마음으로 좋아하는 거랑 어떻게 다른데?"

"아 진짜. 그것도 모르면서 결혼은 어떻게 했어?"

"꽃봉아, 말해줘어~. 혹시 그런 친구 있어? 그냥 친구였는데, 인제는 막 사랑하게 된 친구?"

"아 몰라!!!"

몸을 배배 꼬던 꽃봉이가 도망가버렸습니다. 큭. 짜식. 뭔가 있는 거 같은데요~.

이 책은 『폭풍우 치는 밤에』(아이세움)를 쓴 기무라 유이치 글에, 내 인생 단 한 권의 그림책으로 단숨에 꼽을 『마법의 여름』(아이세움)을 그린 하타 고시로 그림! 제겐 완벽한 궁합입니다.

2. 도대체 그림책 읽고 무슨 얘길 할까?

꼬리에
꼬리를 무는   03
그림책 2

감옥에 간 아빠

『아주 특별한 토요일』
크리스티앙 로쉬 지음, 에블린 페브르 그림, 문학동네어린이

『흔들흔들 다리 위에서』를 쓴 기무라 유이치 작가의 책 중에서 꽃봉이와 제가 제일 좋아하는 책은 『승냥이 구의 부끄러운 비밀』(미야니시 타츠야 그림, 효리원)입니다.

부모를 잃은 승냥이 구를 조그마한 족제비가 데려다 키웠는데요. 구는 자랄수록 족제비 엄마가 부끄럽습니다. 왜 우리 엄마는 용감하고 사나운 승냥이가 아닌 거지? 자그마한 족제비 엄마가 자기를 위해 대신 죽어갈 때에서야 승냥이 구는 울부짖으며 사실은 엄마를 사랑한다고 고백합니다.

부모가 부끄러운 경우…… 아이들에게 있겠지요? 어떨 때 엄마 아빠가 부끄럽냐고 아이들에게 물었더니, 꽃봉이는 절대 없다고 하는데 꽃님이 눈치는 그게 아니네요. 자세하게 물어보기 두렵더라고요. 흑흑.

그래서 『아주 특별한 토요일』이 생각났습니다.

왜 특별한 토요일일까요? 클라라가 가족들과 함께 감옥에 있는 아빠를 면회하러 가는 날이기 때문입니다. 클라라는 일곱 살이지만 알 거 다 압니다. 남편이 감옥에 간 엄마의 고단함을 덜어주기 위해 눈치껏 짐도 들고요, 이웃이 어디 가는 길이냐고 물으면 적당히 얼버무려 대답할 줄도 압니다. 여태껏 감옥이 병원인 줄 알고서 병원에 있는 아버지를 만나러 온다고 믿는 이웃집 동생을 위해 병원인 척하며 비밀을 지켜줄 줄도 압니다.

이렇게나 참한 딸의 아빠가 왜 감옥에 갔을까요? 무슨 노조 운동을 했거나 억울한 누명이라도 썼으면 얼마나 좋을까요? 하지만 끝까지 아빠가 왜 감옥에 갔는지는 나오지 않습니다.

하긴 아빠가 남부끄러운 죄목으로 감옥에 간들 가족이 아닐 건 가요, 이이에게 아빠가 애틋하지 않을 건가요. 마음이 아픕니다.

"빈 책가방이 쓰러지지 않으려면 안에 책을 넣어야 해. 사람이 쓰러지지 않으려면 어떻게 해야 할까?"

이렇게 물어보며 사람도 쓰러지지 않으려면 책을 넣어야 한다고, 클라라의 아빠는 딸에게 공부하라는 얘기를 합니다.

다른 사람들에게 감옥에 있는 아빠를 만나러 간다는 말은 부끄러워 못하지만, 아빠를 만나러 가는 토요일 아침을 가장 행복해하고 아빠 사진과 아빠의 편지를 소중하게 간직할 줄 아는 클라라가 참 예쁘네요.

꽃봉이는요? "사람이 안 쓰러지려면 뼈가 있어야지." 뭐 이런 소리를 하네요. 하하하.

짧은 그림책이지만 5학년 꽃님이와 오히려 할 얘기가 많은 책입니다. 인터넷으로 서평을 찾아보니, 이런 이야기는 불편하다는 의견들이 많았습니다. 아빠가 감옥에 있는 이야기라니, 읽어주기 난처했다고요.

꽃님이 꽃봉이는, 경계성 지능장애를 가진 아빠가 억울한 누명을 쓰고 감옥에 간 후, 감옥 안으로 일곱 살 딸을 몰래 데리고 온다는 영화 〈7번방의 비밀〉을 워낙 재미있게 본 터라, 아빠가 감옥에 있다는 상황에 거부감이 거의 없었는데요. 영화 덕분이 아니더라도 여러 가지 소수자 가족의 상황에 아이들이 당황하지 않고 포용할 수 있으면 참 좋겠습니다.

꼬리에
꼬리를 무는   04
그림책 2

이것도 다 복이다

『다복이』
윤구병 지음, 이담 그림, 휴먼어린이

- 한 지붕 아래 엄마, 아빠, 아이(들). 이런 모습이 제일 일반적인 가정인 것 같지만, 주위를 둘러보면 그렇지 않은 집이 얼마나 많은지 모릅니다. 『아주 특별한 토요일』의 클라라네 집처럼 아빠가 부재중인 집도 있고, 다복이처럼 처음부터 아빠가 없는 집도 있습니다. 다복이가 엄마 뱃속에 생겼을 때, 아빠 될 이

가 떠나버렸거든요. 이것도 다 복이다 싶어 이름이 다복이.

혼자서 아이를 키워야 했던 엄마는 어린 다복이를 방에 혼자 두고 문을 열쇠로 걸어 잠근 채 돈을 벌러 다닙니다. 그렇게 갇혀서 1년쯤 지나자 다복이는 걷지도 못하고 정서에도 문제가 생깁니다. 엄마는 아이를 돌보면서 돈을 벌 수 있는 방법을 찾지만, 그게 어디 쉬운가요. 급기야 사기도 당하지요. 그러다 엄마가 농촌 공동체로 들어가게 되고, 이웃집 아저씨와 사이좋게 지내면서 드디어 다복이에게도 새 아빠가 생긴다는 이야기입니다.

아 진짜, 왜 말로 하니까 이렇게 신파가 되는 걸까요? 다복이 엄마의 마음이 얼마나 구구절절 느껴지는지……. 그림책을 읽다 말고 엄마가 우니까 꽃봉이가 "눈 감아봐" 하더니 소맷부리로 눈물을 닦아주더군요. 엄마를 안고 토닥토닥. 제법 위로가 됩니다.
   한참 후, 꽃봉이가 혼잣말을 하네요.
   "그러게, 신호 위반은 왜 해가지구."
   꿱!! 신. 호. 위. 반?! 도대체 그런 말은 어디서 들었냐니까 코미디 프로그램에 나왔대요. 딸이 남자친구와 여행을 가서 속도 위반을 했다고 고백하자 아빠가 자동차 속도 위반이 아니라 다른 속도 위반인 줄 알고 오해하는 설정이었는데요. 제가 결혼도 안 하고 짝짓기(!)부터 하는 걸 속도 위반이라 한다고 가르쳐줬다네요. 헐헐헐.

꼬리에
꼬리를 무는
그림책 2

05

SNS에서 본 멋진 가족, 정말 행복할까?

『행복한 우리 가족』
한성옥 지음, 문학동네어린이

- 가족 애기 한 편 더 볼까요?

어? 제목은 『행복한 우리 가족』인데, 제목 아래 무겁게 매달린 이 폭탄은 뭘까요? 표지를 넘기면, 깜짝 놀랍니다. 속지 가득히 폭탄 터지는 소리가 들려요. 뻥!

책은 '소연이 가족이 꽃 피는 봄날, 미술관에 놀러 갔다'는 행복한 가족의 일기 글입니다. 그런데 이상하네요. 이 가족 주변 사람들은 왜 다 인상을 쓰고 있는 걸까요? 자세히 보니 그럴 만합니다. 핸드폰을 놓고 나와 다시 집으로 들어간 엄마가 아이에게 말하지요. "엘리베이터 좀 잡고 있어." 다른 층에서 기다리는 사람이 있건 말건 상관없나 봅니다.

슈퍼에선 아이를 줄 세워놓고 물건을 사러 갑니다. 당연히 다른 사람들은 뒤에서 오래 기다려야 되겠지요? 도로에선 자연스레 차선 위반. 전시관에서 사진을 잘 찍으려고 줄 넘어가기 일쑤. 잔디밭에서 밥 좀 먹는 거야, 뭐 어떻겠습니까? 음식 쓰레기 슬쩍 버려도, 다 썩을 건데요 뭐. 거름이라고 쳐요~. 후식으로 아이스크림과 커피까지 테이크아웃 해오는 센스쟁이 아빠지만, 들어가지 말라는 잔디밭을 가로지릅니다.

이들 꼴불견의 최고봉은 늦은 밤 귀가해서 장애인 주차구역에 주차를 하는 것입니다. 가로 주차한 다른 차들은 바보인가요?

꽃님이가 대번에 얘기합니다.

"엄마! 엄마 아빠가 이러면, 나 진짜 우리 엄마 아빠지만 창피할 거 같아. 감옥에 있는 것보다 이런 게 더 창피해. 어우, 어우."

우리 가족의 행복을 위해서 다른 이들의 불편 정도는 무시합니다. 뭐 어때요? 사람 다치게 한 것도 아니고, 애 키우고 살다 보면 그런 거지요. 유기농 챙겨 먹이고 바깥 음식 안 먹고 도시락 싸다니는, 나름대로 웰빙인 이 가족은 인터넷 홈페이지에 그날 외출 포스트를 올리는 걸로 하루를 마감합니다!

저는 인터넷에 일기를 올리는 이 대목이 제일 웃겼어요. 인터넷만 봐선 이 행복해 보이는 가족이 '민폐 똥덩어리'들인 거, 절대 모르지 않겠어요? 사실, 우리도 모르잖아요. 인터넷과 SNS에 가득한 저 가족들, 멋진 곳으로 여행가고 맛있는 것을 먹으러 다니는 저 가족들이 실제로도 저리 행복한 순간을 보냈는지 어떤지 모르잖아요. 우리도 올리지 않잖아요? 웃는 사진 뒤에 숨은 부부싸움의 현장, 줄곧 싸워대는 아이들.

킬킬거리며 두 번이나 연거푸 읽던 꽃봉이가 한마디 하네요.
"왜 속지에 '뻥!' 해놨는지 알겠다. 이 가족은 남들 괴롭히는 폭탄이라는 뜻이고, 또 이 일기에 행복하다 재미있었다 이런 말이 다 뻥이라는 얘기야. 뻥! 개뻥!"

꼬리에
꼬리를 무는
그림책 2

06

눈치 있게, 배려 깊게!

『나는 사실대로 말했을 뿐이야!』
패트리샤 맥키삭 지음, 지젤 포터 그림, 고래이야기

● 　　　　『행복한 우리 가족』처럼 분명히 주위 사람들을 기분 나쁘게 만드는데, 정작 본인은 잘못한 줄도 모르고 있는 경우가 있습니다. 『나는 사실대로 말했을 뿐이야!』의 리비가 그랬어요. 리비는 거짓말을 했다가 엄마에게 혼난 다음, 절대로 거짓말을 하지 않겠다고 결심합니다. 그런데요, 참 이상해요. 정직하게 말하는 건 착한 일인데, 왜 다들 싫어하는 거지요?

새 옷 입은 친구에게 말해줬어요.

"너 양말에 구멍 났어."

숙제가 너무 어려워 못했다는 친구 얘기를 듣고 선생님께 말씀드렸어요.

"윌리가 숙제를 안 해 왔어요."

왜, 사실을 얘기했는데 점점 사람들이 화를 내는 걸까요? 이제 아무도 리비와 얘기하려고 하지 않아요. 괴로워하는 리비에게 옆집 아주머니께서 알려주십니다.

"원래 좋은 약은 입에 쓰단다. 하지만 사실대로 이야기하더라도 애정을 갖고 부드럽게 얘기해주면 훨씬 더 삼키기 쉬울 거야."

거짓말을 하라는 얘기가 아니지요. 다른 사람과 대화하는 방식 자체에 대한 얘기랄까요? 나쁜 의도를 갖고 있는 게 아니라고 해서, 잘못이 아닌 건 아니라는 '어려운' 얘기를 아이에게 쉽게 할 수 있는 책입니다.

"꽃봉아, 이 책을 딱 두 글자로 말하면 뭔지 알아? 상대방이 기분 좋은지 나쁜지 딱 보고 알아서 맞춰주는 거. 이게 바로 '눈치'야. 사람이 눈치가 있어야 해."

꽃님이가 끼어들었어요.

"아니지, 엄마. 눈치가 뭐야. 상대방의 기분을 살피는 걸 두 글자로 하면 '배려'가 정답 아니야?"

헉! 맞습니다.

눈치보다 배려가 더 맞는 말이네요.

"꽃님아, 그래도 '아니지' 하고 네가 강하게 말하니까 엄마가 좀 부끄럽다."

"흐흐. 알았어요, 엄마. 눈치도 맞지만요. 제 생각엔 '배려'도 맞는 말 같아요. 그쵸?"

아이가 저보다 낫다고 느낄 때 뿌듯하면서도요, 정말 열심히 살아야겠다는 생각이 듭니다. 아이들 보기 부끄럽지 않게, 아이들이 봐도 매력적이도록, 더 좋은 사람이 되고 싶어요.

꼬리에
꼬리를 무는
그림책 2   07

누나는 초록색,
엄마는 핑크색이야

『저마다 제 색깔』 레오 리오니 지음, 마루벌

● 솔직하게 자기 생각을 얘기했는데 상대방이 기분 나빠한다면? 그건 나빠한 사람 잘못인 걸까요, 아니면 지나치게 솔직한 사람의 잘못인 걸까요? 저를 그 고민에 빠지게 한 책이네요.

이 책은 가는 데마다 색깔이 변하는 카멜레온이 자기는 무슨 색일까 고민하는 얘기입니다.

"꽃봉아, 넌 니가 무슨 색인 거 같아?"
"당연히 검은색이지."
"왜? 검은색은 어떤 색인데?"
"멋있잖아. 강하고, 세고!"

"아, 꽃봉이는 검은색이 젤 멋지다고 생각하는구나. 그럼 네 친구 중에 검은색인 친구가 있어?"
"검은색은 아니고…… 주경이는 파란색이야."
"왜?"
"물처럼 빠르니까."

"근데 엄마, 누나는 무슨 색이게?"
"몰라. 무슨 색인데?"
"초록색."
"왜?"
"슈렉 색깔이잖아. 누나는 못생긴 괴물이야!"

그리고.

저는 묻지 말아야 할 걸 물어보고야 말았습니다.

"그럼 엄마는 무슨 색 같아?"
"핑크!"
"잇힝~~, 왜에? 사랑하니까?"
"돼지 색깔."

진짜 오랜만에 웃었습니다. 이런 소리 들으면 기분 나빠해야 하는데, 왜 이렇게 웃기지요?
짜식, 혼내줘야겠어요!

3~7세 꽃봉이
베스트셀러

자랑을 하자면, 가끔 꽃님이 아빠가 "당신 블로그는 본문보다 댓글이 더 재밌어"라고 할 정도로 제 블로그와 카카오스토리 '책 일기'의 댓글들은 분위기가 좋습니다. 워낙 오래된 이웃들이라 책이 좋다 나쁘다는 얘기는 물론 책을 읽으면서 엄마가 한 생각들, 얽힌 얘기들, 아이의 반응들을 마음 편하게 주고받거든요.

하지만 가끔 당황스러울 때가 있어요. 바로 "얏호! 앞으로 언니가 사라는 책 다 살 거야. 맨날 뭐 살까 고민이었는데 다행이야." "꽃님에미님이 추천해주신 책, 다 샀어요. 그런데 저희 집 아이들은 별로 안 좋아하네요 ㅠ.ㅠ" 깜짝 놀라서 보면 그 이웃의 아이는 세 살, 네 살. 아이고, 어떡하나요. 그 나이 아이들이 읽기엔 어려워요.

이 책에서 소개하는 그림책들은 주로 제가 꽃님이, 꽃봉이와 어떤 얘기를 나누었는지, 엄마는 무슨 생각을 했는지를 위주로 기록한 것이기 때문에, 재미있는 책 목록이라기보다 함께 얘기를 나눌 실마리가 있는 책 목록에 가까워요. 물론 재미있는 책들이긴 하지만(아이들은 재미없는 책으로는 절대 입을 열지 않으니까요!), 얘깃거리가 많은 책은 골치 아픈 경우도 많기 때문에 아이가 '재미있어 죽겠다', '내 인생 최고의 책이다'

이런 반응을 보이진 않습니다. 그리고 정말 재미있어서 어쩔 줄 모르겠는 책은 엄마와 대화 따위 나눌 시간이 없답니다. 왜? 얼른 다시 읽어야 하니까요!

그래서 여기에는 어린 아이들이 재미있게 읽을 만한 그림책들을 따로 모아보았습니다. 이름하여 '꽃봉이 베스트셀러!' 꽃봉이가 36개월 전후 제일 많이 봤고, 2학년인 지금까지도 줄곧 보고 있는 책들이에요. 대부분은 여자아이인 꽃님이도 좋아했었어요.

1. 『100층짜리 집』 이와이 도시오 지음. 북뱅크

『100층짜리 집』, 사실 저는 이 책이 왜 재미있는지 모르겠어요. 하지만 이 책 싫어하는 아이가 거의 없는 걸 보면 작가들은 정말 어떻게 아이들의 마음을 정확하게 아는 건지 신기하기만 합니다.

그런데 이 책으로 숫자와 친해지는 건 사실이지만 엄마들이 이 책을 숫자공부용으로 쓰지는 말았으면 좋겠습니다. 도서관에서 이 책을 보면서 "이 숫자 읽어봐. 저 숫자가 클까, 이 숫자가 클까? 34층이 28층보다 위에 있잖아. 큰 수일수록 위층이야. 몇 번을 말해야 알겠니?" 아이에게 이런 질문을 하는 장면을 볼 때마다 안타까워요. 그게 다 책과 멀어지는 지름길이거든요. 제가, 그거 해봐서 압니다. 쩝.

꽃봉이가 1학년 아침독서 시간에 이 책을 가져간다기에 "아기 책 본다고 다른 아이들이 놀리지 않겠니?" 하고 걱정했는데, 아이들이 같이 보자고 난리였다네요. 역시 인기 폭발!

2. 도대체 그림책 읽고 무슨 얘길 할까?

2. 『구름빵』 <small>백희나 지음, 한솔수북</small>

구름빵의 매력을 말해 무엇하리요! 꽃봉이, 꽃님이도 좋아하지만, 저도 새벽녘의 푸른 하늘 색깔과 비 오는 날 아침의 살짝 컴컴한 분위기를 정말 좋아한답니다. 다른 구름빵 시리즈 책들도 재미있지만, 그래도 우리 집에선 첫 번째 책이 제일 인기 있습니다. 구름빵 시리즈가 본격적으로 나온 게 꽃봉이 때라 구름빵 시리즈를 몇 권 사지 않아서 그렇기도 할 거예요. 둘째가 어찌 감히 새 책을 꿈꾸겠습니까. 그냥 집에 있는 책에 만족해야지요.

3. 지원이와 병관이 시리즈
<small>고대영 지음, 김영진 그림, 길벗어린이</small>

'지원이와 병관이' 시리즈는 다 인기가 좋습니다. 특히 우리 집에서 인기 있었던 책은 『지하철을 타고서』와 『거짓말』. 어른 없이 대중교통을 이용한다고? 그러다가 잠들어서 내릴 역을 놓치면 어떡해? 그런 어마어마한 스펙터클 액션 대모험을 누나랑 동생이랑 단둘이 과연 성공할 수 있을까요? 누나는 결국 목적지에 무사히 도착하자 동생의 엉덩이를 걷어차고 으앙 울음을 터뜨립니다. 야, 너 왜 누나 말 안 듣고 그래애~~.

'주운 돈을 쓰는 건 도둑질일까 아닐까?' 등 딱 아이들의 눈높이에 맞춘 고민과 모험 이야기가 마음을 사로잡습니다. 아이들마다 시리즈 중 좋아하는 책이 다릅니다. 펭귄과 물고기같이 그림마다 늘 등장하는 동물들을 찾아내는 건 보너스 즐거움.

4. 『이슬이의 첫 심부름』
쓰쓰이 요리코 지음, 하야시 아키코 그림, 한림출판사

다섯 살 이슬이가 처음으로 혼자 엄마 심부름을 갑니다. 아이들에게 이보다 더 큰 모험이 있을까요? 심부름을 하는 순간, 아이는 더 이상 아기가 아닙니다. 어엿한 임무를 띤 용사가 되지요. 잊지 말아야 할 것은 거스름돈! 하야시 아키코의 책들은 『달님 안녕』, 『손이 나왔네』부터 시작해서 아이들을 계속 사로잡습니다. 『은지와 푹신이』와 함께 이 책을 싫어하는 여자아이는 없을 것 같아요. 하야시 아키코의 책들은 아이 혼자 읽으라고 하지 말고 꼭 엄마가 같이 읽으면 좋겠습니다. 동생을 잃어버렸거나, 혼자 심부름을 가거나, 아이를 힘들게 하지만 딱 그만큼 아이를 성장하게 만드는 스트레스와 긴장에 대해서 엄마도 같이 느낄 수 있는 찬스니까 말이에요.

5. 개구쟁이 특공대 시리즈
유키노 유미코, 우에노 요시 지음, 스에자키 시게키 그림, 아람

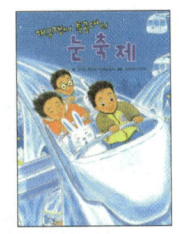

『개구쟁이 특공대의 눈축제』, 『개구쟁이 특공대의 달려라 빠른별』 등 은찬, 준, 유미 삼총사가 벌이는 동네 놀이터 모험담! 그냥 풀숲이 있는 공터인데도 어느 순간 마법처럼 정글로 변하고, 마을 놀이터였는데 어느 날 밤 토끼들의 눈축제가 열리는 환상 공간이 됩니다. 아이들이 신나게 모험을 즐긴 후, 어느 순간 다시 현실로 돌아오는 구성이 책마다 반복됩니다. 모험을 위해 머나먼 이국땅으로 떠나야 하는 것이 아니라, 바로 내가 뛰어노는 마을 곳곳이 모험과 탐험의 현장이 될 수 있다는 게 생활공간에 새로운 의

미를 담는 것 같아 엄마에겐 새삼 감동스럽지만, 어쩌면 아이들에겐 당연한 건지도 모르겠어요. 아이들이야 슈퍼마켓 가는 길을 걸을 때조차도 높은 곳을 찾아 오르고, 선을 따라 걸으며 온갖 모험을 만들어내니까요. 이미 모든 곳들이 흥미진진한 원더랜드이니까 말이에요.

이 책도 실패율이 거의 없는, 책을 좋아하지 않는 아이에게 책의 즐거움을 일러주기 딱 좋은 징검다리 같은 책입니다. 글밥이 적은 편이 아닌데도 서너 살 아이들도 귀 기울여 듣는 것을 보면 참 신기하네요.

6. 고 녀석 맛있겠다 시리즈
미야니시 타츠야 지음, 달리

『고 녀석 맛있겠다』, 『넌 정말 멋져』, 『영원히 널 사랑할 거란다』, 『나에게도 사랑을 주세요』, 『나는 티라노사우루스다』 등 미야니시 타츠야의 공룡 시리즈를 읽으면 꼭 울게 됩니다. 낄낄대고 웃다가도 어느 한 부분 콧등을 찡하게 하는 포인트가 꼭 있어요. 처음엔 잡아먹으려고 했지만 한없는 신뢰로 자기를 따르는 아기공룡을 보며 오히려 그 아기공룡을 지키기 위해 자기를 희생하는 큰 공룡이라든지, 육식공룡과 초식공룡의 우정 등 결코 쉽지 않은 주제로 감동과 웃음 두 마리 토끼를 모두 잡는 데 성공한 책이지요.

아이와 그림책으로 이야기 나누기를 시작할 때, 이만큼 좋은 책이 있을까 싶습니다. "근데 초식공룡이랑 육식공룡이 친구가 된다고? 말도 안 돼. 서로 이렇게 너무 다른데?" "꽃봉아, 너는 너랑 뭐든지 다 똑같은 친구랑 노는 게 재미있어, 아님 너랑 취미도 다르고 의견도 다르고 그런 친구랑 노는 게 재미있어? 서로 너무너무 다른데도 친한 친구가 있니?"
"꽃봉이, 너는 친구가 좋은데도 괜히 그냥 쑥스러워서 표현 안 하고, 오히려 막 장난 걸고 그런 경우 있어? 여자친구한테 그러는 거 아냐?"

아이의 속마음을 듣기에 이만한 책이 없어요. 다만, 아이가 한 번 더 읽게 말 시키지 말라고, 엄마 할 일 하라고 쫓아내는 게 문제일 뿐이지요. 뭐, 사실은 엄마도 그게 더 좋아. 캬캬캬.

7. 『뽕가맨』 윤지회 지음, 보림

꽃봉이, 꽃님이가 몇 년이나 끼고 살았던 베스트 그림책들을 뽑는 자리에 왜 이렇게 일본 그림책이 많은 걸까 괜히 신경이 쓰일 즈음, 이렇게 멋진 우리나라 그림책을 보면 얼마나 반가운지 모릅니다. 대여섯 살 남자아이들은 대부분 한 번쯤 스파이더맨, 파워레인저 등 로봇이나 영웅의 세계에 빠지는 것 같아요. 해마다 유행하는 것들이 다르게 마련인데, 그때마다 그 캐릭터가 그려진 로봇인형, 가면, 칼, 전화기 등을 사주기는 어렵더라고요. 캐릭터 스티커 하나 더 붙였다고 장난감이 얼마나 비싸지는데요. 마트 장난감 코너 앞에서 아이와 한판승부를 벌이거나, '애절하고 간곡한' 아이의 눈빛을 못 본 척해야 하는 엄마의 마음을 아이들은 알까요?

한창 꽃봉이가 무슨무슨 맨에 빠져 있을 때, 이 책이 얼마나 자기 얘기 같았을까요? 너무나 갖고 싶은 뽕가맨! 그러나 엄마는 사주지 않고. 드디어 뽕가맨을 갖는 순간!? 새로운 영웅에게 마음을 뺏깁니다. 이번엔 왔다맨!

꽃봉이와 이런 책을 읽고 '소비'와 '욕망'에 대해 얘길 나누면 좋으련만. "봐, 네가 지금 이 로봇을 갖고 싶어 하지만, 금방 딴 걸 갖고 싶어 할걸? 원래 내 꺼가 될 때까지만 멋져 보이는 거야." 꽃봉이는 전혀 다른 얘기를 합니다. "봐, 엄마. 애도 로봇 사달라고 조르잖아. 이 집 엄마는 사주네? 우와, 좋겠다!" 흐흐. 똑같은 책도 각자 자기 좋을 대로 읽는 거지요.

8. 11마리 고양이 시리즈 바바 노보루 지음, 꿈소담이

11마리 고양이 시리즈와 개구쟁이 특공대 시리즈같이, 전집은 아니지만 인기 있는 시리즈들은 아이들이 책에 재미 붙이기 참 좋아요. 마음에 드는 종류 하나만 찾으면 주르륵 고구마 캐듯이 반응 좋은 책들이 생기는 거잖아요. 또 한글을 익히거나 글밥을 늘릴 때 매우 유용합니다. 시리즈에는 아무래도 쓰는 단어들이 비슷하잖아요? 비슷한 단어에, 익히 아는 주인공들, 익숙한 그림체에서 편안함을 느끼는 아이들이 선뜻 혼자 읽으려는 시도를 하기 때문입니다. 단, 좀 인기가 있다 싶으면 단행본인데도 금방 절판되고 세트로만 묶어 파는 경우가 많아요. 아무리 아이가 좋아한다 해도 열 몇 권을 다 좋아하기는 힘든데, 세트로만 사라니!

11마리 고양이 시리즈는 엄마 아빠의 반응이 뚜렷하게 나뉩니다. "이게 뭐야?" 썰렁 유머라고 비웃거나, 깔깔깔 웃거나. 저는 썰렁해서 읽어 주기도 싫어하는 책이라 꽃봉이와 자주 입씨름을 했습니다. "꽃봉아, 이게 왜 웃겨?" "엄마, 이게 어떻게 안 웃겨?"

참고로, 꽃봉이와 제가 둘 다 좋아한 책은 『11마리 고양이와 주머니』, 『11마리 고양이와 별난 고양이』였답니다.

9. 생각하는 개구리 시리즈
이와무라 카즈오 지음, 진선아이

이번에는 꽃봉이와 엄마의 의견이 일치했습니다.
"이 책 진짜 웃겨!"

　사실 쉽게 웃을 수 있는 책은 아니에요. 일종의 철학동화거든요. 친구란 무얼까? 이 길은 어디로 가는 걸까? 가만히 앉아서 생각하는 개구리 옆에 친구 쥐가 와서 "뭐하니?" 했다가 같이 앉아서 생각을 합니다. 4~8컷이 한 이야기를 이루는데, 4컷 다 가도록 둘이 가만히 앉아 있기만 하는 경우도 흔하지요. 뉘앙스를 이해하는 나이라야 웃을 수 있달까요? 일본의 대표적인 문학상인 고단샤 출판문화상을 받은 작품입니다. 이와무라 카즈오는 '뾰족산의 모험' 시리즈와 '14마리' 시리즈 등 아름다우면서도 어쩐지 고요한 느낌이 드는 작품들을 보여줍니다.

10. 바바빠빠 시리즈
아네트 티종, 탈루스 테일러 지음, 시공주니어

어릴 때 좋아하기 시작해서 오래오래 읽는 시리즈에 『바바빠빠』를 빼면 서운하지요. 프랑스 어느 가정집 마당에서 태어난 바바빠빠는 자기 맘대로 몸의 모양을 바꿀 수 있습니다. 불이 났을 때는 사다리 모양으로 몸을 만들어 사람들을 구해내고, 강을 건너야 할 때는 배 모양으로 변신합니다. 꽃님이와 처음 읽던 때, 바바빠빠가 남자일까 여자일까 궁금해하는 거예요. 꽃님이가 "분홍색이니까 여자야!"라고 하기에 남자색깔, 여자색깔에 대해서 한참 얘길 나눴는데, 나중에 보니 너무나 멋지고 자상한 아빠가 되더라고요. 바바빠빠 가족 이야기가 시리즈로 나옵니다(전집은 빛글 출판사에서. '바바파파').

　프랑스에 여행을 갔을 때, 가게에 바바빠빠를 주인공으로 한 팬시제품이 잔뜩 있는 것을 보고, 갖고 싶어 한참 군침을 흘렸습니다. 아이들에게 "사줄까?" 물으니 괜찮다고 하더라고요. 아이들이 바바빠빠를 좋아했던 추억은 있으되, 바바빠빠 도시락통을 갖고 싶어 하지는 않는 나이라서 괜히 혼자 서운했어요. 때론 엄마가 아이들보다 늦게 자랄 때도 있다는 걸 바바빠빠 도시락통을 보며 생각했습니다. 에잇, 그냥 날 위한 선물로 사올걸.

11. 『작은 기차』
마거릿 와이즈 브라운 지음, 레오 딜론, 다이앤 딜론 그림, 웅진주니어

남자아이들은 공룡, 자동차, 기차 셋 중에 하나라더니, 꽃봉이는 기차였습니다. 꽃봉이의 기차 사랑에 불을 댕긴 책! 이 책만 생각하면 구역질이 날 만큼 꽃봉이 돌 지나서 세 살 될 때까지 읽고, 읽고, 읽고, 또 읽었어요.

　책 표지를 보면 여행가방 위에 장난감 기차가 그려진 선물상자가 있어요. 아마 출장을 다녀온 아빠가 아이에게 줄 선물로 장난감 기차를 사왔나 봐요. 책은 왼쪽 면에는 진짜 기차가, 오른쪽 면에는 장난감 기차의 여행을 보여줍니다. 진짜 기차가 터널을 지날 때 장난감 기차는 책으로 만든 터널을 지나고, 진짜 기차가 강물 위 다리를 지날 때 장난감 기차

는 욕조 옆을 달려요. 서쪽으로 서쪽으로. 비가 와도, 높은 산을 만나도, 어두운 밤이 와도, 앞으로 달려가는 두 기차. 이윽고 바다에 닿습니다.

혹시 영어로 읽어주면 못 알아들으니 좀 덜 읽어달라고 하려나 싶어 영어 문장을 적어놓고 읽어줬는데, 이번에는 제가 반했습니다. 영문 시는 비슷한 발음인 단어들이 이루는 리듬감, 라임이 매우 중요하다는데 이 책은 어찌나 라임이 딱딱 맞는지, 읽다 보면 꼭 노래하듯 박자가 맞았어요.

나중에서야 알았습니다. 이 책은 마거릿 와이즈 브라운 여사가 시를 쓰고 50년이 지난 후, 딜론 부부가 그림을 그렸다네요. 시에는 두 개의 작은 기차라고만 했지, 장난감인지 아닌지 나타나 있지 않다고 했습니다. 아, 그렇구나! 화가가 시를 이렇게 해석한 것이구나! 글의 세계와 그림의 세계를 함께 읽어야 하는 그림책의 세계는 참말로 재미나요.

12. 『우리 몸의 구멍』
허은미 지음, 이혜리 그림, 길벗어린이

이 책도 어지간히 읽어댄 책입니다. 마지막의 놀이터 장면에서, 방귀 뀌는 아이는 누구인가 매일 처음 발견한 것처럼 웃어주느라 머리가 지끈지끈했어요. 아이는 금세 자라 그 순간 우리가 얼마나 웃어댔는지 잊어버리고 엄마만 책과 함께 남습니다. 저는 이 책에 묻어 있는 더러운 얼룩 모두에 추억을 갖고 있어요. 이 빨간 얼룩은 태어나 처음 떡볶이를 먹은 꽃님이가 남긴 것이고, 이 페이지를 찢은 건 빨리 콧구멍 터널을 보고 싶어서 꽃봉이가 서두르는 바람에 그랬지요. 가장 사랑한 책 중의 하나이기에 조카에게 물려줄 수도 없게 낡아버렸습니다. 아무리 책장이 좁아졌어도 갖고 있을걸, "너희들 이제는 이 책 더 안 볼 거지?" 물어보고 재활용장에 내놓았어요. 그리고 어딘가에서 이 책의 표지를 볼 때마다 속이 쓰립니다. 갖고 있을걸, 갖고 있을걸……. 시청으로 가는 2호선 지하철 안에서, 모래 속에 담배꽁초가 있어서 화났던 후미진 놀이터 그늘에서, 친정으로 가는 기차 안에서 이 책을 읽었던 순간들과 장소에 대해서 이렇게 나 오랫동안 기억할 줄 알았더라면, 버리지 말걸…….

13. 『안아 줘!』 <small>제즈 앨버로우 지음, 웅진주니어</small>

신나게 뛰어가던 아기 침팬지 보보. 엄마 코끼리와 아기 코끼리, 엄마 카멜레온과 아기 카멜레온, 엄마 뱀과 아기 뱀을 보면서 점점 어깨에 힘이 빠집니다. 그때마다 중얼거리지요. "안았네." 뭐야, 다들 안았잖아? 나만 빼고. 다들 즈네 엄마랑 아기랑 꼭 안고 있잖아? 나는? 우리 엄마는? 으앙~~ "나도 안아 줘!" 그때 쿵쿵거리며 누가 뛰어옵니다. "보보야!" 엄마다. 이제 보보와 엄마가 꼭 안습니다.

　꽃님이, 꽃봉이가 이 책을 좋아한 때는 돌부터 두 돌 즈음이었는데, 저는 꼭 이 장면에서 꽃님이, 꽃봉이의 기저귀 찬 엉덩이를 팡팡 때려주곤 했어요. 이 녀석아, 어딜 간 거야. 너 안 보여서 엄마가 얼마나 놀랐는지 알아? 인제 엄마 옆에 딱 붙어 있어, 알았어? 엄마 너무너무 놀랐잖아. 다시는, 다시는 사라지지 마, 엉? 그 다음에야 웃으며 꼭 안곤 했었지요. 보보 엄마의 표정은 그만큼 절박했습니다(남편은 평범한 표정이라고 했지만). 안아서 온몸으로 내 새끼를 확인한 다음에야 웃음이 떠올랐어요. 괜히 보보 엄마에게 감정이입을 했던 초보 엄마는 어떨 땐 콧등이 찡하기도 했습니다. 보보도 엄마가 없어서 외로웠겠지만, 엄마는 또 얼마나 놀랐을까요. 꽃봉이는 내가 보보를, 그러니까 자기를 혼내는 척을 하면 내 눈을 가만히 들여다보면서 얼굴을 부드럽게 쓰다듬어주곤 했어요. 평소 화가 나서 야단을 칠 때는 눈물을 뚝뚝 떨어뜨리는 녀석이 미소까지 띠고 엄마를 위로하는 걸 보면, 그 순간 엄마가 자기를 너무나 사랑하고 있다는 걸 아는 것 같았습니다. 저는 지금도 생각합니다. 웃을 때만 사랑이 아니라 혼내는 것도 사랑이라고, 혼내는 엄마 마음이 더 아프다는 걸 아이들이 깨달은 것이 이 책을 볼 때라고, 이 책으로 엄마 마음을 조금 더 알게 됐다고요.

꽃님이, 꽃봉이는 모두 이 책으로 동물 이름을 외웠고, 엄마 사자는 갈기가 없다는 것, 하마는 더울 땐 물속에 들어간다는 것도 알았습니다. 나오는 글자가 몇 개 없으니까, 한글을 배울 때 제일 처음 혼자 읽을 수 있게 된 책들 중 하나이기도 했어요.

14. 『기계들은 무슨 일을 하지?』
바이런 바튼 지음, 비룡소

꽃봉이는 단순한 그림, 짧은 글로 된 바이런 바튼의 책을 다, 전부 다 좋아했습니다. 『기계들은 무슨 일을 하지?』, 『와! 공룡 뼈다』, 『트럭은 부지런해요』, 『비행기』, 『기차』 등.

꽃봉이는 말문이 늦게 트였어요. "얘는 왜 이렇게 말을 못해요?" 동갑 친구 다현이가 이렇게 물어볼 때까지도 "응? 응! 으응~" 각종 높낮이와 느낌이 다른 "응"만으로 의사소통을 하던 꽃봉이가 바이런 바튼의 중장비 그림과 이름에 넋을 잃는 걸 보면서, '쓸데도 없는' 중장비 이름을 저렇게 외울 시간에 생활에 필요한 다른 단어나 좀 익히지 싶을 정도였어요. '아직 이불과 요도 모르는 녀석이 굴착기와 롤러를 알아서 뭐한담?' 아이가 늦는다고 재촉하거나 불안해하지 않기로 몇 번이나 결심하고서도, 이 책을 읽으면서 다른 단어는 언제 익히고 언제 말을 하려나 한숨 쉬던 기억이 나서 미안합니다. 아이들은 저마다의 속도로 자라고 있을 뿐인데요!

생각해보면 이 책 덕을 많이 봤습니다. 꽃님이, 꽃봉이 둘 다 말이 늦은 아이였어요. 소문난 수다쟁이 엄마에 책도 어지간히 많이 읽어줬으니 다른 집보다 말을 빨리 해도 모자랄 판에, 세 돌 가까이 되도록 두 아이 모두 "응?" "응!"만 했으니까요. 그래선지 '책을 많이 읽으면 다 잘하게 된다'는 기대를 일찌감치 접었습니다. 아, 독서는 독서일 뿐이구나. 공부를 잘하기 위해서, 말을 잘하기 위해서, 무언가를 잘하기 위해서 하는 게 아니구나 하고 받아들이고 나니 순수하게 독서의 즐거움에만 몰두할 수 있었어요. 처음엔 아이들이 그다지 책을 좋아하는 편이 아니었지만, 지금은 그래도 심심할 때 책을 찾는 아이들로 자란 걸 생각해보면, 그게 다 목적지향의 독서가 아니라 '기쁨'으로서의 독서를 했기 때문이 아닐까 싶어요. 음, 그렇게 보면 말 좀 늦게 한 것도 괜찮네, 그쵸?

15. 『거인 아저씨 배꼽은 귤 배꼽이래요』, 『예방주사 무섭지 않아!』

후카미 하루오 지음, 한림출판사

처음엔 너무 촌스러운 그림이라고 생각했어요. 배꼽이 귤이라니? 배꼽 노릇하기 싫다고 도망가다가, 차라리 날 먹어달라니? 내용도 이상하다고 생각했어요. 그런데도 꽃님이, 꽃봉이 둘 다 너무나 좋아해서, 아직도 사촌동생에게 물려주지 못하고 책장 꼭대기를 차지하고 있는 책입니다.

이 책도 꽃봉이와 그림책으로 이야기 나누기 하는 데 물꼬를 터준 책이에요. 예방주사가 무섭다고 거인이 도망가는데, 기껏 숨었더니 다른 동물들이 이르는 장면이 있거든요. "꽃봉아, 너라면 어떡할래? 친구가 무서워서 숨었는데, 이를 거야? 그런데 계속 도망가면 친구가 예방주사를 못 맞잖아. 그러다가 병 걸리면 또 어떡해?" 다섯 살 어린 꽃봉이가 나름대로 고민을 많이 했습니다. 그래도 자기는 이르지 않겠답니다. 강제로 끌려가지 않고, 친구에게 예방주사를 맞으라고 설득해서 자기 스스로 찾아가게 하겠다는 거지요. '아, 아들 잘 키웠다' 혼자 뿌듯해하고 있는데, 거인 아저씨는 바보같이 들킬 만한 데 숨었다며, 자기는 절대 들키지 않겠노라 어디에 숨으면 좋을지 궁리하는 걸 보면서 웃었습니다. 아이고, 저런~.

"예방주사는 당장은 아프지만, 병에 걸려서 더 많이 아픈 걸 막아주잖아. 꽃봉이는 참을 수 있어?" "그럼, 당연하지." "근데, 있잖아. 운 좋으면 병에 안 걸릴 수도 있는데? 그럼 주사 맞느라 아프지 않아도 되고, 병에 걸리지도 않고, 그럴 수도 있는데?"

"배꼽이 없으면 좋은 점은 없을까? 배꼽이 있어봤자 때만 끼는데. 앞뒤 구별하려고 그러나? 왜 거인 아저씨는 배꼽을 갖고 싶어 할까? 남들이 다 갖고 있다고, 나도 꼭 가져야 해?"

"꽃봉이는 큰 주사로 한 대 팍 맞는 게 좋아, 아님 작은 주사 열 대로 나눠 맞는 게 좋아?"

이런 질문을 할 땐 대답을 기대하지 않습니다. 사실 어른 중에도 저런 질문에 대답할 수 있는 사람이 얼마나 있겠어요? 답이 필요 없기도 하고요. 그냥, 잠깐 생각만 해봐도 되지 않을까요?

16. 『안 돼, 데이빗!』 데이빗 섀논 지음, 지경사

적어도 아직까지 이 책 싫어하는 남자아이는 못 봤습니다. 장난꾸러기 본능을 대리만족시켜주기 때문일까요? 대여섯 살쯤 된 꼬마 데이빗이 뭔가를 할 때마다 사고를 칩니다. 일부러 사고를 치는 건 아니고, 그냥 야구를 했을 뿐인데 꽃병이 깨지고, 쿠키 상자를 꺼내려고 한 것뿐인데 책장이 다 무너지지요. 조금만 더 조심하면 일어나지 않을 사고라 보는 엄마가 조마조마합니다. 그러다가 결국 사고가 나면 소리를 꽥 지르는 겁니다. "안 돼, 데이빗!" 혹은 "안 돼!" 하고 먼저 소리 지르지만, 이미 늦었어요. 대형사고 발생!

글자라곤 "안 돼, 데이빗!"밖에 없지만, 읽어주고 나면 엄마는 목이 상하기 십상이에요. 안 돼애애애애~~~ 목청껏 잔소리를 하기 때문이지요. 어떤 집은 아이의 이름을 넣어서 읽어주면 좋아한다는데, 꽃봉이는 질색을 했어요. "나는 이 정도 아니거든?" 어떤 집은 엄마 목이 아파서 낮은 목소리로 읽어준다는데, 꽃봉이는 그것도 질색을 했어요. "그렇게 목소리 확 깔고 말하면, 정말 무섭단 말이야."(심지어 운 적도 있어요.)

아이마다 좋아하는 책도 다르지만, 책을 읽는 목소리 톤과 방법, 장소도 다 다른가 봅니다. 어느 누구와도 비교할 수 없다는 걸 새삼 깨닫습니다.

"꽃봉아, 꽃님아. 다른 사람하고 비교하지 마. 언제든 비교 대상은 어제의 나, 지금까지의 나 자신이 돼야 해. 내가 좀 더 잘하게 됐는지, 좀 더 나은 사람이 됐는지, 비교와 경쟁은 어제의 나하고 하는 거야, 알았지?"

17. 『누가 내 머리에 똥 쌌어?』
베르너 홀츠바르트 지음, 볼프 예를브루흐 그림, 사계절

어느 날, 두더지 머리 위에 누가 똥을 뿌지직 싸고 갑니다. 아니, 도대체 누구야? 말, 너야? 염소, 너냐구? 아니야? 그럼, 소, 니가 싼 거야? 누가 내 머리에 똥 쌌어? 화가 잔뜩 나서 자기 머리에 똥을 싼 동물을 찾아다니던 두더지는 '똥 박사' 똥파리의 도움으로 이 똥이 정육점 개 한스의 것이라는 걸 알아냅니다. 자, 덩치 크고 무서운 개 한스에게 두더지는 어떻게 복수를 했을까요?

다섯 살 미만 아이들에게 가장 실패 확률이 적은 '주제'라면 바로 똥! 각 동물들의 똥을 적나라하게 볼 수 있습니다. 물똥이라도 찍! 싸면 꽃님이, 꽃봉이 모두 좋아서 어쩔 줄을 몰라 했답니다.

18. 『이 책을 절대로 열지 마시오!』
미카엘라 먼틴 지음, 파스칼 르메트르 그림, 토토북

하지 말라는 것만 골라 하던 미운 네 살 때라 그랬나? 도서관에서 우연히 절대로 열지 말라는 이 책을 만나더니 반드시 이 책을 읽어야겠다는 겁니다. 어떤 부분이 그렇게나 재미있었는지 몇 번이고 책을 빌려보기에, 결국 사고야 말았습니다. 이 책은 계속 "열지 말라니까 결국 열었어?", 다음 페이지엔 "열지 말라니까 여기까지 읽고 만 거야? 난 책임 못 져" 이런 식입니다. 몇 번이고 읽으면서 늘 웃고, 한동안 가방에 넣어 다니던 책. 2학년인 지금도 잊을 만하면 꺼내보는 책. 하지만 꽃님이는 흘낏 보더니 "정신 사나워" 하곤 두 번 다시 보지 않았습니다. 아이마다 취향이 참 다르지요?

글을 쓰고 있는데 꽃봉이가 방금 물어보네요. "엄마, 무슨 글 써?" "꽃봉이가 어렸을 때 좋아한 책들, 소개글 쓰고 있어." "그럼 『이 책을 절대로 열지 마시오!』도 썼어?" "아니, 그건 다른 아이들도 좋아할지 어떨지 몰라서 안 썼는데? 어렸을 때 네가 좋아한 책들은 대부분 다른 아이들도 좋아하는 책이었거든. 베스트셀러 목록하고 비슷했는데, 이 책은 아는 애들도 별로 없었잖아. 이왕이면 다른 아이들도 소개글 보고 좋아할 만한 책을 고르느라고 그 책은 안 넣었어." "그래도 꽃봉이가 좋아한 책이라면서? 그럼 그 책을 빼면 안 되지! 이 책을 좋아하는 아이도 있을 거야."

꽃봉이 말이 맞아요. 아이들이 어떤 책을 좋아할지, 사실은 아무도 모르는 거지요. 책의 어떤 부분이 내 아이의 마음을 흔들지, 그건 아이와 책이 만나기 전엔 아무도 모릅니다. 엄마가 지레짐작하지 말아요. 그러다 발견한 나만의 책 한 권. 그거야말로 진짜 보물이 아닐까요?

19. 『고로야, 힘내』 후쿠다 이와오 지음, 아이세움

꽃봉이가 이 책을 처음 본 것은 제주도에서였습니다. 여름방학 동안 제주도에 월세 방을 얻어놓고 지내면서 줄곧 바닷가와 도서관을 다닐 때였지요. 꽃봉이가 이 책을 어찌나 좋아하던지 결국 집에 돌아와 구입을 했습니다. 이 책도 어떤 부분이 그렇게 재미있게 느껴졌는지 모르겠어요. 개를 좋아하긴 했지만, 귀여운 강아지를 좋아했지 이렇게 늙은 개 고로가 헥헥거리다 급기야 길에서 쓰러지는 사건에 관심을 가질 줄이야! 아이들이 쓰러진 개를 떠메고 올 때, 고로가 오줌을 싸면 어떡할지 기대 반 걱정 반 흥미진진했으니, 그 부분이 재미있었나? 그러기엔 전반적으로 고로가 죽으면 어떡하나 걱정하는 책이라 마냥 낄낄대는 분위기는 아닌데. 어릴 적부터 함께 커온 개와 나누는 우정에 감동한 걸까요? 설마.

어쨌거나 꽃봉이는 이 책을 줄줄 외워 대더니 결국 이 책으로 한글을 익혔습니다. 잊을 만하면 "엄마, 이거 제주도에서 샀지. 이 책을 맨날 숲에서 읽었는데, 숲에 토끼가 있었지. 우리 제주도 또 가자"라고 말하곤 했지요(도서관 마당에 토끼가 살고 있었어요).

프랑스의 대문호 마르셀 프루스트가 이런 얘길 했습니다. "어린 시절의 독서가 특히 우리에게 남긴 것은 우리가 책을 읽었던 시간과 장소에 관한 기억들이다." 『고로야, 힘내』를 볼 때마다 꽃봉이가 제주도를 떠올리는 것, 사실 별 대단하지 않은 것 같은 이 책이 꽃봉이에게 특별히 소중한 책이 된 것을 보면 정말 그런 것 같아요.

20. 『엄마는 언제나 너를 사랑한단다』
_{에이미 헤스트 지음, 아니타 제람 그림, 베틀북}

꽃봉이가 좋아했던 책으로 대부분 골랐지만, 사실 이 책은 꽃봉이는 본 적도 없어요. 왜냐면 꽃님이 2~5세 때 너무너무너무너무 많이 읽어서 나중에는 이 책만 봐도 입에서 단내가 날 정도가 되는 바람에, 꽃봉이 때는 꼭꼭 숨겨두고 절대 읽어주지 않았거든요.

 이 책은 꽃님이가 그림책에 반응을 보인 첫 번째 책이었습니다. "잘 준비 됐니, 아가야?" "아뇨"라는 대화가 반복되는데, 이 "아뇨"에서 고개를 도리도리 흔드는 반응을 보인 게 돌쯤인가 그래요. 따뜻하게 이불도 덮어주고, 우유도 한 잔 먹였고, 인형도 챙겨서 옆에 뒀는데 왜 아기 곰은 잘 준비가 안 됐다는 걸까요? 바로, 엄마가 뽀뽀를 안 해줬기 때문이지요. 꽃님이와 제가 가장 좋아하는 장면은 엄마 곰이 아기 곰에게 뽀뽀를 연달아 하는 장면이었습니다. 엄마 곰이 뽀뽀할 때마다 꽃님이에게도 뽀뽀. 엄마 곰이 한 번 더 하면 우리도 한 번 더! 급기야 매번 꽃님이의 이마와 뺨, 손바닥, 발바닥에 뽀뽀를 해줬더니 나중에는 그 페이지를 딱 펴곤 자기 발을 턱 쳐들곤 하더라고요. 그 작고 포동포동한 발바닥의 느낌, 새큰한 땀 냄새가 지금도 생생합니다. 꽃봉이도 읽어줄걸 그랬나 봐요.

CHAPTER 3

책과 친해지는
일곱 가지 방법

★

친구들과 함께 읽으면 좋은 그림책

우리 아이는 책을 싫어해요

"좋아요. 그림책도 좋고, 그림책 읽고 이야기 나누는 것도 좋아요. 그런데 우리 아이는 책을 싫어해요. 어떡하지요?"

어휴, 꽃님이, 꽃봉이가 그랬다니까요. 책보다 만들기를, 만들기보다 상상놀이를, 상상놀이보다 친구를 훨씬, 휘어얼씬 더 좋아하는 아이들이지요. 집에 책이 많고 엄마 아빠가 책 읽는 모습을 보여주면 아이들이 자연스럽게 책을 좋아한다던데, 우리 집은 그렇지도 않더라고요.

하지만 '활자중독증' 소리를 들을 만큼 책을 좋아하는 저로서는 아이들이 책을 좋아하기를 간절히 바랐습니다. 저의 제일 좋은 평생 친구를 아이들도 사귀기를, 그래서 외롭고 힘들 때 위로 받고, 심심할 땐 만만한 친구, 깜깜할 땐 의지가 되는 멘토가 생기기를 바랐으니까요.

그런데 지금은? 자기 스스로 독서가 취미라 하고, 책 읽으라는 잔소리는 안 해도 됩니다. 제일 멋진 방학은 아무것도 안 하고 책만 읽는 거라네요. 맛있는 것을 먹으면서요. 저희 가족이 가장 즐기는 외출은 동네 카페에 가서 조각 케이크를 시켜 먹으며 각자 책을 읽는 거지요. 아직까지는 성공인 것 같습니다.

친구 따라 강남 가서 책 읽기

아이들이 책과 친해지도록 만들기 위해 제가 썼던 방법들을 소개합니다. 일단 아이에게 책은 재미있다는 걸 경험시켰어요. 책이 재미있어야 다음번엔 자기가 먼저 찾을 테니까요.

첫 번째 작전. 친구들이 놀러 오면 같이 앉혀놓고 책 읽어주기!

"얘들아, 우리 집엔 규칙이 있어. 원래 우리 집에 놀러 오면 입장료를 받는데, 너희는 돈이 없으니까, 음~ 아줌마가 책 읽어주는 거 들으면 입장 쿠폰을 줄게. 자기가 직접 읽어도 되고. 어떡할래? 읽어줄까, 직접 읽을래? 아니면 돈 내든지~."

꽃님이 유치원 친구들은 꽃님이 집에는 놀러 오면 신발 벗기 전에 그림책 한 권 읽는 게 원래 규칙인 줄 알았답니다. 친구들과 함께 읽으면 웃음이 쉽게 전염됩니다. 별거 아닌 것도 깔깔 웃고, 금방 아이들의 놀이로 재탄생하지요. 유난히 반응이 좋은 책은 엄마들에게 알려주고, 빌려주기도 했습니다. 실컷 놀다가 간식 먹으며 한숨 돌릴 때, 그때 한 권 더 읽습니다.

두 번째는 마땅히 딴 할 일이 없는 순간을 노렸어요. 식당에서 음식을 기다릴 때, 병원에서 차례를 기다릴 때, 버스를 기다릴 때처럼요. 특히 유치원 셔틀버스를 기다리는 동안이 제일 좋은 기회입니다(공통점은? 아이들이 도망갈 수가 없어요).

꽃님이가 여섯 살 때, 늘 출발하는 셔틀버스와 달리기를 하는 게 지겨워서 아예 한 시간 일찍 나가기로 했습니다. 10분 일찍 나가는 것 가지고는 안 되더라고요. 한 시간 일찍 나가서 놀이터도 잠깐 들르고, 길가 가로수도 구경하고, 풀도 만지고요. 그리곤 쪼그리고 앉아 그림책 두 권을 해치웁니다. 이땐 좀 지루한 책을 읽어줘도 잘 듣더군요. 길어봤자 몇 분 후면 셔틀버스가 온다는 걸 아니까요. 아이도 견뎌주는 거지요. 그러면서 "어? 이 책도 재미있네?" 레퍼토리를 늘려나갑니다.

세 번째는 책 읽기에 '당근'을 걸지 않기입니다. '100권 읽으면 스티커 사주기' 이런 것들 많이 하시잖아요. 하지만 꽃님이, 꽃봉이에게는 책 읽기를 당근으로 걸었습니다. "우와, 이렇게 청소를 잘했으니까 엄마가 상으로 그림책 열 권 읽어줄게!" 처음엔 아이들이 황당해해요. 그게 상이야? 뭐 어때요. 아이가 책 읽기를 상을 받아야 할 만큼 '견뎌야 하는 어려운 일'로 생각하는 게 싫었습니다. '책 읽기가 상이 되어야지요. 이렇게 재미있는 일인데요!' 억지로 우겼지만, 나중에는 자연스레 받아들이더군요(하지만 영어책 읽기를 할 땐 어쩔 수 없이 '당근'을 걸었답니다).

네 번째, 당근 대신 실제로 책 읽기가 즐거운 일이 되도록 분위기 조성에 애를 씁니다. 책을 읽어줄 땐 꼭 안고 읽어줘요. 스킨십의 향연장이 되도록요. 책 읽다 말고 뽀뽀도 하고, 책 읽는 모습을 지그시 사랑을 잔뜩 담아 쳐다보지요. 짱구 아들 녀석을 무릎에 앉히고 책을 읽다가 "엄마, 엄마! 여기 진짜 웃긴다" 하고 홱 돌아보는 아들 머리통에 코가 부딪혀 쌍코피가 난 적도 있었어요. 그날 이후, 아이를 제 허벅지에 옆으로 앉히고 책을 봤네요. 어쨌거나 몸의 어딘가는 붙이고 책을 읽습니다. 안 되면 손이라도 잡고, 한쪽 다리라도 제 다리 위에 올려놓지요.

아이들은 아늑한 구석에 들어가는 걸 좋아하니까 겨울엔 의자와 이불로 '책 읽기 동굴'을 만들어주고요, 한여름엔 에어컨 서비스도 아낌없이 제공합니다(평소엔 잔소리를 좀 하거든요). 뭐니 뭐니 해도 간식이 제일 효과 좋더군요. 책을 읽다 보면 어느새 맛있는 간식이 짜잔!

다섯 번째, 도서관에서 책을 빌려온 날은 방바닥에 쭉 깔아놓습니다. 오가면서 책 표지 구경도 하고, 땡기는 책이 있으면 편하게 읽으라고요.

여섯 번째, 추억이 담긴 책을 만들어줍니다. 꽃봉이는 비행기를 한창 좋아하던 네 살 때, 공항에서 공항이 배경인 그림책을 읽은 적이 있습니다. 특별한 줄거리 없이 공항에 와서 짐을 부치면 컨베이어 벨트가 돌아가고, 검색대 앞에서 사람들이 검사를 받고, 이런 일련의 과정을 매뉴얼처럼 쭉 보여주는 책이었는데요. 이후 2년 동안은 그때 얘기를 한 것 같아요. "이 책, 우리 공항에서 봤지~. 엄마가 아이스크림 사줬지~. 비행기가 부웅 날아갔지~." 당연히 그 책은 몇 년간 꽃봉이의 베스트 그림책이었습니다. 여행을 가서 읽어도 좋고요, 어느 날 가족 외출을 했다가 다 같이 서점에 들러서 마음에 드는 책을 사는 것도 멋진 추억이 됩니다. 이럴 땐 엄마가 사주고 싶은 책을 사기보다 아이가 직접 보고 고른 책을 사주는 것이 좋습니다. 사주기 돈 아까운 책이라도 엄마가 골라주면 추억이 안 되고, 직접 고르면 추억이 되더라고요.

일곱 번째, 책 읽는 모습을 칭찬해줍니다. 아이에게 직접 칭찬하는 것도 좋고, 할머니에게 전화를 하다가 자랑을 한다든지 우리 엄마가 저렇게 기뻐하시는구나 하고 느낄 수 있도록 은근슬쩍 하는 자랑과 칭찬이 더 효과가 좋답니다.

아, 심심하다. 우리 책 보러 도서관 갈까?

뭐니 뭐니 해도 제일 중요한 건요, 아이에게 시간이 많아야 한다는 겁니다. 실컷 뛰어놀고, 갖고 놀 건 실컷 갖고 논 다음, 더 이상 할 일이 없을 때에야 책에 손이 가더군요. 꽃님이가 책과 친해진 시기는 초등학교 2학년 여름, 제주도에서 한 달 동안 월세 방을 얻어놓고 살 때였습니다. 가야 하는 학원도 없고, 해야 하는 숙제도 없는 나날들이 이어지자 아이가 먼저 책을 찾았습니다.

꽃봉이가 책과 친해진 때는 엄마가 제주도 책을 내고 가장 바쁘게 뛰어다닐 때였네요. 총싸움할 상대가 사라지자, 그제야 발견했습니다. "우리 집에 그림책이 있었어?" 그래, 이 녀석아.

친구들과
함께 읽으면   **01**
좋은 그림책

이건 바로 내 얘기야!

『집으로 가는 길』 히가시 지카라 지음, 개암나무

- 아이들을 모아놓고 이 책을 읽어준 게 열 번쯤 되는데요, 아직까지는 이 책 재미없다는 아이를 못 봤답니다. 엄마들도 웃으면서 들어요. 다들 똑같은 말을 하지요. "나도 이러는데!" 주인공 하늘이는 집으로 돌아가는 길, 스스로 미션을 만듭니다. 바로 집으로 가는 내내 흰색 선만 밟기. 잘못해서 흰 선이 아닌 곳을

밟으면? 꺄아! 추락할지도 몰라, 조심해! 몇 번의 위기가 있지만 어찌어찌 이겨냈는데, 아뿔싸! 집 앞에서 큰일이 났습니다. 흰 선이 모두 사라져버린 것이지요. 어쩐담? 꼭 흰 선만 밟아야 하는데.

아이들을 모아놓고 읽어주다가 "너라면 어떡할래?" 물어보면 별 희한한 작전이 다 나옵니다. 혼자 있을 땐 대답하지 않는 아이도 친구들과 있으니 "저요, 저요!" 하며 잘 대답한답니다.

"하얀 두루마리 휴지를 풀어서 길을 만들어요."

"흰 종이를 신발 바닥에 붙이면 어디든지 갈 수 있잖아요."

이런 질문은 정답도 없을뿐더러, 친구의 생각을 들어보면 자기 것이나 별 다를 게 없기 때문에 자신감도 생기나 봅니다. 물론 그러다 깜짝 놀랄 만한 아이디어가 나오기도 하고요.

하늘이는 어떻게 이 위기를 벗어났을까요? 하늘이가 고민을 하고 있을 때, 마침 엄마가 시장에 다녀오시네요. 얏호! 엄마의 윗옷은 하얀색. 하늘이는 엄마 등에 폴짝 업혀서 집으로 돌아옵니다. 꽃봉이와 친구들은 그제야 "휴우" 안심을 합니다. 아이들은 자칫하면 발 아래로 추락하는 위험천만한 곳에서 따뜻하고 편안한 엄마의 등, 집으로 돌아온 것입니다.

꽃봉이는 한 번 읽어본 책은 줄거리 다 안다고 시시하다며 안 읽으려 드는데요, 이 책은 도서관에서 다섯 번 빌려왔는데 그때마다 긴장하면서 보고 또 보고, 또 "휴우" 안심을 합니다. 왜? 이건, 바로 내 얘기니까요.

꽃봉아, 사실은 말이야. 엄마도 가끔 이 놀이를 한단다.

친구들과
함께 읽으면　**02**
좋은 그림책

왜 우리 엄마는
맨날 피곤할까?

『어른들은 왜 그래?』 윌리엄 스타이그 지음, 비룡소

•　　　아이들이 보기에 어른은 이해할 수 없는 존재입니다. 이 책의 본문은 어른들의 모습을 보여주는 그림과 아이들 시각에서 본 그 행동에 대한 설명이 한 세트입니다. 아이들 눈에 어른은 (살 빼려는) 운동은 많이 하지만, (뛰어노는) 뜀박질은 싫어하고요. (맨날 신문을 보면서) 세상 돌아가는 걸 궁금해 하지만, 뭘 물어보면 대답해주는 건 싫어하지요.

　이 책에서는 아이와 어른이 동시에 웃지 않습니다. 어른 마음대로 아이를 공중에 던지는 장난을 치면 아이는 까르르 웃는 게 아니라 황당한 표정을 짓고요, 아이가 웃으며 썰매를 탈 때 어른은 벌써 싫증난 표정이지요. 계속 웃는 것은 독자뿐입니다. 아이 독자는 문장을 보면서 웃고, 어른 독자는 그림을 보면서 웃습니다. 보통 어른이 글자를 보는데, 이 책에선 어른이 그림을 보고 공감을 하니 어른용 그림책인 걸까요?

　'어른들은 맨날 피곤하대'라는 장면의 그림은 뭘까요? 어른들은 어떨 때 피곤할까요? 그림을 보면요, 인디언 분장을 한 아이들이 거실을 점령하고 있고, 엄마는 소파에 뻗어 있습니다. 아이고, 보기만 해도 피곤해요!

　전에는 이런 그림책을 보면 뜨끔하고 미안했는데요, 이젠 뻔뻔해져서 꽃봉이를 가르칠 기회로 삼습니다.

　"우와, 이 엄마 진짜 피곤하겠다! 인디언들이니 시끄럽긴 얼마나 시끄럽겠냐? 엄마는 보기만 해도 머리가 막 아프다. 우와, 불쌍

해!"

늘 엄마만 반성하란 법이 어디 있겠습니까? 아이들의 장난을 장난으로 받아들여주지 못했을 때, 욱 해서 야단은 쳐놓고 그것 때문에 또 속상하지요. 울다 잠든 아이를 보면서 엄마 마음은 더욱 더 찢어집니다. 이러한 육아의 피곤함을 그리면서도 엄마의 죄책감을 자극하는 것이 아니라 낄낄대도록 만드는 것이 윌리엄 스타이그의 힘인 것 같습니다. 작가가 인생에 대해 너그러워질 만큼 나이가 들어서 그런 것일까요?

윌리엄 스타이그는 『슈렉』(비룡소), 『당나귀 실베스터와 요술 조약돌』(다산기획) 등 히트작 그림책이 잔뜩 있습니다. 그런데 이 작가가 첫 번째 그림책을 그린 게 61세였다고 합니다. 레오 리오니도 예순 넘은 나이에 손자를 위해 첫 작품을 만들었다는데요, 나이가 들어 현역에서 은퇴하고 난 후에 새로운 일에 도전한 작가의 인생 이력이 어쩐지 위로가 됩니다. 당시 윌리엄 스타이그에게 "이미 늦었어"라고 충고한 사람이 과연 없었을까요? 그럼에도 불구하고 윌리엄 스타이그는 마음의 소리를 들었을 겁니다. 61세에 데뷔한 윌리엄 스타이그의 첫 출발에 비하면, 아직 저도 모른다고요. 제 인생이 어떻게 될지! 저는 아직 젊다 못해 어리다고요!!!

아이들과 함께 이 책을 읽으면요, 아이들이 "맞아요, 맞아요! 우리 아빠도 저래요!!" 일러바치느라 바쁘답니다. 너무나 솔직하게 엄마 아빠의 비리를 친구들에게 '자랑'하는 걸 보면, '아, 정말 행동 잘해야지' 싶답니다. (아이들에겐 엄마 아빠의 비행 고발은 '자랑' 맞습니다. "야! 우리 아빠는 우리 엄마한테 욕도 했거든!" "우와, 진짜? 대박!" 이런 식이라고요. 흑흑)

친구들과
함께 읽으면 03
좋은 그림책

"많이는 필요 없다,
남들만큼만"

『용돈 좀 올려 주세요』
아마노 유우끼찌 지음, 오오쯔끼 아까네 그림, 창비

너무너무 사랑스럽고, 웃기고, 심지어 교육적인 그림책입니다. 유치원생까지는 좀 이르고요, 포스터가 뭔지 알고 용돈 받는 맛도 아는 초등학생이면 저학년 고학년 상관없이 정말 재미있게 보는 책이랍니다.

찬이는 하루 500원 받는 용돈을 좀 올려달라는 포스터를 만들어 부엌에 붙이기로 합니다. 어떻게 써야 가장 효과적일까요? "엄마만 쓰지 말고 아들 용돈도 올려라!"라고 쓰면 어쩐지 엄마가 기분 나빠할 것 같지요? 효과를 더 올리기 위해 그림도 그리고, 통계와 표를 이용하는 건 어떨까, 마음속으로 이 궁리 저 궁리 해봅니다.

"용돈 쑥쑥 성적 쑥쑥" 꼬셔도 보고,
"1,000원 정도는 믿고 맡겨 보세요" 큰 소리도 쳐보고,
"많이는 필요 없다, 남들만큼만" 애원도 해봅니다.
결국 찬이는 부엌에 어떤 포스터를 붙였을까요?

이 책의 작가가 실제 광고 카피라이터 출신이라고 합니다. 과연 어떻게 설득할 것이며 어떻게 기억하게 할 것인가를 정말 재미있고 쉽게 이야기해줍니다.
저는 포스터라면 불조심 포스터, 반공 포스터가 먼저 떠오르는데, 요즘은 주로 학교 폭력 반대 포스터나 이 닦기 같은 보건 포스

터를 많이 그리더군요. 늘 포스터는 귀찮은 학교 숙제라고만 생각했는데, 이 책을 보고서야 포스터가 사람 마음을 바꾸는 데 이렇게나 재미있고 효과 만점 작전이라는 걸 깨달았습니다.

아이들과 용돈 올려달라는 포스터를 다 같이 만들어보면 얼마나 좋은 독후활동이 될까 싶어 몇 번 시도해봤는데요, 죄다 실패했습니다. 이 책을 읽은 아이들의 반응은 다 똑같아요.

"우와, 얘는 하루 용돈이 500원이래! 나는 일주일에 1,000원밖에 안 되는데."
"나도! 나는 한 달에 5,000원인데."
"그런데도 올려달라잖아? 우리도 용돈 올려달라고 하자."
"아줌마! 용돈 올려주라고 우리 엄마한테 전화해주세요."

헐헐. 너희도 포스터를 만들어서 엄마 아빠를 설득해보라니깐.

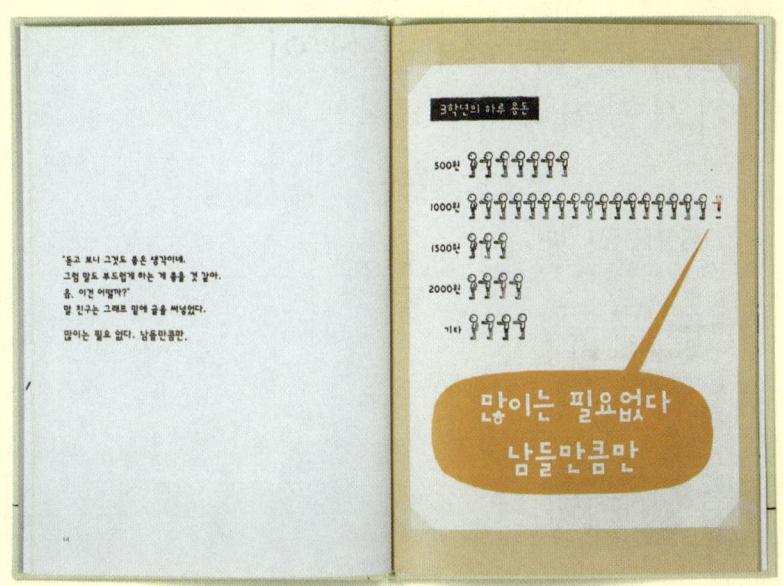

친구들과
함께 읽으면
좋은 그림책

04

플라톤 '동굴의 우상'이 이거였어?

『그림자를 믿지 마!』
데이비드 허친스 지음, 바비 곰버트 그림, 바다어린이

● 　　　　사실 이 책은 그림책이 아닙니다. 그림이 많기는 하지만 구태여 나누자면 문고본이고, 내용도 쉽지 않습니다. '8세에서 88세까지 읽는 철학 동화' 시리즈 중 한 권이에요. 초등 1학년 꽃봉이 혼자만 데리고 읽었으면 어쩌면 끝까지 집중을 못 했을지도 모르겠어요. 하지만 친구들과 같이 떠들면서 읽으면 아이들이 좀 어려워도 잘 듣는답니다. 이해 못하는 티를 내고 싶지 않은 걸까요? 하하하.

　먼 옛날, 동굴 속에 다섯 명의 원시인이 살고 있었습니다. 웅가, 붕가, 우기, 부기, 그리고 트래볼. (이름만 듣고도 아이들이 막 웃어요.) 이들은 동굴 밖을 나가본 적이 한 번도 없어요. 심지어 동굴 입구를 바라본 적도 없습니다. 동굴 끝이 우주의 끝이라고 생각했기에 입구를 등지고 앉아 바깥에서 들어오는 빛에 비친 그림자만을 보고 살았지요. 어디서 들어본 얘기라고요? 그렇습니다! '동굴의 우상' 얘기예요. 옛날 고등학교 윤리 시간에 무슨 소리인 줄도 모르고 죽어라 외웠던 플라톤의 비유, 동굴의 우상, 시장의 우상, 극장의 우상, 종족의 우상. 그게 이런 내용이었군요! 동굴에 들어앉아 그림자만 보고 살면서 그게 전부인 줄, 그게 진짜인 줄 아는 게 동굴의 우상이었던 거예요.

　어느 날, 원시인 부기는 문득 궁금해졌습니다. 바깥엔 뭐가 있을까? 하지만 친구들은 불같이 화를 냅니다. 감히 그런 걸 궁금해하다니! 나갔다가 괴물한테 먹힐래? 괴물이 없을 수도 있다고? 그럼 지금 우리가 틀렸다는 거야? 그래, 나가! 그렇게 궁금하면 나가! 너 따위 필요 없어. 나가라고!! 부기는 쫓겨나고 맙니다. 흐느끼며 비틀비틀 동굴 밖으로 나온 부기는 깜짝 놀랍니다. 동굴 바깥세상은 무서운 곳이 아니라, 크고 환하고 멋진 곳이었기 때문이지요.

바깥세상에서 만난 할아버지는 옛날에 두 부족이 살았으나 서로 싸웠다는 얘기를 들려줍니다. 마을에 망루가 두 개 있었는데, 한쪽 망루에서 보면 동네 옆에 동물들이 많고, 다른 쪽 망루에서 보면 과일나무가 많았답니다. 한쪽은 사냥을 가기 위해 무기를 만들자고 하고, 다른 쪽은 과일을 저장할 곳을 만들자고 해서 의견 차이가 생겼는데, 그만 싸우다가 둘 다 전멸해버렸다는 것이지요.

부기는 궁금합니다. 왜 사람들은 자기가 본 것만 옳다고 생각할까? 서로 망루를 바꿔서 올라가 봤으면 서로 생각이 다른 이유를 이해할 수 있었을 텐데. 사람들은 왜, 누군가 자기가 믿는 것에 의문을 갖거나 다른 방법으로 세상을 보는 법이 있다고 하면 화를 내는 걸까? 왜 모두 함께 더 큰 진실을 보지 못하는 걸까?

부기는 바깥세상에 대해 얘기해주기 위해 다시 동굴로 들어갑니다. 할아버지는 걱정스럽기만 하지요. 과연 친구들은 부기의 말을 믿어줄까요?

"너희라면 동굴로 다시 돌아가겠니?"
아이들은 웅성웅성 자기 얘길 합니다. "싫어요. 날 쫓아냈으니까, 좋은 거 말해주기 싫어요." "저는 돌아가서 말해주고 친구랑 같이 또 나올 거예요." "근데 안 돌아가면 밤에 어디에서 자요?" "비 오면 어떡해요? 동굴로 가야 해요."

　5학년 꽃님이도 흥미진진하게 읽었습니다. 꽃님이는 자기는 동굴로 돌아가지 않겠다네요. "왜 궁금해하지도 않는 그들에게 말을 해주느라 고생해야 해? 말해줘도 믿지도 않을 거고, 진실을 알기를 원하지도 않는데. 그리고 내가 본 게 진실이라는 건 또 어떻게 알아? 고작 바깥 풍경 한 번 봤다고? 언덕 너머, 저 산 너머에는 뭐가 있는지 모르잖아." 꽃님이는 동굴로 돌아갈 게 아니라 더 큰 세상을 보러 가겠답니다.

　꽃봉이는요? 관계중심주의자 꽃봉이는 당연히 돌아간다고 하지요. 자기 말을 믿지 않을지도 모르니까 사진을 찍어가겠다고 합니다. ("바보야, 사진기가 어딨어?" 누나의 지적!) 아니면 증거로 바깥세상의 돌과 꽃잎과 과일을 갖고 가서 보여준답니다. 한 배에서 나왔어도 둘이 어쩌면 이렇게 다를까요?

　제게 가장 인상적인 부분은 부기가 바깥으로 나온 것이 본인의 호기심이나 용기 때문이 아니라는 점이었어요. 부기는 쫓겨난 것입니다. 최악의 상황이 때론 구원이 될 수도 있다는 것이 위로가 됩니다. 쫓겨났더라도, 궁지에 처했더라도, 모르는 거예요. 저 밖에 뭐가 있을지.

친구들과
함께 읽으면   05
좋은 그림책

어린 시절의 독서가
우리에게 남긴 것

『눈물바다』 서현 지음, 사계절

• 　　　　친구들과 함께 읽으면 정말 많이 웃는 책이에요. 혼자 읽으면 덜 재밌쉬! 초1짜리 남자 셋 모아놓고 읽어주면 "에이, 뭐 그런 걸로 울어요?", "울면 바보지!" 처음엔 이러다가도 나중에는 "그래, 저러면 눈물 나온다", "야, 그래도 울면 짜증 나. 그만 울어!", "근데 우리 아빠는 울면 뭐라 그런다. 더 눈물 나", "엄마

한테 가서 울어" 별소리 다 나옵니다. 사실은 다들 울고 싶을 때가 있대요. 겉으로는 상남자들이지만요.

주인공 아이가 시험을 봤는데 아는 건 없고, 급식으로 나온 밥은 채소투성이에 너무너무 맛없고, 집에 왔더니 엄마 아빠는 싸우고. 밥 남겼다고 엄마가, 아니 여자공룡이 화내고! 결국 울음을 터뜨립니다. 엉엉엉엉엉엉엉엉~. 눈물이 바다를 이룰 만큼 울었더니 속상하게 했던 친구들과 엄마 아빠가 다 바다에 빠져 죽기 일보직전이네요. 그제야 씩 웃으며 모두를 구해줍니다.
"고생하게 해서 미안하지만, 시원하다! 후아."

마르셀 프루스트의 『독서에 관하여』(은행나무)에 이런 구절이 나옵니다.

"우리의 어린 시절을 이루는 날들 중에는, 우리가 제대로 보내지 못했다고 여겼거나 좋아하는 책과 같이 보낸 날들만이 어쩌면 진정으로 충만하게 보낸 날들이다."

마르셀 프루스트는 독서를 방해했던 것들, 그러니까 가장 흥미진진한 부분을 읽고 있는데 친구가 와서 놀자고 하거나, 책 읽는데 자꾸 걸리적거리는 꿀벌이나 한줄기 햇빛, 귀찮은데 자꾸 먹으라고 하는 간식, 저녁밥⋯⋯ 이런 것들이 훗날, 더 기억나더란 거예요.

"이런 모든 것들이 당시와는 반대로 너무나 기분 좋은 기억으로 남아 있어서 (그 당시 그토록 열정적으로 읽었던 책들보다 지금의 판단으로는 이쪽이 훨씬 더 소중한 기억이다) 만약 지금도 다시 예전에 읽었던 책들을 뒤척이기라도 하면 그 책들은 묻혀버린 날들을 간직한 유일한 달력들로 다가오고, 그 페이지들에 이제는 더 이상 존재하지 않는 저택과 연못들이 반사되어 보이는 것을 기대하게 되는 것이다."

훗날, 꽃님이와 꽃봉이 친구들의 기억 속에 저는 어떤 모습일까요?
"친구 집에 갔더니 신발도 벗기 전에 책부터 읽으래. 그 아줌마 진짜 이상하지 않아? 그 집에 놀러 가면 집을 엉망진창을 만들어도 야단을 안 쳐서 내가 억지로 참고 들어줬지."

친구들과
함께 읽으면 06
좋은 그림책

사나이도 울리는
공룡의 사랑

『나는 당신을 사랑하고 있어요』
미야니시 타츠야 지음, 달리

- 어느 날, 꽃봉이 친구와 꽃봉이 둘을 앉혀놓고 책을 읽어주는데 이 친구가 자꾸 따지는 거예요.
"아줌마, 왜 꼭 책을 읽어야 해요?"
"여긴 아줌마 집이니까 아줌마 규칙에 따라야지. 이런 말도 있단다. 로마에 가면 로마법을 따르라!"

"아줌마, 왜 '우히히'인데 '우히히히' 하고 히를 세 번 읽어요? 틀렸어요. 글자 모르나 봐."

"우리 집이니까 내 맘대로 읽는다, 왜? 자꾸 따지면 두 권 더 읽는다? 글자 많은 걸로!"라고 협박을 했더니 참고 듣더군요. 흐흐흐. 꽃님이 친구들, 여자아이들은 같이 읽으면 서로 내용을 아는 척하고 싶어서 그런지 집중도가 확 올라가는데요, 남자아이들은 종종 읽어주는 사람이나 책 내용에 시비를 거는 게 멋있다고 생각하나 봅니다. "말도 안 돼요. 고양이가 어떻게 말을 해요?", "아줌마, 침 튀겼어요!" 이런 항의가 들어옵니다.

유난히 오늘 멤버가 도대체 왜 친구 집에 놀러 왔는데 책을 읽어야 하는지 불만이 가득하다 싶을 땐 '고 녀석 맛있겠다' 시리즈 중에서 고릅니다. 웃기기도 하고 눈물샘을 자극하는 부분이 있어서, 아이들이 금방 줄거리에 빠져들거든요. 특히 『나는 당신을 사랑하고 있어요』(예전 제목은 『사이좋게 지내자, 우적우적』)는 성공할 확률이 높습니다. 서로 말이 다른 공룡들끼리 친구가 되는 내용이라서, 저쪽 공룡나라 말이 꼭 외계어처럼 들리거든요.

"슈파슈파 콩따콩?"

"깐따삐리 치카츄우?"

이렇게요. 따라하느라 금방 웃음보가 터집니다. 저더러 글자 틀리게 읽는다고 타박하던 친구에겐 "아줌마가 공룡나라 말을 빨리 읽을 테니까, 어디가 틀렸는지 잘 들어봐" 하고 후루룩 속사포처럼 읽어줬습니다. 당연히 웃느라 기절하지요.

꽃봉이는 티라노사우루스의 초식공룡 친구들이 죽는 장면에서 살짝 눈물이 고였습니다만, 사나이가 그림책 따위를 읽고 우는 모습을 친구에게 보여줄 수야 없지 않겠어요? 오히려 오버해서 "으하하하. 잘 죽었다!" 하더라고요. 꽃봉아, 니 친구 눈에도 눈물이 살짝 보였어. 『나는 당신을 사랑하고 있어요』는 말이 통해도 서로 해치려는 사이보다 말은 달라도 마음이 통하는 친구가 더 진짜 친구라는 얘기를 강하게 전합니다.

티라노사우루스가 자기 옆에서 잠든 초식공룡 친구들을 보면서 자기도 모르게 "아, 맛있겠다" 하고 입맛을 다시는 장면은 여전히 이 시리즈 특유의 유머와 통찰력이 빛나는 부분입니다. 티라노는 입맛을 다시면서도 초식공룡 친구가 잠결에 오들오들 떨자 "무서운 꿈이라도 꾸는 거니? 내가 지켜줄게"라며 꼭 안아줍니다. 그리곤 이런 문장이 이어지지요.

마음 한 구석이 콕콕 쑤시듯 아파오는 밤이었습니다.

"얘들아, 티라노는 왜 마음이 아팠을까?"

아이들이 키득키득 웃으면서 "먹고 싶은데 못 먹어서요"라고 하더군요. 으이구! 그래도요, 꽃봉이 친구 녀석이 집에 가는 길에 저더러 그러더라고요. "아줌마, 그 책 표지사진 찍어서 우리 엄마한테 카톡 보내주세요. 사달라고 하게요." 아웅, 이쁘지요?

버스 기다리며
읽어주기 좋은 책

엄마들의 가방은 요술가방입니다. 물휴지와 마실 물, 때론 갈아입을 옷과 응급처치 약까지, 아이들에게 필요한 물건이 무궁무진 나오지요. 저는 아직도 색종이 한 세트와 얇은 그림책 한 권은 늘 넣어 다닌답니다. 식당에서 음식 기다릴 때, 버스를 기다릴 때 아이들에게 스마트폰을 주지 않기 위해선 무거워도 제가 참는 수밖에요. 어쩔 수 없이 보내야 하는 시간들을 견디기에 책만 한 친구가 어디 있겠어요.

그래도 제 어깨는 소중하니까, 이왕이면 가벼운 책을 고릅니다. 두껍고 딱딱한 표지인 양장본 말고, 『손 큰 할머니의 만두 만들기』(채인선 지음, 이억배 그림, 재미마주)같이 얇은 표지의 페이퍼북이 딱 좋은데, 흔하지 않더라고요. 그래도 전집에 가끔 부록으로 나오는 책이나, 학습지처럼 매달 받아보는 시스템의 그림책들 중에 페이퍼북이 많습니다. 그리고 아이가 직접 만든 미니북도 좋은 외출용 책이 되었어요.

영어 그림책 중에는 얇은 페이퍼북 그림책이 많으니까 영어 그림책을 들고 나가기도 했는데요, 밖에서 큰 소리로 영어 그림책을 읽어주는 게 좀 민망하더라고요. 그래서 꾀를 낸 것이 영어 그림책 중에서 글자 없는 그림책들을 골랐습니다. 글자가 없으니 엄마가 볼일 보는 동안 혼자 읽으라고 하기도 좋고요. 에릭 로만, 데이비드 위즈너, 피터 시스 등 글자 없는 그림책으로 유명한 작가들의 책을 고르면 대부분 반응이 좋았답니다.

1. 『TIME FLIES』 Eric Rohmann, Dragonfly Books

『TIME FLIES』 이 책은 우리말 책으로 사도 어차피 글은 없답니다. 우리말 책의 제목은 『이상한 자연사 박물관』(미래아이)이에요. 1995년 칼데콧 아너상을 받았고요. 『열 개의 눈동자』를 비롯해서 에릭 로만의 그림책 중에 글자 없는 그림책이 꽤 많습니다.

2. 『ZOOM』, 『RE-ZOOM』 Istvan Banyai, Puffin Books

그림 속에 그림, 그 그림 속에 그림, 또 그 그림 속에 그림이 이어지는 재미있는 그림책입니다. 어른이 봐도 재미있답니다.

CHAPTER 4

독서로 가는 마지막 비상구, 전래동화

★

옛이야기의 즐거움을 가르쳐준 그림책

신데렐라와 콩쥐 이야기는 왜 닮았을까?

꽃님이와 꽃봉이는 한글을 익히고 나서 혼자 책을 읽는 데 '전래동화'가 큰 역할을 했습니다. 엄마가 읽어주다 말고 설거지를 하러 가거나, 전화를 받더니 끊을 생각을 안 하면, 어쩌겠어요? 다음 내용은 궁금하고, 직접 읽는 수밖에요. "우리 아이는 책을 싫어해요" 하는 집들도 대부분 전래동화는 좋아하더라고요. 뭐, 읽는 건 싫다 해도 적어도 전래동화 이야기 듣는 걸 싫어하는 아이는 못 보았답니다. 왜 아이들은 전래동화를 좋아하는 걸까요? 전래동화는 어떻게 몇 백 년, 몇 세대를 지나서도 살아남은 걸까요?

저는 꽃님이가 어릴 땐, 전래동화가 참 마음에 들지 않았습니다. 때론 무섭기도 하고, 엽기적이기도 하고, 갖가지 편견으로 가득 찬 것 같았거든요. 그런데 아이는 전래동화를 좋아하니, 나 원 참.

그때 정신과 전문의 하지현 교수가 쓴 『행복한 아이, 지혜로운 아이로 키우는 전래동화 속의 비밀코드』(살림)라는 책을 읽고 많이 공감했습니다. 이 책은 콩쥐팥쥐와 신데렐라가 비슷한 이야기라는 것에서 시작합니다. 그렇잖아요? 계모의 구박 속에서 살다가 동물과 요정의 도움으로 파티에 가고, 멋진 남자와 결혼을 합니다. 신데렐라의 작가가 한국에 놀러 왔다가 콩쥐팥쥐 이야기를 듣고 가서 표절을 한 걸까요? 그건 아닐 텐데. 왜 동서양 전래동화가 비슷한 걸까요? 전래동화는 어린 세대에게 가족과 공동체에 적응할 수 있도록 가치관과 문화를 교육시키는 역할을 했기 때문에 어떤 사회든 비슷한 내용일 수밖에 없다는 겁니다.

전래동화, 아이들의 힐링캠프가 되다

그런데 왜 하필 '계모는 나빠요' 얘기가 나온 걸까요? 아이들은 누구나 엄마에 대한 미움을 경험하기 때문이지요. 하지만 어떻게 감히 엄마를 미워하겠어요? 아무리 미워도 엄마는 엄마인걸요. 그럼, 계모라면? 오, 괜찮은 절충안이겠지요? 이렇게 계모를 미워함으로써 아이는 엄마에 대한 미움을 대리 경험하고 해소할 수 있는 거지요.

이런 식으로 전래동화는 아이에게 감정 이입과 대리 만족, 해소, 교육의 역할을 주로 합니다. 전래동화에 바보 얘기가 많이 나오는 것도 같은 이유래요. "나는 저런 바보보다 나아!" 하는 자신감과 "지금은 형, 아빠보다 어리지만 나도 앞으로 저 바보처럼 훌륭한 일을 해낼 거야!"라는 결심.

어른들 눈에는 인과응보, 권선징악 같은 뻔한 줄거리도 바로 뻔

하기 때문에 의미가 있습니다. 일단 아이에게 가치관을 전해주는 효과가 있고요, 해피엔딩으로 끝날 것을 알기 때문에 아이에게 심리적인 안정감을 주지요. 세상을 신뢰할 수 있게 만들며, 그런 마음의 기초공사가 튼튼해야 그 위에서 응용을 할 수 있는 것이니까요.

그리고 아이들에겐 환상 그 자체가 필요합니다. 현실을 잊게 해줄, 현실의 스트레스를 해소해줄, 현실의 문제에 힌트를 줄 환상! 그 환상 속에서 아이는 잠시 쉬다 나옵니다. 어른들이 극장에 가서 노는 것처럼 말이지요.

하지현 교수는 전래동화마다 듣고 읽기에 적절한 나이가 따로 있다고 합니다. '말 안 듣는 청개구리' 얘기는 부모 말을 안 듣기 시작하는 네다섯 살에 들으면 좋고요, '소가 된 게으름뱅이' 얘기는 근면성실을 가르치는 것이니 학교 갈 즈음에 들으면 좋겠지요.

똑같은 얘기도 듣는 사람의 입장에서 조금씩 다른 각도로 읽어주는 게 좋다네요. 똑같은 흥부놀부도 형과 아우에겐 다른 각도로 읽어줘야 한다는 거지요. 여자를 우습게 보는 '해와 달이 된 오누이'나 여자의 도움을 바라는 남자의 환상을 그린 '우렁각시' 같은 얘기는 자칫하면 남녀 인식에 영향을 미칠 수 있기 때문에 부모가 얘기해줄 때 신경 써서 해줘야 합니다.

그리고 마지막 결론은? "아이를 잘 키우려면 전래동화를 들려줘라!" '읽게 해라'가 아닙니다. '들려줘라'! 전래동화는 원래 책으로 전해진 게 아니라 입에서 입으로 전해져온 이야기잖아요. 이야기를 듣는 동안 집중력과 상상력, 어휘력, 표현력이 좋아지고요,

두뇌가 골고루 발달합니다. 아이에게 개념 형성 능력을 길러주고, 언어력을 좋게 하며, 정서안정에 도움이 됩니다. 대인관계 방법을 익히게 되며, 무엇보다 도덕성이 길러지지요.

제일 좋기야, 할머니 할아버지께서 들려주시거나 잠자리에서 들려주는 것이겠지요. "옛날 옛날에"로 시작해서 "행복하게 살았습니다"로 끝나는 안정적인 구조가 잠이라는 두렵고 신비한 세계로 떠나는 아이에게 내일이 되면 다시 안전한 부모 곁으로 돌아올 수 있다는 확신을 주는데, 이게 정서안정에 매우 좋다고 하거든요.

아참, 전래동화를 읽어주거나 얘기해줄 때는요, 의성어와 의태어를 잘 쓰면 훨씬 더 재미있어집니다. 워낙 전래동화 책들이 이미 의성어, 의태어를 다른 종류의 책들보다 훨씬 더 다양하게 쓰고 있지만요, 엄마 아빠가 더욱 더 풍성하게 쓸 수 있습니다. 그냥 "호랑이가 죽었습니다" 할 게 아니라 "호랑이가 그만 깨꼴랑 죽어버렸대. 이를 어쩌나~" 이런 식으로요.

전래동화, 전집으로 살까 단행본으로 살까?

대부분 전래동화 그림책을 살 때 단행본을 살까, 전집을 살까 고민을 많이 하는데요, 이웃이 물어보면 저는 전래동화는 어느 쪽을 선택하든 좋다고 답한답니다. 워낙 이야기가 다양하니 전집으로 사도 좋을 테고요, 유난히 전래동화 분야에는 작가가 혼신의 힘을 다했다는 게 확확 느껴지는 단행본이 많으니 작품집을 구입하는 마음으로 단행본을 사도 좋겠지요. 책 욕심 많은 저는 꽃님이 때는 전집을 사서, 전집에 없는 이야기는 단행본으로 채웠습니다. 아이에게 보다 많은 이야기를 들려주기 위해서 애를 썼어요. 하지만 몇 년 후 꽃봉이에게 '전래의 시대'가 왔을 때는, 이야기 종류보다 같은 이야기를 작가마다 어떻게 다르게 표현했는가에 중점을 두고 책을 읽었습니다. '팥죽할멈 이야기'만 하더라도 얼마나 버전이 다양한지 모릅니다. 어떤 작가는 등장인물을 하나하나 인형으로 만들어 사진 촬영을 했고요, 어떤 작가는 옷차림 하나, 소품 하나 충실하게 고증을 해서 박물관 한 번 가는 것보다 훨씬 더 공부가 되게 만들었더라고요. 또 어떤 작가는 보기만 해도 웃기게 그려서 전래동화의 '해학'을 흠뻑 느낄 수 있도록 했고요. 이런 다양한 표현을 경험하는 것이 아이에게 좋은 자극이 되지 않았을까, 혼자 자족하고 있답니다.

어른을 위한 전래동화집

아이에게 직접 이야기를 해주겠다. 하시는 분을 위해서는 '읽는 전래동화집'이 필요하겠지요? 『옛이야기 보따리』(서정오 지음, 보리)를 참고해보세요. 112가지 얘기가 있습니다.
서정오 선생님의 '철따라 들려주는 옛이야기' 시리즈(4권)도 권하고 싶네요. 꽃님이가 이 시리즈를 초등 1학년 때 재미있게 잘 읽었어요. 1학년이 읽기엔 꽤 두꺼운 책인데도 재미가 있으니 책 두께의 압박감을 이겨내더라고요.

옛이야기의
즐거움을
가르쳐준 그림책

01

전래의 새로운 해석

『끝지』 이형진 지음, 느림보

- 한 편의 영화 같고 시 같은 이 책은 '여우누이'에 대한 새로운 해석입니다. 여우누이는 아들만 셋 있는 집에서 얻은 업둥이 딸입니다. 바라고 바라던 딸이라 귀하게 키우지요. 하지만 어느 날부턴가 집안의 가축들이 죽어나갑니다. 밤새워 망을 본 아들들은 막내딸이 사실은 여우이고, 가축들의 간을 빼 먹었기

때문이란 걸 알게 됩니다. 하지만 아들의 말을 믿지 않는 아버지는 오히려 누이를 모함한다고 아들을 내쫓습니다. 그 중 셋째 아들이 자라를 구해주고 얻은 요술 호리병(혹은 요술 구슬)을 써서 부모님까지 다 잡아먹은 여우누이에게 복수를 한다는 내용이지요.

그런데 왜 이 책은 제목이 '여우누이'가 아닐까요? 이형진 작가는 그저 '막내딸', '셋째 아들'이었던 인물들에게 이름을 줍니다. '끝지'와 꼬랑지 오빠 '순돌이'.

이야기는 추운 겨울날, 순돌이가 집으로 돌아오면서 시작됩니다. 처음엔 형태도 불분명한 흑백 그림에 꽃봉이가 그다지 관심을 보이지 않았습니다. 그러다가 첫 장을 딱 읽어주니까 눈빛이 달라지더라고요.

바람이 씨잉씨잉 불어옵니다.
순돌이는 온몸이 얼어붙는 것 같았습니다.
그렇지만 가슴은 점점 뜨거워집니다.
고향집이 한눈에 들어왔으니까요.
아버지에게 쫓겨난 지 3년 만이었습니다.

이 파워 넘치는 문장이 첫 문단이에요.
"왜 아버지한테 쫓겨났는데?"
"여동생 끝지를…… 여우라고 모함했으니까. 근데 끝지는 정말 여우일까, 아닐까?"

"여우 맞지. 이렇게 폴짝폴짝 뛰어서 도망가잖아. 딱 여우가 뛰는 거 같잖아."

끝지는 순돌이 오빠의 품 안에서 붉은 구슬을 뺏어 부엌으로 도망칩니다. 자기를 죽일 요술 구슬인 줄도 모르고요. 구슬이 피우는 시커먼 연기 속에서 캐앵캥 괴로워하는 끝지, 아니 여우를 보면서 왜 순돌이는 기뻐하지 않는 걸까요? 순돌이는 '저도 모르게 누이가 몸부림치는 곳으로 빨려들'어 갑니다. 그리곤, 결국 구슬을 주워 주머니에 담지요.

"원수를 갚은 것뿐이야. 끝지는 사람이 아니야. 내 누이가 아니야."

외쳐봐도 눈물이 납니다. 그런데 죽은 줄 알았던 끝지가 쫓아옵니다.

"꼬랑지 오빠, 먼 길 가려면 감자라도 가져가."

정말 끝지는 감자 보퉁이를 들고 있습니다.

순돌이는 끝지에게 물어봅니다. 너 도대체 왜 그런 거니……?

순돌이는 부들부들 떨며 우는 끝지를 보면서 그제야 기억해냈습니다. 순돌이의 아버지가 여우를 잡아왔던 그날을. 검붉은 피를 흘리며 죽어가던 커다란 여우! 순돌이는 구슬이 담긴 주머니를 놓쳤고, 끝지는 다시 연기 속에서 괴로워합니다.

"끝지야! 죽지 마, 끝지야!"

한걸음에 연기 속으로 뛰어든 순돌이는 되레 자기가 먼저 쓰러지고 맙니다. 그때 희미하게 들려오는 목소리.
"죽으면 안 돼. 꼬랑지 오빠아……."

"꽃봉아, 아까 순돌이가 연기 속에 쓰러졌잖아. 근데 어떻게 다시 살아났을까?"
"아까 끝지가 깨웠잖아."
"끝지가 연기 속에서 순돌이를 밀어내줬나?"
"그랬지."
"끝지도 죽은 거 아니었어?"
"아니지. 여기 봐. 저기 멀리에 끝지가 있잖아."
정말, 마지막 페이지 저 멀리 눈 언덕 위, 끝지 모습이 보이네요. 그저 셋째와 누이가 아니라 순돌이와 끝지라는 이름을 가진 이 아이들은 내 부모를 죽인 원수를 갚겠다는 단순하고 명확한 행동을 하지 않습니다. 세상에 그리 선명한 일이 있던가요. 도대체 누구를 나쁘다고 할 수 있을까요? 서로 원수이면서도 가족인 이 둘은 어떡해야 할까요?
"꽃봉아, 누가 더 나쁜 것 같아?"
"몰라. 둘 다 나빠. 사이좋게 지내면 되잖아. 가족인데."
"진짜 가족 아닌데? 오히려 원수잖아. 부모를 죽인 원수. 끝지한테는 순돌이 아빠가 원수고, 순돌이한테는 끝지가 원수고."
"그래도 가족이잖아."
"끝지가 부모님이랑 형제랑 다 죽였는데?"

"다 죽였으니까 이제 둘만 남았는데, 또 죽여?"

"그러다가 끝지가 순돌이까지 죽이려고 하면?"

"그러면 말하면 되잖아. 나한테 요술 구슬 있어서 너 잘못하면 죽어. 그러니까 까불지 말고 사이좋게 지내자. 그러면 되지?"

"꽃봉아, 이 책 안 무서워?"

"응, 안 무서워."

원래 꽃봉이는 여우누이 이야기를 무서워했습니다. 전에 본 책도 또 볼 땐 엄마 등에 숨어서 봤지요. 그런데 이 책은 안 무섭답니다. 내일은 꽃님이랑 읽어봐야겠습니다.

『호랑이 잡는 도깨비』 이형진 지음, 느림보

이형진 작가의 다른 전래동화들도 해석이 참신합니다. 이 이야기는 일하러 가신 엄마는 오지 않고, 남매가 기다리는 데서 시작합니다. 어째, 남매 모습이 검은 실루엣으로만 보인다 했더니, 어머나! 이 남매, 호랑이 남매잖아요? 안 그래도 요즘 고갯마루에 번개를 던지는 도깨비가 나타나서 호랑이를 잡아먹는다는데, 엄마는 무사히 돌아오실 수 있을까요?

자, 여기에서 그 호랑이 잡는 도깨비는 누구일까요? 그렇습니다. 호랑이 잡는 도깨비는 바로 총을 든 인간! 사냥꾼이지요. 결국 엄마 호랑이를 죽이고 가죽을 덮어쓰고 나타난 사냥꾼을 피해 호랑이 남매는 빙판을 가로질러 도망을 가다가 물에 빠져 죽습니다. 그러고는 어두운 밤을 지키는 해와 달이 되지요. '해와 달이 된 오누이'의 새로운 해석입니다. 『흥부네 똥개』(느림보)와 심청전을 새로 썼다는 『비단치마』(느림보)도 재미있답니다. 심청이가 중국 상인들이 보여준 비단치마 입고 싶어서 따라나섰다던데, 과연 어떻게 되었을까요?

4. 독서로 가는 마지막 비상구, 전래동화

옛이야기의
즐거움을
가르쳐준 그림책 02

무서운데
자꾸만 손이 가네

『밥 안 먹는 색시』
김효숙 지음, 권시우 그림, 길벗어린이

• 혹시 그런 느낌 아세요? 길 위에 죽은 쥐 시체가 있으면 징그러운데도 눈길을 떼지 못하겠고, 또 보게 되는 거요. 솔직히 말하면 이 책을 처음 봤을 때도 비슷한 기분이었습니다. 어휴, 싫은 내용인데 자꾸 손이 가는 책, 『밥 안 먹는 색시』.

옛날에 한 남자가 색시를 얻었는데 입이 함지박만 합니다. 입 큰 이 여자, 밥을 참 잘 먹네요. 남자는 여자가 이렇게 먹어대다간 집안에 쌀이 떨어질까 봐 걱정이 태산입니다. 결국 남편이 손가락으로 이 여자의 배를 쑤시니 여자는 배가 터져 죽어버리네요.

욕심 많은 이 남자, 또 장가를 갔는데 이번에는 입이 개미구멍만 한 여자로 골랐습니다. 이 여자는 밥알 세 개 겨우 쫄쫄 빨아먹고는 배부르다고 하는데, 이 남자, 자꾸만 욕심이 나는 겁니다. 세 알만 먹어도 배가 부르면 두 알만 먹어. 원래 소식해야 건강한 겨~. 이왕이면 한 알만 먹지 그래? 근데 세 알 먹고는 배부르다던 이 여자도 두 알까진 어째 괜찮았는데, 한 알을 먹으면서는 낯빛이 죽은 사람처럼 회색으로 바뀝니다. 웃지도 않네요.

그런데 정말 이상한 건, 밥을 한 알씩만 먹는데 자꾸만 곳간에 쌀이 없어진다는 겁니다. 어느 날 남자가 몰래 보았더니, 이게 웬일인가요? 아무도 없는데 여자가 밥을 잔뜩 하네요. 그러곤 머리를 툭 치니 머리카락 속에서 커다란 입이 딱 나오는 겁니다. 밥을 그 커다란 입으로 쑤셔 넣으며 아귀아귀 먹습니다. 개미구멍만 한 입이 말하네요. 맛있다, 맛있어! 남자는 기절초풍. 곳간도 색시도

버리고 멀리멀리 달아나버렸다지요. 끝.

책을 한참 들여다보던 꽃봉이가 말했습니다.
"어? 엄마, 입이 큰 여자랑 입이 작은 여자랑 똑같은 여자야! 죽은 척한 거였나 봐. 봐봐, 여기 손이 똑같잖아!"
정말? 흑백으로 창백한 남자의 손은 이상하다시피 작은데, 붉고 활달한 느낌의 여자들은 둘 다 손이 솥뚜껑만 하네요?
"자기를 죽이니까 화가 나서, 입을 몰래 숨기고 와서 밥을 더 먹었나 봐."

옆에서 수학 문제집을 풀고 있던 꽃님이가 끼어들었습니다. (동생과 엄마가 그림책을 읽고 나서 얘기를 나누고 있으면 누나가 끼어드는

일이 잦습니다. 어떨 땐 얼른 가서 무슨 책이었나 그림책을 읽고 오기도 하지요. 그림책이 그래서 좋습니다. 짧아서 얼른 읽고 끼어드는 게 가능하니까요.)

"손이 크다는 게, 일을 잘한다는 뜻이야. 밥도 아까운 남자가 일 못하는 여자랑 결혼하겠어?"

"밥은 적게 먹고, 일은 잘해야 하고. 완전 도둑놈이네 도둑놈! 꽃님아, 너는 일을 잘하려면 밥도 잘 먹어야 한다고 남편에게 확실하게 말할 줄 알아야 해, 알았지? 그런 말 하는 거, 생각보다 어려워. 어렵지만 해야 하는 거고.

꽃봉이 너도 알아둬. 일 잘하는 마누라가 탐나면, 밥 먹는 걸 아까워하면 안 되는 거야. 아깝기는커녕 니가 밥을 해다 바쳐야 하는 거야."

"알아, 엄마. 나도 안다고. 당연한 거지."

아이들에겐 말도 못하고 저 혼자 그림에서 눈을 떼지 못하겠네요. 털 속의 붉은 입이 제 눈엔 왜 이리도 섹시하게 느껴질까요? 붉은 입! 그녀의 숨은 욕망, 숨겨야만 했던 욕망!

옛이야기의
즐거움을
가르쳐준 그림책 03

색깔만 봐도
알 수 있는 것

『예쁜이와 버들이』
박영만 원저, 허구 그림, 사파리

새엄마는 한겨울에 봄나물을 찾아오라며 예쁜이를 산으로 쫓아냅니다. 예쁜이는 일 년 내내 봄인 신비한 동굴에 사는 버들이의 도움으로 봄나물을 얻었지요. 그런데 예쁜이가 어떻게 한겨울에 봄나물을 구해왔는지 의심을 한 새엄마가 예쁜이의 뒤를 밟는 바람에 버들이가 죽을 뻔합니다. 예쁜이는 뼈와 살이 다시 붙는 요술 물약으로 버들이를 살려내고, 착한 두 사람은 행복하게 산다는 전형적인 스토리의 전래동화입니다.

'연이와 버들도령'이라는 제목으로 더 유명한 이 이야기를 특별하게 만든 건 바로 그림입니다. 새엄마의 구박을 받는 현실세계는 차갑고 싸늘한 푸른색이고요, 사랑이 넘치는 봄의 세계인 동굴은 화사한 노랑과 빨강 톤입니다. 색깔로 감정을 표현할 수 있다는 걸 따로 설명하지 않아도 확실하게 느낄 수 있어요.

꽃봉이는, 바르면 뼈에 살이 붙고 숨을 쉬게 하는 요술 호리병 그림도 아주 재미있어했답니다. 해골에 살이 붙고, 마지막에 반짝 눈을 뜬 버들이는 그새 발가벗은 게 창피한 표정이네요. 이런 소소한 유머가 아이를 얼마나 책과 가깝게 만드는지요.

사파리 출판사의 이 '방방곡곡 구석구석 옛이야기' 시리즈는 박영만 선생님의 『조선전래동화집』을 원전으로 삼았습니다. 박영만 선생님은 임시정부 광복군에서 활동한 독립운동가입니다.

"꽃봉아, 독립운동은 총 들고 일본군이랑 싸워야 하는 거 아니야? 독립운동을 한다면서 왜 전국을 돌아다니면서 팔자 좋게 옛날 이야기를 모은 걸까?"

아이들에게 전투를 하는 것 말고도 정신을 바로 세우는 것도 독립운동이라는 얘기를 해줬습니다. 한글을 지킨 것도 독립운동이고, 우리 역사를 기록하는 것도 독립운동이라는 것을 말이지요.

혹시 우리 전래에 많이 나오는 뿔 하나 달린 도깨비가 일본 도깨비라는 얘기, 알고 계신가요? 우리나라 전래동화가 일제 강점기를 거치면서 많이 왜곡되어 도깨비도 일본 도깨비, 귀신도 일본 귀신이 이야기 속에 등장하게 되었다네요.

「통영동이」 김정호 지음, 김재홍 그림, 장영

색깔로 감정을 표현한 그림책이 또 있어요. 「통영동이」에서는 농악대와 함께 춤을 추며 뛰어놀 때와 시장통에서 동생을 잃어버렸을 때 오빠의 감정이 색깔만으로도 절절하게 전해집니다.

4. 독서로 가는 마지막 비상구, 전래동화

옛이야기의
즐거움을
가르쳐준 그림책 04

세상의 모든 똥들아, 모여라!

『똥벼락』
김회경 지음, 조혜란 그림, 사계절

- 돌쇠 아버지는 김부자 집에서 수십 년 머슴으로 일하고 새경으로 기껏 돌밭을 받습니다. 하지만 돌밭이라도 열심히 일한 돌쇠 아버지, 복을 받아 농사도 잘 되지요. 김부자는 샘이 나서 돌쇠 아버지가 거름으로 쓴 자기네 똥을 내놓으라고 합니다. 이걸 보고 해도 해도 너무하다고 생각한 도깨비가 김부자에게 벌

을 줍니다. 어떤 벌이냐 하면요, 똥을 내놓으라고 했으니 똥을 줍니다. 그것도 잔뜩. 하늘 가득히 똥이 날아와 마당에 철철 넘치도록 말이지요.

굵직한 똥자루 똥, 질퍽질퍽 물찌똥, 된똥, 진똥, 산똥, 선똥, 피똥, 알똥, 배내똥, 개똥, 소똥, 닭똥, 돼지똥, 토끼똥, 염소똥…… 똥 이름만 들어도 아이들은 웃겨서 데굴데굴 구릅니다.

엄마가 정확한 발음으로 좌르륵 빠르게 읽어줄수록 더 뒤집어지지요. 너도 이 똥이름들 불러봐라 하고 시키면 더 웃습니다. 피똥, 알똥, 배내똥, 개똥, 소똥…… 제대로 빠르게 발음하기가 쉽지 않거든요. 내친 김에 "된장공장 공장장은 강공장장이고, 간장공장 공장장은 장공장장이다"도 시켜보고요. 몇 번 읽고 나면 새경이 뭔지, 머슴이 뭔지도 알게 되네요.

4. 독서로 가는 마지막 비상구, 전래동화   167

옛이야기의
즐거움을
가르쳐준 그림책

05

비뚤어진 자식 사랑의
코믹 버전

『김수한무거북이와두루미삼천갑자동방삭』
소중애 지음, 이승현 그림, 비룡소

● 　　　　『똥벼락』과 함께, 읽기만 해도 아이들이 까르르 넘어가는 책이 또 있습니다.

어느 부잣집 영감님이, 귀하게 얻은 아들이 일찍 죽을까 봐 오래오래 살라고 김수한무라고 이름을 짓습니다. 짓고 보니 좀 더 오래 살라고 오래 사는 동물인 거북이와 두루미도 이름에 넣었지요. 이왕이면 삼천갑자, 60 곱하기 3,000 해서 180,000년이나 살았다는 전설 속의 인물 동방삭도 넣었고요. 그러고는 자식이 건강하게 오래오래 살기를 바라는 마음을 담아 늘 "김수한무거북이와두루미삼천갑자동방삭아, 밥 먹어라" 하고 풀네임을 부릅니다. 누가 편하자고 줄여 부르면 막 화를 냈지요.

그런데 어느 날, 사람들이 와서 급하게 말합니다.

"영감님! 김수한무거북이와두루미삼천갑자동방삭이요, 친구들하고 놀았는데요. 김수한무거북이와두루미삼천갑자동방삭이 그만 물에요."

"뭐라고? 우리 아들이 어떻게 됐다고?"

"그게요. 김수한무거북이와두루미삼천갑자동방삭이 그만 물에 빠져서요."

물에 빠진 아들을 빨리 구해야 하는데 그놈의 긴 이름을 부르느라 아이가 죽을 뻔한 거지요. 영감님 딴에는 아들을 위해서 그렇게 이름을 정성껏 지어 부른 건데, 좋은 뜻으로 한 행동이라고 다 좋은 결과를 내는 건 아니니까요. 아이들은 웃느라 정신이 없지만, 저 혼자 속으로 조금 찔립니다. 내 딴에는 아이들을 위해서 한다고 하는 행동 중에, 김수한무거북이와두루미삼천갑자동방삭처럼 오히려 탈이 되는 건 없을까 해서요. 아이들에 대한 사랑과 집착을 구분하기를, 현명한 사랑을 할 수 있기를 기도합니다.

옛이야기의
즐거움을
가르쳐준 그림책 06

만약 투명인간이 된다면

『이상한 나뭇잎』
김용철 그림, 김중철 엮음, 웅진주니어

착한 소금장수가 어느 날, 이상한 나뭇잎을 발견합니다. 이마에 붙이면 투명인간이 되는 나뭇잎이요. 이 나뭇잎 덕분에 부자가 된 소금장수를 보고 이웃집 욕심쟁이가 샘을 냅니다. 이상한 나뭇잎이 있었던 나무 밑에 가서 나뭇잎을 몽땅 따가지고 와서는 한 장 한 장 이마에 붙이고 아내에게 물어봅니다.

"내가 보여, 안 보여?"

"보여요."

"그럼, 이번엔 보여, 안 보여?"

"보여요."

"보여, 안 보여?"

"보여요."

"보여, 안 보여?"

"보여요."

하도 물어보니까, 지겨워진 욕심쟁이의 아내가 그냥 아무렇게나 대답해버립니다.

"안 보여요!"

욕심쟁이는 정말 자기가 안 보이는 줄 알고 시장에 가서 쌀을 훔치려고 하다 된통 혼이 나지요.

"꽃님아, 꽃봉아. 너희는 투명인간이 되면 뭘 하고 싶어?"

초등 1학년, 5학년이었던 두 녀석 모두 맨 처음 하고 싶은 일은 자기에게 나쁘게 굴었던 아이의 뒤통수를 쳐주고 싶다더군요.

신데렐라와 콩쥐팥쥐 이야기만 동서양이 닮은 게 아니고, 이 얘기도 서양에 닮은꼴이 있습니다. 철학자 플라톤이 '기게스의 반지'란 얘기를 했거든요. 착하고 올바르기로 소문난 목동 기게스가 어느 날 투명인간이 되게 해주는 반지를 하나 얻습니다. 착한 목동이 마술 반지를 갖게 되자 어떤 일을 했을까요? 왕비를 차지하고, 왕을 죽입니다. 아무도 안 보니까, 그걸 이용해서 나쁜 짓을 한 거지요.

"꽃봉아, 사람들은 왜 눈에 안 보이면 나쁜 일을 하고, 눈에 보이면 나쁜 일을 안 하는 걸까?"

"보이면, 내가 나쁜 일을 하는 걸 남들이 다 알잖아. 그러면 창피하지."

"그럼 남들이 모르면 나쁜 일 해도 괜찮아?"

아까부터 조용하던 꽃님이가 말했습니다.

"엄마, 나는 아까 그 말 취소할래. 미운 사람 때리겠다는 거. 안 때릴 거야."

"왜? 아무도 모르는데?"

"처음엔 내가 진짜 싫어하는 애를 꽉 때려주면 얼마나 속이 후련할까 싶었는데, 생각해보니까 걔가 나한테 나쁘게 했어도 나는 걔보다 더 나은 사람이기 때문에 참고 이겨낸 건데, 그럼 내가 똑같은 사람이 되는 거잖아. 나는 행복하고 싶어."

"행복한 거랑 이게 또 무슨 상관이야? 한 대 때리면 후련하겠다면서? 그럼 행복한 거 아니야?"

"아니야. 난 내가 멋진 사람이라야 행복한데, 몰래 한 대 때리고 그런 사람이면, 싫어. 나는 내 마음에 들고 싶다고. 나는 투명인간 돼도 하고 싶은 거 없어. 다른 사람들이 봐서 부끄러운 행동은 안 할 거니까. 근데 앞으로는 이런 질문 하지 마."

"왜?"

"내가 얼마나 나쁜 일을 할 수 있는가 생각해보게 되잖아. 싫어."

"알았어. 앞으로는 안 물을게. 미안. 꽃님아, 너 근데, 진짜 멋지다."

누나가 안 때린다고 하고 엄마에게 칭찬을 듣자, 꽃봉이는 자기도 안 때리겠다고 말은 해놓고도 여전히 조금 아쉬운 것 같았습니다.

"근데, 여러 번 때리는 거 아니고, 막 아프게 하는 거 아니고, 한 대만 때리는 건데. 안 돼?"

"그거야 니 마음이지. 근데 누굴 그렇게 때리고 싶은데?"

그제야 꽃봉이가 조용하네요.

"음, 그게 문제네. 때릴 사람이 없네."

그림이 멋진
전래동화

그림이 멋진 전래동화들, 몇 편 보실래요?

1. 견우직녀 이야기

견우직녀 이야기는 아무래도 사랑 이야기라서 그런지 그림들이 다 좋습니다. 비룡소에서 나온『견우직녀』는 그림이 정말 아름답고요, 또 현북스에서 나온『견우와 직녀』는 특이하게도 프랑스 작가가 썼습니다. 그린이는 김동성 화백인데요, 팬이 많은 화가지요.

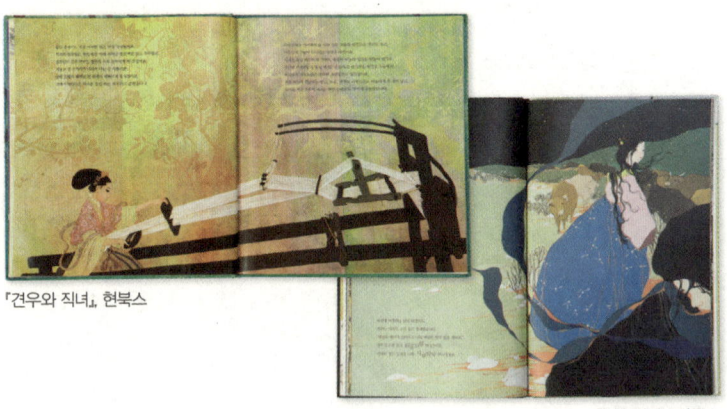

『견우와 직녀』현북스

『견우직녀』비룡소

2. 바리데기 이야기

바리데기 이야기도 출판사마다 개성적인 그림과 글을 선보입니다. 딸이라고 버림받은 바리공주가 아버지의 병을 고치기 위해 온갖 역경을 이겨내고 약을 구해온다는 얘기입니다. 저는 개인적으로는 "자기를 버린 아버지를 위해 이렇게까지 해야 해?" 하고 흥분했었습니다만, 어려움에 처한 소녀가 자기 안의 갈등을 달래가며 이를 극복해내는 성장기로 우리나라에서 빼놓을 수 없는 상징적인 인물이지요. 어른을 위한 연극도 있고, 문학작품에서 인용되는 경우도 많은 캐릭터입니다.

비룡소 전래동화 시리즈에서는 제목이 『바리공주』인데요. 비룡소 시리즈가 전래 그림에 힘을 많이 준 것 같습니다. 저는 이 그림책은 정말, 꽃님이 여섯 살 즈음엔 예민한 아이에게 보여줘야 하나 말아야 하나 고민했을 정도로 그림의 감정 표현이 강렬합니다. 표정이며, 한복 칼라 모두 다 인상적이에요. 송언 작가의 글맛을 잘 살린 『바리데기』(한림출판사)도 읽어주기 좋습니다. 두 책의 느낌이 완전 다르답니다.

『바리공주』비룡소

3. 여우누이 이야기

여우누이 이야기는 워낙 좀 무섭지요. 여동생인 줄 알았는데 알고 보니 복수를 하러 일부러 인간의 모습으로 태어난 여우더라는 이야기입니다. 책들이 모두 아름답기도 하고 무섭기도 하고, 아무튼 인상적인 내용인 만큼 작가들의 영감을 자극하는 부분이 있나 봅니다. 여러 버전의 여우누이가 있는데요, 빠지는 책이 없네요.

『여우누이』, 시공주니어

『여우누이』, 사계절

『여우누이』, 보림

4. 팥죽할머니와 호랑이 이야기

팥죽할머니와 호랑이도 버전이 참 많은 이야기입니다. 보림출판사의 책은 글맛이 잘 살아 있어서 아이들이 좋아하고요, 구름빵 작가 백희나 씨 버전도 개성적이지요. 그냥 호랑이가 잡아먹는다고 잡아먹히는 할머니가 아니라 나름대로 개성 있는 유머러스한 할머니의 모습은 비룡소에서 나온 버전입니다.

『팥죽할멈과 호랑이』, 비룡소

『팥죽할머니와 호랑이』, 보림

『팥죽할멈과 호랑이』, 시공주니어

CHAPTER 5

편식도 싫고,
편독도 싫어요

★
이야기가 있는 과학 그림책

애들아, 좀 골고루 읽어주면 안 되겠니?

때로 꽃봉이가 땀을 뻘뻘 흘리며 자는 모습을 보면 안쓰러울 때가 있습니다. 아이고, 너도 아홉 살 인생을 살아내느라 고생이 많구나! 먹고, 자고, 놀고, 기껏해야 어렵지도 않은 공부 쪼끔만 하고. 아이들이 이렇게 사는 것 같아도요, 제 어린 시절을 되돌아보면 다섯 살은 다섯 살대로, 여섯 살은 여섯 살대로 그때마다 죽을 것 같은 고민들이 있었거든요. 엄마 아빠가 싸우면 혹시 나 때문인가 싶고, 어제는 잘 놀아놓고 오늘은 눈을 흘기고 간 옆집아이 때문에 고민이 지나쳐 몸이 아픈 적도 있었으니까요. 아이들이 마냥 행복한 동심의 세계에 있을 거라는 생각은 어린 시절을 잊어버린 어른들의 희망사항 아닐까요?

뭐, 아이에 대한 측은함은 아이가 잘 때뿐이고요, 아이들이 눈을 뜨면 저는 이런저런 걱정을 하느라 또 하루가 바쁩니다. 책을 안 읽을 땐 안 읽는 게 걱정되더니, 어느새 책을 좋아하니까 이제 편독을 하는 게 거슬리네요. 꽃님이는 문학 책만 읽으려 하고, 과학이나 역사 분야의 지식정보 책은 거들떠도 안 보(았)거든요. 꽃봉이는 또 지식정보 책을 훨씬 더 좋아하고요. 사람마다 취향이 있으니 세상 끝날 것처럼 걱정할 일은 아닙니다만, 어떻게든 아이가 피하는 장르의 책을 들이밀어볼 궁리를 합니다.

제일 쉽고 효과적인 방법은 아이가 좋아하지 않는 장르의 책들을 엄마가 읽어주는 겁니다. 읽어주면 훨씬 더 이해가 잘 되고, 엄마가 재미의 포인트도 짚어줄 수 있으니까요. 싫어하는 분야의 책을 함께 읽을 땐 아이의 평소 책 수준보다 조금 더 쉬운 책을 고릅니다. 홀로코스트나 노예제도같이 어떤 주제에 대해서 이야기를 나누고 싶은 경우에도 아이가 보통 읽는 책보다 살짝 어린 아이들의 책을 함께 읽는 것이 낫더군요. 내용이 어려우면 이해하느라 지쳐서 대화할 힘은 남아 있지 않게 되니까요. '아, 이 주제의 책은 쉽구나' 생각을 해야 다음번엔 자기 혼자 읽으려는 시도도 하게 되고요. 아이가 좋아하는 주제의 책을 함께 읽을 땐 조금 어려운 책을 고르셔도 좋습니다. 엄마가 설명을 해주면 좋아하는 분야를 알게 되는 즐거움에 좀 벅찬 내용이라도 참고 따라오더라고요.

싫어하는 분야는 엄마가 읽어주기

꽃님이는 어렸을 때 자연관찰 책을 유난히 싫어했습니다. 엄마가 읽어준다고 해도 싫어하기에, 아예 작전을 바꿨습니다. 엄마가 읽고 말을 해주는 걸로요! 그 분야의 기본 상식을 일부러 만들어주었다고나 할까요? 또 엄마의 이야기를 통해 그 분야가 재미있다는 걸 경험하게 하는 거지요. "연어는 자기가 부화한 강으로 자기도 알을 낳으려고 찾아온대. 냄새만 맡고서 고향을 찾는 거야. 대단하지?" "사람은 콧구멍으로 숨을 쉬잖아. 나뭇잎은 어디로 숨쉬게? 나뭇잎 뒤에 기공이란 게 있어. 눈으로는 안 보여. 현미경으로 봐야 보인대. 사람은 콧구멍, 나뭇잎은 기공."

기본적인 용어나 상식을 조금 알게 되니까 그 분야의 다른 책에 손을 내밀더군요. 하긴 제가 아이라도 한 페이지 읽는 데 모르는 말이 두 개, 세 개 나오면 그 책은 읽기 싫을 것 같아요. 좀 알아듣는 맛이 있어야 쭉쭉 읽지요. 꽃님이는 자연관찰 책들을 제가 읽었다가 '대화로 읽어주는', 그러니까 제가 말로 해주는 걸 징검다리로 삼았던 게 효과를 보았습니다.

그런가 하면 꽃봉이는 싫어하는 분야와 좋아하는 분야의 양다리를 걸친 책들을 통해 편독을 많이 극복했습니다. 동물이 나오는 동화책은 동화는 싫어도 자기가 좋아하는 동물 얘기니까 참고 읽고요, 우주여행을 하는 동화책은 우주에 대한 이야기를 듣는 맛에 참고 읽고요. 스토리텔링 과학책이라고나 할까요?

꽃봉이에게 동화 형식의 과학책들을 읽어주면, 과학책은 싫어도 동화책은 좋아하는 꽃님이가 와서 같이 들으니 서로 좋았던 기억이 나네요. 꽃봉이의 편독을 위한 엄마의 처방전, 이야기가 있는 과학책을 몇 권 소개해볼게요.

이야기가 있는 과학 그림책 01

자연과 인간은 친구야

『사막 할아버지의 선물』
리처드 앨버트 지음, 실비아 롱 그림, 비룡소

•   처음엔 과학동화인 줄도 모르고 도서관에서 빌려왔어요. 아이들이 어렸을 때 실비아 롱의 마더구스를 자장가로 들려준 터라 정이 든 작가 이름을 보고 냉큼 집어들었는데 과학 그림책이더라고요.
"사막은 이런 곳이란다" 하고 구구절절 설명해주는 것도 좋지

만, 이렇게 슬쩍 보여주는 건 더 좋네요. 사막에 혼자 사는 할아버지에게 생긴 일을 보면서 사막에선 사람들이 어떻게 사는지, 동물들은 어떻게 사는지, 자연스럽게 알게 되니까요.

사막에 사는 할아버지가 동물들을 위해 물웅덩이를 만들지만, 동물들이 아무도 오지 않네요. 사람을 경계하기 때문이란 걸 알고 이번에는 집에서 멀리 떨어진 곳에 다시 웅덩이를 만듭니다. 이번에는 많은 동물들이 찾아옵니다. 할아버지는 비록 물을 마시는 동물들의 모습은 보지 못하지만, 자기가 준 선물보다 더 큰 선물을 받았다고 느끼지요.

사막 동물의 행동 특징에 대해 많은 정보를 얻는 것도 좋지만, 자연과 인간은 서로 기대어 살아가는 귀한 친구들인 걸 깨닫게 되는 게 이 책의 진짜 미덕입니다. 늘 베푼 것보다 돌아오는 게 더 많더라 하는 깨달음에 아이들에게 "그렇지 않아? 정말 그렇지?" 하고 감동을 강요했더니 아이들이 바로 하품을 하네요. 어휴.
리처드 앨버트 작가는 여든 살이 넘어서야 증손자를 위해 글을 쓰기 시작했다고 합니다. 시작하기에 늦은 나이란 없다는 얘기도 해주고 싶었지만, 아이들은 이미 잠들고. 아이가 잘 땐 저도 잡니다. 그래야 좋은 엄마가 될 수 있더라고요! 하웅~~~.

이야기가 있는 과학 그림책 **02**

나도 이런 벌 받고 싶어

『엄마 말 안 들으면 흰긴수염고래 데려온다!』
맥 바네트 지음, 애덤 렉스 그림, 다산기획

● 1학년 꽃봉이와 5학년 꽃님이 모두 깔깔 웃으면서 읽은 책이랍니다. 표지 그림에 멀리 금문교가 보이고, 낑낑거리며 고래를 옮기는 장면이 가파른 오르막길인 걸 보니 언덕길이 많은 샌프란시스코인가 봅니다.

빌리는 방도 안 치우고, 엄마 말을 안 듣다가 그만 벌을 받습니다.

"엄마 말 안 들으면 흰긴수염고래 데려온다."

설마, 망태 할아버지도 아니고, 고래라뇨? 하지만 엄마가 정말 고래를 데려온 겁니다. 친구들은 고래를 키우냐고 놀리고, 30미터나 되는 애완고래 때문에 친구의 수영장 생일파티도 못 가지요. 또 100톤이나 되는 고래를 데리고 언덕길을 산책하려면 얼마나 힘들게요! 심지어 먹이는 덩치에 안 어울리게 쬐끄만 크릴새우인데요, 이걸 한 마리씩 잡을 수는 없고 바닷물을 한꺼번에 먹여야 하지요. 그러려면 바닷물이 자그마치 38톤이나 있어야 한다고요! 유리병에 바닷물을 퍼 담고 있는 빌리를 보면서 지나가던 할아버지가 놀랍니다.

"넌 무슨 바닷물을 그렇게도 많이 퍼가냐? 누가 보면 흰긴수염고래라도 키우는 줄 알겠다!"

꽃봉이는 자기가 무슨 잘못을 하면 이런 벌을 받을 수 있느냐고 묻더군요. 하하, 정말 이게 벌일까요, 상일까요? 키득키득 웃으며 책장을 덮다가 '이게 설마 과학그림책인가?' 하는 생각이 들더라고요. 아닌 게 아니라 키득키득 웃으면서 읽는 동안 흰긴수염고래에 대해 꽤 많이 알게 됐네요. 수염고래 입에 붙어 있는 수염이 털이 아니라 손톱 같은 재질인 줄은 꽤나 자연관찰 책을 좋아하는 저도 처음 알았답니다. 이 유머 넘치는 이야기책이 과학책 맞네요!

과학책들을 주로 써온 작가들의 헌사도 웃깁니다.
맥 바네트는 "이 책을 존에게 바친다"라고 썼고요. 애덤 렉스는 이렇게 썼어요. "나도 이 책을 존에게 바칠 생각이었다. 하지만 이제 어떡하지? 이 책도 아내에게 바쳐야 하나? 아내는 관심도 없을 텐데."
저는 그림책을 읽을 때 작가의 프로필이나 헌사가 있으면 꼭 챙겨봅니다. 언제 어디에서 태어나서 무슨 학교를 나왔고…… 이런 뻔한 작가 프로필보다 작가가 어린 시절 무엇을 좋아했고, 어디를 여행했는지, 지금 키우는 강아지 이름은 뭔지, 소소한 설명들이 더 많답니다. 작가와 갑자기 친해진 것 같은 기분이 들어요.

이야기가
있는
과학 그림책 03

이게 과학책이라고?
매력 만점 사진 그림책

『이글루를 만들자』 울리 쉬텔처 지음, 비룡소

• 　　　　사진작가 울리 쉬텔처가 2년 동안 이누이트(에스키모가 아닙니다~)들과 직접 생활하면서 찍은 사진 그림책입니다. 이글루를 어떻게 만드는지, 땅 고르는 법부터 눈 벽돌을 만들어 쌓아올리는 과정, 굴뚝을 만들고 문을 내는 과정 등이 순서대로 나와 있습니다.

저는 눈 벽돌을 만들 때 우리가 눈사람 만들듯이 눈을 꽁꽁 뭉치는 건 줄 알았는데요. 눈이 살짝 얼다시피 단단하게 잘 쌓여 있는 곳을 찾아 톱으로 잘라내는군요. 이렇게 잘라낸 눈 벽돌을 둥글게 쌓아서 이글루를 만드네요. 저는 이글루에 굴뚝이 있다는 것도 몰랐답니다. 얼핏 생각하면 이글루 안에서 불을 피우면 눈 벽돌이 녹아버릴 것 같은데 말이에요. 눈 벽돌을 쌓을 때 빈틈이 생기는 곳은 눈을 잘 채워 넣습니다. 벽돌도 눈, 접착제도 눈이 되는 셈입니다. 그래서 이글루를 지을 때는 못도 망치도 다 필요 없이 그저 칼 한 자루면 된다네요. 둥그런 바가지 모양 이글루를 다 지은 다음, 칼로 문을 잘라내는 거지요.

저는 이글루에 창문이 있다는 것도 처음 알았습니다. 동그랗게 이글루를 만든 다음, 창문 크기로 구멍을 파냅니다. 그냥 놔두면 찬바람이 쌩쌩 들어올 테니 유리창을 끼워야겠지요? 유리 대신 얼음을 끼우네요. 단단하게 쌓인 눈덩이를 잘라 눈 벽돌을 만들고, 물이 얼어붙은 곳을 잘라 얼음 벽돌을 만드는 거지요. 얼음창을 통해 들어오는 햇빛은 어떤 느낌일까요? 일렁일렁 햇빛이 흔들리는 게 꼭 바닷속 같지 않을까 짐작해봅니다.

이렇게 이글루 한 채를 지으려면 시간이 얼마나 걸릴까요? 대여섯 시간이면 충분하다는군요. 그래서 이누이트들은 이글루가 망가지면 고치기보다 그냥 옆에 새로 짓는답니다. 집이 출세나 부의 상징이 아니라 그저 추위와 위험으로부터 나를 막아주는 무언가로만 기능하는 이곳에서 사람들의 돈에 대한 생각은 우리와 많이 다르지 않을까요? 어쩐지 사는 게 힘든 날, 바다빛깔 햇빛이 들어오는 이글루에 숨어 앉아 따뜻한 차를 한잔 마시고 싶다, 그런 꿈을 꿔봅니다. 아마 얼른 나가서 고래를 잡자는 꽃봉이의 성화에 오래 앉아 있을 수는 없겠지만요.

이 책은 유치원생부터 초등 고학년까지 모두 흥미진진하게 읽을 수 있는 매력 만점 그림책이지만, 한 가지 치명적인 단점이 있습니다. 이 책을 읽고 나면 아이들이 꼭 직접 이글루를 만들어보자고 엄마를 졸라대거든요.

「두 마리 아기 곰」 일라 지음, 북뱅크

『이글루를 만들자』처럼 흑백사진으로 된 자연관찰 그림책이 또 있어요. 정말정말 귀여운 아기 곰 두 마리가 엄마를 찾아 숲을 헤매다닙니다. 우리 엄마 어딨냐고 너구리, 병아리, 송아지 등 다른 동물들에게 물어봅니다. 태어나 처음으로 수영도 해보고, 나무에도 올라가지요. 그러다가 "엄마 말 안 들어서 엄마가 없어졌잖아!" 까마귀에게 야단도 맞습니다. 아기 곰 두 마리는 엄마를 만날 수 있을까요? 이 책도 아이가 아기 곰을 키우자고 조르는 부작용을 조심해야 한답니다.

5. 편식도 싫고, 편독도 싫어요

이야기가 있는
과학 그림책 04

옐로스톤을 살린 늑대 이야기

『늑대가 돌아왔다』
진 크레이그헤드 조지 지음, 웬델 마이너 그림, 다산기획

• 아오오오오~~~~. 늑대가 돌아왔습니다!
미국 옐로스톤 국립공원에 그동안 사라졌던 늑대가 다시 나타났습니다.

1926년, 미국 전역에서 늑대가 사라졌습니다. 국립공원 관리자들이 순한 동물만 남겨놓기로 하고 늑대를 보는 대로 사살했거든요. 멋진 풍경 속에 순한 동물들만 있으면? 과연 천국이 되었을까요?

60여 년이 흐르고 늑대가 사람을 해친 적이 없다는 걸 깨달은 사람들이 캐나다에서 다시 늑대를 들여옵니다. 그런데 이게 웬일인가요? 늑대가 돌아오자, 비버가 나타납니다. 엥? 아이들에게 물어봅니다. "늑대랑 비버가 무슨 사이이기에?" 꽃봉이의 짐작대로 늑대와 비버가 친한 친구라서일까요?

늑대가 돌아오자 엘크와 들소들이 산으로 쫓겨가는 바람에, 그만큼 엘크가 먹던 풀이 길게 자랄 수 있었습니다. 그 풀 속에 새들이 다시 둥지를 틀었고요. 또, 늑대가 코요테를 잡아먹자, 코요테들이 잡아먹던 얼룩다람쥐가 늘어났습니다. 그 바람에 다람쥐를 먹고 사는 오소리도 먹이가 많아져 그 수가 늘었고요. 늑대에 쫓긴 코요테가 꽃의 밑 부분까지 싹 뜯어먹는 산양을 쫓아버리자 골짜기에는 꽃들이 피기 시작했지요. 줄기를 갉아먹던 초식동물들이 줄어들자 호숫가 미루나무도 잘 자라겠지요? 미루나무가 자라

새끼늑대는 무럭무럭 자랐습니다. 엄마아빠에게서 사냥하는 법도 배웠어요. 나중에 태어난 동생들을 보살펴주던 늑대는 이윽고 집을 떠났습니다.

자 비버가 나타나 미루나무로 집을 짓고, 그 못에 물새와 물고기, 개구리들이 모여드네요.

늑대가 돌아왔을 뿐인데 참으로 여러 가지 일이 생깁니다. 이른바 먹이사슬이 제대로 만들어지고 자연 속에 균형이 생긴 것입니

다. 그 중 하나라도 사라지면 생태계는 엉망이 되고 만다는, 초등학교 6학년 과학시간에 배우는 내용을, 그러면서도 어른들도 잘 모르는 사실을, 참으로 아름다운 그림 속에서 자연스럽게 깨닫게 하는 책입니다. 자연은, 자연 그대로 있을 때, 제일 자연스럽고 아름답다는 것을요.

이야기가 있는
과학 그림책 05

물리학자 아빠의
베드타임 스토리

『블랙홀을 향해 날아간 이카로스』
브라이언 그린 지음, 승산

● 　　　　역시 멋진 사진으로 된 책입니다. 심지어 허블 우주 망원경으로 찍은 우주 사진입니다. 책을 쓴 브라이언 그린은 퓰리처상 최종 후보로 올랐던 베스트셀러『엘러건트 유니버스』(승산)를 쓴 물리학자인데요, 정작 과학에 시큰둥한 두 아들에게 잠자리에서 들려주기 위해 '미래의 이카로스' 이야기를 만들어냈다고 하네요.

그리스 신화 속의 이카로스는 아버지가 밀랍으로 만들어준 날개를 달고 태양을 향해 날아올랐다가 밀랍이 뜨거운 태양빛에 녹아버리는 바람에 바다로 떨어지지요. 이 책의 이카로스는 작은 우주선을 타고 블랙홀을 향해 날아갑니다. 어떻게 될까요? 설마 우주선이 녹아 없어지는 건 아니겠지요?

모든 것을 빨아들이는 블랙홀 근처에선 시간이 한없이 느릿느릿 간다고 합니다. 한 시간쯤 블랙홀을 탐험하고 돌아온 이카로스는 깜짝 놀랍니다. 그 사이에 다른 사람들의 시간은 수천 년이 흘러버렸거든요. 자기는 '아버지의 말씀을 듣지 않고 블랙홀 가까이 다가갔다가 사라져버린 말썽꾸러기 소년'으로 신화 속의 인물이 되어 있고요.

꽃봉이와 꽃님이는 이카로스가 과연 블랙홀에서 살아 돌아올 수 있을지, 흥미진진하게 그림책을 읽는 사이에 블랙홀의 시간 팽창 이론과 아인슈타인의 상대성 이론, 중력 이론을 경험한 셈입니다. 그게 어려운 물리학 이론인 줄도 모르고 말예요. 아마 재미없는 얘기였더라도 책 내내 펼쳐지는 허블 망원경의 황홀한 우주 사진이 아이들의 눈을 사로잡았을 텐데, 이야기도 어쩌면 이렇게 재미있는지……. 꽤 문장이 긴 책이지만, 엄마가 읽어준다면 유치원 아이들도 이해할 수 있을 만큼 쉽답니다.

책 표지 날개에 있는 저자의 말을 읽으며 저는 연방 고개를 끄덕끄덕했습니다. 지식정보 책을 재미없어하는 꽃님이를 위해 과학 이야기책으로 접근하려는 제 생각과 똑같았거든요.

"제가 의도한 것은 아이들이 과학을 접하는 새로운 방법을 여는 것입니다. 그것은 이야기 형식을 통해 과학을 보다 쉽고 감성적으로 접근하는 것이지요. 바로 이야기 속의 과학(Science in fiction)말입니다. (Science fiction, 즉 공상과학이 아니고요!) 과학적 통찰력은 학습의 과정보다는 스스로 열중해 푹 빠져드는 과정 속에서 태어납니다. 아이들이 과학을 교실에서 가르치는 교과목으로만 여긴다면 우리는 실패한 것이지요. 아이들에게 과학은 가장 위대한 모험 이야기여야 합니다."

CHAPTER 6

고학년도
그림책 읽어줘요?

고학년을 위한 추천도서

그림책, 정말 아이들만 보는 책일까?

꽃님이와 꽃봉이는 50개월 차이로, 터울이 좀 있는 편이에요. 한때는 꽃님이에게 참 미안했습니다. 한창 나들이 다니고, 뭔가 체험 하나를 해도 학습효과 팍팍 나는 예닐곱 살 때 엄마가 기저귀 찬 동생을 쫓아다니느라 동네 놀이터에서만 살게 했으니까요. 하지만 동생 읽어주는 그림책을 옆에서 듣는 일이 잦아지면서, '아, 너는 동생이 생긴 덕분에 그림책의 세계를 더 오래 누리게 됐구나' 싶어 덜 미안해졌습니다. 대부분 아이들은 1, 2학년이면 그림책에서 자의 반 타의 반 멀어지는데, 꽃님이는 6학년인 지금까지도 동생 덕분에 신간 그림책을 공수 받으며 흥미진진 읽고 있으니까요.

동생이 보는 책을 여태 보니까 손해 아니냐고요? 천만에요! 그림책은 단순히 아이들이 보는 책, 혹은 글자가 별로 없는 책이 아니랍니다. 어린 시절이 어른이 되기를 준비하고 훈련받는 시기 이상의 의미가 있는 것처럼, 그림책도 두꺼운 책을 읽기 전 단계쯤으로 생각하면 정말 그림책이 서운해할걸요. 그림책의 세계가 얼마나 심오한데요!

저는 엄마가 되고 가장 좋은 점 중 하나가 그림책의 세계를 알게 된 거예요. 결혼 전에도 나름대로 독서가 취미입네 하고 살았는데, 이 멋진 그림책의 세계는 왜 몰랐을까요? 그림은 그림대로 좋고, 글은 글대로 좋고, 둘이 만나 더더욱 멋진 그림책들이 정말 많거든요. 어지간한 미술 전시회보다 낫고, 웬만한 시보다 아름답습니다. 우화 속에 인생의 지혜가 가득하고, 웃기긴 또 얼마나 웃긴다고요. 글이 짧은 만큼 추론도 잘해야 하고, 생략과 은유의 묘미도 알아차려야 합니다.

마음의 땅을 기름지게 만드는 멋진 그림책의 세계

저는 아이를 제대로 키우고 있는 건지 갈등이 될 때마다 환경학자 레이첼 카슨의 『센스 오브 원더』(에코리브르)라는 책을 읽어요. 그 책에 보면 이런 구절이 있습니다.

"어린이에게나, 어린이를 인도해야 할 어른에게나, 자연을 '아는 것'은 자연을 '느끼는 것'의 절반만큼도 중요하지 않다. 자연과 관련한 사실들은, 말하자면 씨앗이라고 할 수 있다. 그 씨앗은 나중에 커서 지식과 지혜의 열매를 맺게 될 것이다. 그리고 자연에서 느끼는 이런저런 감정과 인상은 그 씨앗이 터 잡아 자라날 기름진 땅이라고 할 수 있다.

유년 시절은 그런 기름진 땅을 준비할 시간이다. 아름다움에 대한 감수성, 새로운 것, 미지의 것에 대한 흥분, 기대, 공감, 동정, 존경, 사랑…… 이런 감정들이 기름진 땅을 이루고 난 다음에야, 비로소 그런 감정을 불러일으킨 사물에 대한 지식을 올바르게 추구할 수 있다. 한번 형성된 그러한 기름진 땅은 평생 아이의 곁을 떠나지 않는 착한 요정이 될 것이다."

저는 자연에 대한 이 구절이 책에 대해서도 꼭 맞는 것 같아요. 유년에는 책을 통해 지식을 얻고 학습능력을 키우는 것도 중요하겠지만, 책에 대한 친근함과 애정이 더 중요하니까요. 저는 지금도 어린 시절의 한 순간이 기억납니다. 무슨 책이었는지 제목은 잊어버린 지 오래지만, 주인공의 처지가 저랑 너무 똑같은 책이 있었어요. 날 속상하게 한 단짝친구와 "내일 화해하면 되지 뭘 고민이냐, 밥이나 더 먹어라" 하셨던 엄마에게 느꼈던 외로움을 모두 위로 받는 듯했던 느낌이 기억납니다. 그 위로의 기억은 커서도 힘들 때면 책을 찾게 만들었고, 그때그때 필요한 지식과 통합능력을 책을 통해 키우도록 만드는 원천이 되었지요.

꽃님이, 꽃봉이는 좀 더 오래 그림책을 통해 마음의 땅을 기름지게 만들 수 있었으면 좋겠습니다. 책에 대한 애정을 키우는 데는 상상과 현실, 꿈과 이야기의 세계를 넘나드는 그림책이야말로 제격이니까요.

고학년을 위한 추천도서 01

나이에 따라 반응이 달라지는 그림책

『에리카 이야기』
루스 반더 제 지음, 로베르토 인노첸티 그림, 마루벌

고학년이 재미있게 읽을 그림책에는 원래 초등 고학년 정도 돼서 읽어야 이해할 수 있는 책도 있고, 어릴 때부터 읽지만 아이가 자랄수록 느낌이 달라지는 책도 있습니다. 유태인 이야기를 다룬 『에리카 이야기』는 후자입니다.

두꺼운 표지에 노란 별 모양의 구멍이 뻥 뚫려 있습니다. 그런데 유태인 이야기면 뾰족이가 여섯 개인 유태인의 상징 '다윗의 별'이어야 할 것 같은데, 뾰족이가 다섯 개인 보통 별 모양입니다. 아마존 서점을 검색해보니 영어본도 뾰족이가 다섯 개이고, 나라에 따라 뾰족이가 여섯 개인 책도 있군요.

   에리카는 어린 시절 홀로코스트를 겪었습니다. 아니, 겪지 않았습니다. 무슨 소리냐고요? 수용소로 끌려가는 기차 안에서 엄마가 창 밖으로 핏덩이 에리카를 던졌거든요. 그리고 엄마는 죽었는지 살았는지 알 수 없지만 에리카는 엄마의 마지막 바람대로 유태인이 아닌 사람들이 주워 홀로코스트와 상관없이 잘 키워주었습니다.

죽음을 향해 달려가면서 생명을 향해 어린 딸을 던진 엄마의 마음은 어떤 것이었을까라고 판에 박힌 문장을 써봐도 먹먹한 느낌을 어떻게 표현하질 못하겠습니다.
   놀라운 사실은 에리카의 이야기가 실화라는 점이에요. 이 책을 쓴 작가가 우연히 에리카라는 이름의 유태인을 만나게 되었고, 그녀로부터 홀로코스트에서 살아남은 이야기를 직접 듣게 되었다고 합니다. 이토록 묵직한 메시지가 담긴 이야기를 로베르토 인노첸티의 섬세한 그림과 함께 보아서인지 더욱 감동적이고 정제된 슬픔이 느껴지네요.

일곱 살 꽃님이는 "아기가 기차에서 떨어져 죽으면 어떡하라고 던졌을까? 그 엄마 나쁘다"라고 했고요, 여덟 살 꽃님이는 "그래도 딸은 살아서 다행이야"라고 하더군요. 4학년 땐 그 부모에게 감사했습니다. 던질 수 있는 용기와 지혜를 내어서요. 키워준 양부모도 고맙다고 했어요.

꽃님이가 5학년 때 또다시 읽고 나서는 부모의 선택에 대해서 이야기를 나누었습니다.

"에리카가 기차에서 떨어져서 다칠 수도 있었어. 만약 척추를 다쳤으면 어쩔 뻔했어?"

"다행히 에리카는 다치지도 않고 양부모를 잘 만났지만, 만약 혼자 세상과 맞서야 했다면 아이는 부모의 선택에 고마워했을까?"

"하지만 부모로선 어쩔 수 없단다. 아이에게 다 물어볼 수가 없어. 부모로선 나름 최선의 선택을 하는 거지. 어쩌면 엄마도 꽃님이 네가 원하는 게 아닌 것을 선택하고 강요할 수도 있단다. 하지만 그건 엄마 나름대로는 널 위한 거야.

만약 엄마의 판단이 네 생각과 너무 많이 다르거들랑 네가 엄마에게 얘기를 해줘. 엄마가 널 위한답시고 얼토당토않은 선택을 강요하게 하지 않으려면, 네가 너에 대해서 많이 얘기해줘야 해."

옆에서 듣고 있던 1학년 꽃봉이는 "정말 기차에서 떨어졌는데도 살아? 우와, 재미있었겠다!" 합니다. 어휴.

홀로코스트를 다루고 있는 그림책들

『백장미』 크리스토프 갈라즈 지음, 로베르토 인노첸티 그림, 아이세움
『아침 별 저녁 별』 죠 외슬랑 지음, 요한나 강 그림, 미래아이
『시간의 종말을 위한 사중주곡』 젠 브라이언트 지음, 베스 펙 그림, 맑은가람
『곰인형 오토』 토미 웅거러 지음, 비룡소
『안네 프랑크』 조세핀 풀 지음, 안젤라 배럿 그림, 아이세움

고학년을
위한
추천도서 02

이런 어려운 주제도
이해한다고?

『갈색 아침』
프랑크 파블로프 지음, 레오니트 시멜코프 그림, 휴먼어린이

● 　　　　어느 날, 법이 생겼습니다. 갈색 고양이만 빼고 다 죽여라! 고양이가 너무 많아 사회 문제라는 거지요. 하는 수 없지. 죽이지 뭐. 나라에서 하라는데. 또 법이 생겼습니다. 이번엔 개. 갈색 개만 빼고 다 죽여라! '갈색법'이 나쁘다고 비판한 '거리일보'와 출판사들이 하나둘 강제로 없어지자 이제 사람들은 알아서 '기

게' 되었습니다. 사람들은 커피는 갈색법 대상이 아니었지만, 커피도 갈색 커피만 마셨고, 갈색은 행운의 색이라 생각했어요. 당연하지요. 법은 지켜야 하잖아요? 세상 돌아가는 데 맞춰 사는 게 마음 편한 거예요. 안전하고요. 튀면 안 돼요.

하지만 어느 날, 주인공의 친구가 잡혀갑니다. 옛날에 갈색이 아닌 개를 키웠기 때문입니다. 하다하다 옛날 개까지 트집을 잡다니. 이젠 주인공 차례입니다. 옛날에 갈색이 아닌 고양이를 키운 죄로 군인들이 찾아왔습니다. 쾅쾅쾅쾅. 문을 두들기는 소리…….

마지막 페이지 그림은 어느 건물로 들어가는 기찻길입니다. 어? 이 기찻길 모습이 눈에 익네요. 바로 수많은 유태인들이 가스실에서 죽어갔던 아우슈비츠 강제수용소의 풍경과 똑같습니다.

이 책은 2002년 프랑스 대통령 선거에 큰 영향을 미쳤다고 합니다. 극우파 후보가 우세였던 상황에서 이 그림책이 방송에 소개됐고, 프랑스에서만 200만 부 넘게 팔리면서 극우파 후보가 큰 타격을 받았습니다. 사람들이 국가 권력이 제 맘대로 달리기 시작했을 때의 위험성, 전체주의와 독재정부에 대해 경계하기 시작했기 때문이지요.

6학년 꽃님이는 이것저것을 물어보며 오랫동안 책을 들여다보았고, 2학년 꽃봉이는 분통을 터뜨렸습니다.

"엄마, 처음부터 이상했잖아. 갈색 개만 빼고 다 죽이라니? 까만 개 하얀 개가 무슨 죄가 있다고. 이상한 말 하지 말라고 맨 처음에 따졌어야지."

"사람들이 정부를 너무 믿은 거지. 정부가 뭔가 생각이 있으니까 갈색 개만 빼고 다 죽이라는 거겠지 하고."

"그래도, 처음에 말을 들어주니까 자꾸자꾸 더 이상한 명령을 내리는 거잖아. 처음부터 막았어야지."

"맞아. 넌 꼬맹이가 참 잘도 안다."

"우훗~!(우리 집 아이들이 잘난 척할 때 내는 효과음) 근데 엄마, 정부가 뭐야?"

헉.

우리가 갈색 고양이 이야기를 비웃을 자격이 있을까요? 심야통금이며, 장발 단속, 미니스커트 단속을 했던 웃지 못할 시절이 고작 몇 십 년 전인걸요? 삼청교육대는 또 어쩌고요?

그런데 독재정부는 왜 이렇게 어처구니없는 강제조항들을 만들까요? 사람들에게 명료한 기준(갈색!)을 주고 따르지 않았을 때 강력한 응징을 함으로써 공포심을 일으켜 다루기 쉽게 만들려는 것입니다. 옛날 얘기, 남의 나라 얘기라 할 것도 없습니다. 알아서 입단속하고, 남의 일 참견 안 하고, 나만 안전하면 되는 거, 당장 내 마음에서 일어나고 있는 일이 아니던가요?

책 뒤편에 박상률 작가의 추천글이 있습니다. 거기 인용된 마르틴 니뮐러의 시가 오래도록 잊히지 않습니다.

나치가 유대인을 잡아갈 때
나는 유대인이 아니어서 모른 체했고
나치가 가톨릭을 박해할 때
나는 가톨릭 신자가 아니어서 모른 체했고
나치가 공산주의자를 가둘 때
나는 당원이 아니어서 모른 체했고
나치가 노동당원을 잡아갈 때
나는 조합원이 아니어서 모른 체했지
그들이 막상 내 집 문 앞에 들이닥쳤을 때
나를 위해 말해주는 사람이 하나도 남지 않았다.

고학년을 위한 추천도서 **03**

눈 내리는 밤, 돼지는 어디로 갔을까?

『돼지 이야기』 유리 지음, 이야기꽃

● 차라리 모를 걸……. 읽고 나면 불편한 책입니다. 표지의 돼지 얼굴이 꼭 꿈꾸는 것 같아서 '꼬마돼지 베이브' 같은 책인 줄 알고 집어들었다가 기절할 뻔했어요.

돼지. 땅 파는 걸 좋아하는, 생각보다 훨씬 깨끗하고 생각보다 훨씬 똑똑한 동물. 하지만 땅을 팔 기회를 얻는 돼지는 거의 없습니다. 대부분 콘크리트 사육사에서 살기 때문이지요. 암컷은 인공수정으로 새끼를 임신하지만, 행여나 새끼가 눌릴까 봐 분만 틀에 갇혀서 낳기 때문에 새끼를 볼 수도 핥을 수도 없습니다. 새끼는 행여나 어미 젖꼭지를 물까 봐 이빨을 자르고, 서로 물까 봐 꼬리를 자르지요. 이렇게 이빨과 꼬리를 다 자르면, 천년만년 사느냐고요? 6개월쯤 후, 야들야들할 때 도축됩니다. 그나마 암컷은 새끼를 낳으니까 살아남기도 하지만 평생 좁은 쇠창살에 갇혀 있느라 뒤를 볼 수도 돌아설 수도 없지요. 앉았다 일어섰다만 할 수 있습니다.

이렇게 자라다보니 아무리 항생제를 맞아도 병에 잘 걸린다는군요. 특히 소, 돼지, 양 등 발굽이 있는 동물만 걸리는 구제역에 걸리면 큰일입니다. 한 마리가 걸리면 병이 퍼지는 것을 막기 위해 근처 동물은 걸렸거나 말거나 싹 다 죽이기 때문입니다. 이른바 살처분이지요.

어느 눈 내리는 밤.

돼지는 전기봉과 막대기에 쫓겨 영문도 모르고 마당으로 나옵니다. 그리고 거대한 구덩이에 밀려 떨어져요. 그 위로 포클레인이 흙을 덮습니다. 콰르릉 쏟아지는 흙. 점점 작아지는 하늘. 이윽고 마지막 점 같은 하늘마저 사라집니다.

돼지의 생애 처음이자 마지막 외출은 이렇게 끝납니다. 표지가 이 순간이었어요. 생애 처음 바깥 공기를 쐰 돼지의 황홀한 표정!

"엄마, 근데 이 기둥은 뭐야?"

초집중해서 보던 꽃봉이와 꽃님이가 물었습니다. 구덩이에 기둥이 꽂혀 있네요.

"글쎄, 엄마도 잘 모르겠구나. 돼지가 이렇게 사육되는 줄 엄마도 처음 알았는걸."

이어서 그 기둥은 한꺼번에 생매장된 수백 수천 마리 돼지가 썩으면서 나오는 가스를 빼는 관이라는 설명이 나옵니다. 돼지 무덤의 비석인 셈이지요. 아이들은 한참이나 말이 없습니다.

"사람들이 고기를 덜 먹어야겠네."

"적어도 아프지 않게 죽여서 묻어줘야 되는 거 아니야? 동물도 생명인데."

아이들도 표정이 어둡습니다. 그저 미안하고 답답한 마음이겠지요. 초등 이상 아이들은 꼭 읽어보면 좋겠습니다.

고학년을 위한 추천도서 **04**

우리는 공장을 탈출할 수 있을까?

『토끼들의 섬』
요르크 슈타이너 지음, 요르크 뮐러 그림, 비룡소

● 　　　　글을 쓴 사람과 그림을 그린 사람의 이름이 똑같네요. 이 콤비의 그림책들이 꽤 많은데요, 아름답지만 쉽지 않습니다. 그렇지만 엄마가 읽어주면 저학년, 고학년이 같이 재미있게 읽을 수 있지요. 저학년은 스토리 따라, 고학년은 주제 따라!

　좁은 창살 사이, 먹이가 담긴 컨베이어 벨트가 돌고 있는 토끼 사육 공장. 커다란 회색 토끼가 살고 있는 철창에 작은 갈색 토끼가 잡혀 들어옵니다. 토끼들은 충분히 살이 찌면 어디론가 끌려갑니다. 회색 토끼는 아마도 그곳이 좋은 곳일 거라 믿고 있어요. 하지만 그곳이 좋거나 말거나 당장 바깥이 그리운 갈색 토끼는 회색 토끼를 꾀어 탈출을 합니다.
　꺄오, 드디어 자유! 하지만 그 자유란 게 만만치 않네요. 사냥꾼도 있고, 개도 있고, 찻길도 있습니다. 급기야 회색 토끼는 고생하지 않아도 컨베이어 벨트로 먹이가 나왔던, 안전한(?) 공장이 그리워집니다. 결국 회색 토끼는 공장으로 돌아가고 갈색 토끼는 들판에 홀로 남지요.

"애들아, 너희라면 어떡할래?"
　6학년 꽃님이는 이럴 때 자유를 선택하는 게 더 멋지다는 걸 이미 압니다. 질문을 바꿔봅니다.
"지금 우리는 공장 안에 있을까, 들판에 있을까? 넌 공장을 탈출할 자신이 있니? 거기도 장점이 있어. 안전하고 쾌적하고. 무엇보다 대부분이 선택했지. 다수와 다를 자신 있어? 어쩌면 들판에선 더 빨리 죽을지도 몰라."

많이 망설이던 꽃님이가 대답했습니다.

"난 들판에 있을래. 그래도 들판에선 자기가 어떻게 죽는지는 알고 죽잖아."

"역시 내 딸! 멋지다. 맞아, 공장에선 엉겁결에 끌려가서 아 좋은 데 왔나 보다 하는 순간에 꽥 죽게 되겠지. 들판에선 자기가 사냥개 때문에 죽는지 굶어 죽는지 알고, 끝까지 싸워볼 수도 있을 텐데 말이야."

꽃봉이가 말했습니다.

"그래도 나는 바깥이 더 좋다고 친구한테 끝까지 말할 거야. 공장에 돌아가면 죽는다고. 말려야지. 내 친군데."

꽃님이가 냉정하게 지적을 하네요.

"야, 말한다고 듣는 줄 아냐? 걔는 벌써 당근 맛도 잊어버렸고, 바깥이 안 좋아. 누구에게나 바깥이 좋은 건 아니야. 네 맘대로 강요하지 마."

"그래도 공장은 안 좋아. 방에 혼자 있잖아. 들판에선 자기 같은 친구를 만나서 결혼해서 아기를 낳을 수도 있고." (흐흐. 귀여운 관계중심주의자, 꽃봉.)

"엄마는 말이야. 밖에서 살다가 늙어 죽겠다 싶을 때 공장으로 갈까 봐. 편하게 밥 얻어먹다 죽지 뭐. 혹시 아냐? 늙어서 고기 맛도 없다고 안 죽일지?"

둘 다 좋은 생각이랍니다. 하지만 늙은 엄마는 알고 있답니다. 인생이 내 뜻대로만 되지 않는다는 걸요. 어쨌거나 쉽지 않은 인생, 아이들과 함께여서 기쁘고 고맙습니다.

『두 섬 이야기』 요르크 슈타이너 지음, 요르크 뮐러 그림, 비룡소

요르크 콤비의 다른 그림책 한 권 더 볼까요? 큰 섬과 작은 섬, 두 섬이 있습니다. 큰 섬은 왕과 노예, 부자와 가난뱅이가 있는 섬이고, 작은 섬은 공동체입니다. 큰 섬 사람들이 발전과 개발, 재산에 욕심을 냈다가 어떻게 멸망해가는가를 보여주는, 책 크기도 크고 내용 스케일도 큰 책입니다. 이 책은 얘기하자고 들면 할 얘기가 너무너무너무 많습니다. 먹을 만큼만 뿌리고 거두는, 그다지 가진 것 없는 작은 섬 사람들과 부자가 되려면 될 수 있는 큰 섬 사람들 중에 누가 더 행복할까요? 작은 섬 사람들은 그게 그거인 조개를 두고 유난히 파란 조개만 귀하게 여기는(돈인 거지요) 큰 섬 사람들이 이해가 안 됩니다. 돈은 정말 의미를 두지 않아도 되는 존재일까요? 섬은 원래 세 개였다가 한 섬이 생명의 법을 어기는 바람에 물에 가라앉았습니다. 그 생명의 법이란 어떤 것일까요? 가라앉은 섬의 이야기를 적은 시금석 얘기가 나오는데요, 역사의 상징이지요. '역사'는 왜 필요한 것일까요? 우리는 역사를 통해 무엇을 배우고, 어떻게 행동해야 할까요?

고학년을
위한
추천도서 05

진정한 용기에 대하여

『야쿠바와 사자 1: 용기』
티에리 드되 지음, 길벗어린이

아프리카 소년 야쿠바는 부족의 전사가 되기 위한 시험을 칩니다. 사자를 사냥해야 하는 것이지요. 그런데 야쿠바가 만난 사자는 간밤에 다른 적과 싸우느라 이미 피를 흘리며 죽기 직전입니다. 야쿠바는 고민합니다. 지친 사자를 죽인다면 전사는 되겠지만 정정당당하게 싸운 게 아니고, 사자를 살려준다면 스스로 고귀한 마음을 가진 어른은 되지만 전사가 되지 못합니다. 어떡해야 할까요? 진정한 용기란 무엇일까요?

아이와 얘기할 것도 많고, 충격적일 정도로 개성적인 그림도 압권인 책입니다. 꽃봉이와 죽이지 않는 것도 용기라는 것, 전사가 되지 않는 선택도 용기라는 얘기를 한참 나누는데, 꽃봉이가 갑자기 그러는 겁니다.

"엄마, 근데 아프리카에 사자가 한 마리밖에 없어? 얼른 딴 사자를 찾아보면 되잖아. 내가 야쿠바였으면 기린이라도 사냥해 가겠어. 최선은 다해봐야지."

우와, 목이 콱 메고 눈물이 치솟더군요. '수학 좀 못하면 어때? 꽃봉이, 이 정도면 괜찮은 남자잖아?' 싶은 거지요. 사실 이날, 1학년 꽃봉이는 학교에서 곧 수학경시대회를 본다는 소식에 태어나 처음으로 수학 문제집을 풀었습니다. "83과 87 중에 더 큰 수는 어떤 수입니까? 어떻게 알았습니까?" 이런 문제가 있었어요. 정답은

'십의 자리수가 같으므로 일의 자리수를 비교했을 때 3보다 7이 더 크기 때문에 87이 더 큰 수입니다'인데요. 꽃봉이는 이렇게 썼더라고요. "87. 딱 보고 알았습니다."

순간 눈앞이 깜깜했습니다. 이 일을 어떡한담? 이마에 빗금 쭉 긋고 한숨을 푹푹 쉬며 다시 쓰랬더니 엄마 눈치를 슬슬 보던 꽃봉이가 이번엔 이렇게 썼습니다. "잘 세어보았습니다."

당장 수학 문제집을 더 살까, 학원을 보낼까 난리가 난 제 마음을 잡아준 것이 이 그림책입니다. 그래, 꽃봉이는 잘 자라고 있는 거야. 용기도 있고, 그렇다고 포기하지도 않겠다니, 나보다 훨씬 더 나은 인간이잖아.

다른 아이들과 속도가 다르다고 안달하지 말자, 내가 할 일은 아이의 속도대로 나가면서도 꽃봉이가 자존감을 잃지 않도록, 아니 솔직하게 말하자면 엄마의 자존감도 잃지 않도록 우리 모두를 잘 돌봐야지, 결심하고서야 웃을 수 있었습니다.

아아, 아이를 믿고 기다리는 건, 말로는 쉬운데 정말 힘듭니다. 사자와 싸우는 것 못지않은 용기가 필요하다고요!

고학년을 위한 추천도서 **06**

나비 잡는 세상의 모든 아빠들을 위하여

『나비를 잡는 아버지』
현덕 지음, 김환영 그림, 길벗어린이

• MBC 다큐멘터리 〈아마존의 눈물〉에 이런 장면이 있었습니다. 거의 발가벗고 살면서 턱 아래 긴 막대기를 끼우고 사는 부족이었던 것 같습니다. 물고기를 잡아온 남편에게 어린 아내가 말합니다.

"당신 아니었으면 우리 애들은 물고기도 못 먹고 자랄 텐데, 이렇게 멋진 당신이 물고기를 갖다주니 정말 고마워요."

제 기억이 맞다면 그 남편은 그날 낚시를 나간 남자 중에 가장 서툴렀고, 그나마 그 물고기도 얻은 거였어요. 그 후 한동안 남편에게 이렇게 인사를 했습니다.

"당신 아니었으면 꽃님이, 꽃봉이가 물고기도 못 먹고 클 텐데, 고마워."

그때마다 꽃님아빠는 막대기도 꽂으라며 웃으면서도 좋아하더라고요.

바우는 자기보다 공부를 못하던 경환이가 읍내 중학교에 진학한 게 못내 부럽고 속상합니다. 하지만 경환이네 땅을 빌려 농사짓고 사는 자기네 처지에 상급학교가 웬 말이에요. 방학이라고 집에 와선 나비 표본 만드는 숙제를 한답시고 나비를 쫓으러 다니는 경환이에게 바우가 시비를 겁니다. 쪼잔한 경환이는 나비를 잡는 척 바우네 밭에 들어가 다 밟아버리고 결국 둘은 주먹다짐을 하지요. 이후 바우 엄마가 경환이네에 불려갑니다. 바우가 나비를 잡아와 빌지 않으면 내년엔 땅을 빌려주지 않겠다네요. 바우는 엄마에게 혼이 나지만 사과하러 가기 싫다면서 확 뛰쳐나와 버립니다. 이따위 가난뱅이 집구석, 나가버릴 거야!

그러다 저 아래서 누가 나비를 잡고 있는 걸 봅니다. 경환이가 머슴을 시켜 나비를 잡나 보다 했는데 자세히 보니 바우 아버지네요. 바우는 죄송하고도 고마운 마음에 울음을 터뜨립니다.

"경환이 나쁜 놈"이라고 씩씩거리는 꽃님이에게 물었습니다.
"우리 아빠는 회사 가서 나비 안 잡을 거 같니?"
꽃님이가 아빠가 왜 나비를 잡냐며 펄펄 뛰더라고요. 자존심 상하게 나비 잡아오라면 다 때려치우라 하라고.
"아빠가 나비 잡고 싶어서 잡겠냐? 너 때문에, 꽃봉이 때문에, 엄마 때문에 잡겠지. 그 나비 팔아서 우리 먹을 것도 사고 공부도 시키고 그러려고."
꽃님이가 주르륵 눈물을 흘리더니 그러더군요.

"그럼…… 쪼끔만 잡으라고 해. 많이 잡지 말고."

퇴근한 남편에게 얘기해줬더니 꽃님이에게 "아빠가 나비만 잡는 줄 알아? 우리 집 베란다에 창궐한 나방도 잡는다!" 하네요.
그러곤 한동안 우리 집 아침 인사말이 바뀌었습니다.

"얘들아, 아빠 나비 잡으러 가신다~!"

"다녀오세요~~."

나비도 잡고 나방도 잡느라 바쁜 꽃님아빠. 당신 아니었음 우리 애들, 물고기도 못 먹고 자랄 텐데. 고마워……..

고학년을
위한
추천도서 07

비밀을
지킬 수는 없었니?

『마지막 거인』
프랑수아 플라스 지음, 디자인하우스

● 　　　　그림책에 권장 연령이 있을까요? 같은 책이라도 읽기 나름이고 해석하기 나름 아닐까 싶습니다. 대부분 어른들은 그림과 짧은 글 속에서도 여러 가지를 읽어냅니다. 삶이 녹아 있는 '연륜'이라는 안경을 쓰고 있기 때문이지요. 아이의 독서 수준을 높이려고 애를 쓰는데요, 제 경험을 돌아보면 아이에게 너무 일찍

읽혀 후회한 책은 있지만, 늦게 읽어서 후회한 책은 별로 없습니다. 어릴 땐 그저 줄거리만 따라가고 속뜻은 이해하지 못했는데도, 정작 이해할 수 있는 나이가 됐을 때 아이가 아는 이야기라고 다시 읽기를 거부해서 좋은 책을 읽는 기회를 놓치는 경우를 꽤 보았거든요. (슬프게도 꽃봉이 얘기입니다.) 이 책이 어릴 때 읽는 것보다 좀 머리가 굵어진 다음 읽으면 더 좋은 책, 대표 선수입니다.

19세기, 영국의 귀족 아치볼드는 중앙아시아로 여행을 갔다가 거인의 마을을 발견합니다. 온몸에 아름다운 문신과 나이테가 잔뜩 있는…… 아주 거대한 아홉 명의 거인들. 하지만 세상에는 알려지지 않은 거인들이지요. 그들과 친구가 되어 환상적인 시간을 보낸 아치볼드는 고향으로 돌아와 거인들에 대한 책을 써내고, 순식간에 학계와 언론의 주목을 받는 학자가 됩니다.

하지만 이후 아치볼드가 다시 거인의 마을에 찾아갔을 때 아치볼드를 맞이한 것은 거인 중에서도 가장 친했던 안탈라의 머리 박제였습니다. 사람들이 아치볼드의 말을 듣고 찾아와 연구한답시고 거인들을 몰살시킨 것이지요. 놀란 아치볼드에게 안탈라의 목소리가 들립니다. "침묵을…… 지킬 수는…… 없었니?"

학자의 양심과 개인적 우정 중 어떤 게 먼저일까요? 꽃님이는 아직까지는 개인적인 우정을 단연 더 중요하다고 손을 들어주네요. 그게 단순히 학자적인 양심과 탐구정신뿐만 아니라, 명예욕, 부 등과 연관된 것이라는 걸 곧 알게 되겠지요.

고학년을 위한 추천도서 **08**

네가 개구리라면, 키스할 거야?

『나에게 키스하지 마세요』
툴리오 호다 지음, 글로연

● 요즘 다들 공부의 '정도'로 독서를 꼽습니다. 책 읽는 아이가 공부도 잘한다! 하지만 저는 이 의견에 반반입니다. 물론 독서를 통해서 요점 정리, 문맥 파악, 뭐 그런 학습능력이 길러질 수도 있고, 배경지식이 많이 생길 수도 있고, 특히 외국어 습득에는 꽤 중요한 방법이 될 수 있겠지만요, 사실 그냥 '독서'만 해선 성적과 별 상관없다는 증인이 저 자신이거든요. (슬프게도요.)

그래서 저희 아이들과는 독서를 통해 학습능력을 키우는 것보다 책을 매개로 한 소통과 교감, 즉 책 읽고 이야기 나누기에 훨씬 애를 씁니다. 그런데 책을 읽고 어떤 얘기를 나눌 때, '얘가 지금 한껏 머리를 짜내고 있구나, 나름대로 자신의 생각과 정보를 통합하고 표현하려고 애쓰는구나' 싶을 때가 있거든요. 이게 공부 효과인 걸까요?

요즘 자주 하는 생각은요, 아이와 대화의 계기가 되는 건 사실 어떤 책이든 별 상관없더라는 겁니다. 한때는 아이에게 자연스럽게 얘기를 끄집어내기 위해서 책 조사를 꽤 했습니다. 그런데 오히려 동생 그림책을 보다가 대화가 시작되는 경우가 더 많더라고요. 이 책도 일곱 살 꽃봉이와 얘기를 하고 있으니 4학년 꽃님이가 지나가면서 듣다가 재미있었나 봅니다. "잠깐!" 하더니 얼른 읽어보고 대화에 끼어들었습니다.

왕자님들이 찾아오는 축제 전날, 개구리들은 화장을 하고 꾸미기에 정신없습니다. 왕자님과 뽀뽀를 하면 공주가 돼 성으로 갈

수 있거든요. 하지만 주인공 개구리는 그러기 싫습니다.

"그냥 이 연못이 좋아."

그러다가 그 연못이 성보다 더 좋다는 왕자님을 만나 여주인공이, 그러니까 개구리가 먼저 키스를 합니다. 짜잔! 개구리는 공주님이 되었을까요? 천만에요. 왕자님이 개구리가 되고, 다들 떠나버린 연못에 둘이서 산다는 이야기입니다.

"주인공이 그냥 끝까지 혼자 살았으면 더 멋있었을 거 같아. 어차피 자기 맘대로 살 거, 꼭 왕자가 필요했을까?"

꽃님이는 성에 가보겠다고 하더군요.

"다들 좋으니까 간다고 하겠지. 난 가볼래."

"다들 선택한다고 늘 좋은 건 아니야. 독일 나치를 만들었던 히틀러도 다 같이 선택했는걸."

"그래도…… 남들 다 해봤는데, 나만 안 해보는 건 싫어. 가봐서 안 좋으면 돌아오지 뭐."

"그래, 그것도 좋은 생각이네. 근데 돌아오기가 쉽지 않을 거야. 대부분 돌아오지 않거든."

"그래도 싫으면 돌아와야지."

"맞아! 싫으면 돌아와야지. 돌아가기엔 이미 늦었다고 포기하지만 않으면 돼."

고학년을
위한
추천도서 09

동화와 영화 사이 어디쯤

『적』
다비드 칼리 지음, 세르주 블로크 그림, 문학동네어린이

여기 참호 두 개가 있습니다. 양쪽 부대 군인들이 모두 죽고, 각 참호엔 단 한 명씩만 남은 상황입니다. 이쪽 병사가 생각하지요. 저쪽 참호에 있는 '적'은 짐승일 거야! 피도 눈물도 없는 놈. 저놈을 죽이지 않으면 저놈이 날 죽이겠지? 내가 그렇게 쉽게 죽을 줄 알아? 어디 덤벼봐라. 하루, 이틀, 사흘……. 지지부진한 전투를 하면서 시간이 흘러갑니다.

그러던 어느 날, 더 이상 참지 못하고 상대편 참호로 간 이쪽 병사가 무언가를 발견합니다. 그것은 바로, 저놈의 가족 사진입니다. 뭐라고? '적'에게도 가족이 있다고? 짐승……이 아니었어? 나랑 똑같은, 사람이었던 거야? 이쪽 병사는 혼란스럽습니다. 그때, 상대편 병사도 역시 이쪽 병사의 참호로 잠입해 있네요. 그러니까 둘은 자리만 바꾼 셈입니다.

이쪽 병사는 망설이다가 물병에 쪽지를 넣어 던집니다. 이렇게 썼어요.
"우리 이제 그만 싸우자! 너도 나도 사람인걸."
과연 그 '적'은 이쪽 병사의 진심을 알아줄까요?

휙~ 날아가는 물병.
그런데 어? 저게 뭘까요? 동시에 저쪽에서도 뭐가 날아오고 있네요. 바로 쪽지가 든 물병 하나.

아주 감동적인 그림책입니다. 꽃님아빠가 아이들에게 읽어주다 말고 "이게 애들 그림책이야? 어른들 보는 책이지" 하더군요. 그림책이 아이들만 보는 책이라는 편견을 버리라니까요.

제가 좋아하는 그림책 『비밀의 집 볼뤼빌리스』(국민서관)의 저자 막스 뒤코스가 그랬습니다. "그림책은 그림과 영화 사이 어디쯤"이라고요. 정말 그런 듯합니다. 그림책, 애가 열 살 넘었다고 안 봐도 되는 책은 절대 아니라니까요.

「여섯 사람」 데이비드 매키 지음, 비룡소

전쟁을 다룬 그림책 한 권 더 소개할게요. 평화롭게 농사지으며 살 수 있는 땅을 찾아 헤매던 여섯 사람이 어떻게 땅을 차지하고, 어쩌다가 군대를 만들게 되었는지, 그리고 어떻게 싸우고, 어떻게 다 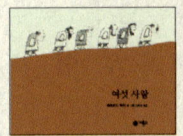 죽고 망했는가, 즉 전쟁이 왜 일어나는가를 깔끔한 선과 쉬운 글로 쓴 멋진 작품입니다. 그림의 선이 단순하고 깔끔한 게 『적』과 비슷한 느낌이에요.
마지막 장에서 어깨를 축 늘어뜨리고 걸어가는 여섯 사람의 모습을 보면서 꽃봉이가 물었습니다.
"엄마, 이 사람들 또 평화롭게 농사지을 땅을 찾아 떠나잖아. 그럼 앞으로는 싸우게, 안 싸우게?"
"글쎄? 안 싸우겠지. 한 번 망해봤잖아."
2학년 꽃봉이가 한쪽 입술을 치켜올리며 멋있는 척하는 표정으로 알려주었습니다.
"또 싸울걸. 사람은 말이야, 그렇게 쉽게 달라지지 않기 때문이야. 욕심이, 그렇게 쉽게 없어지는 게 아니야."
헐!

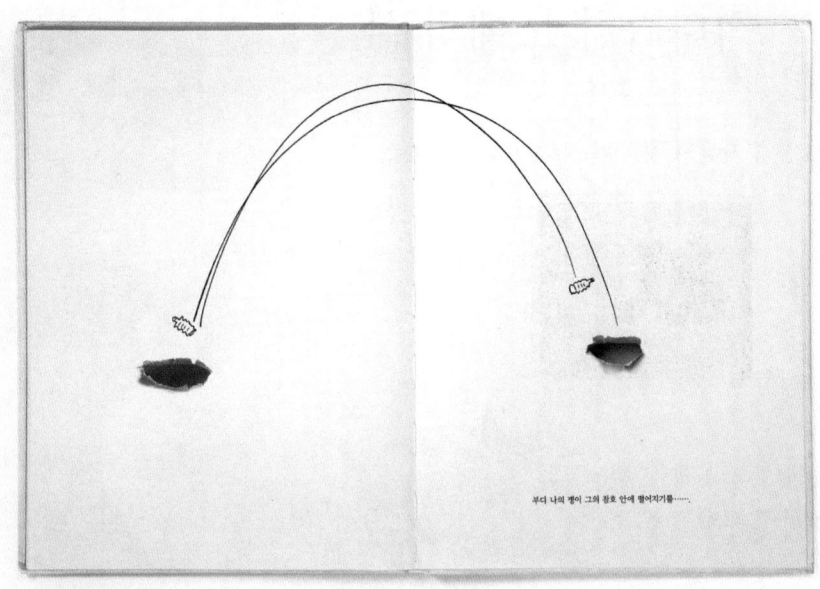

고학년을 위한 추천도서 **10**

적나라한 노예의 삶

『자유의 길』 줄리어스 레스터 지음, 낮은산

● 　　　　노예를 주제로 한 책들은 많지만요, 이 책만큼 적나라하게 노예의 삶을 이야기하는 책은 드물답니다. 너무 충격적일 수도 있으니 저학년 아이들은 좀 천천히 읽어도 좋을 것 같습니다.

저도 이 책을 보고 처음 알았습니다. 노예들이 잡혀올 때, 배에서 칸칸이 쌓여서 왔다는 것을요! 좁은 공간에 가장 많은 수를 '운반'할 수 있도록 눕혀놓고, 돌아눕기도 힘들 만큼의 간격만 간신히 만든 채 2층 침대, 3층 침대로 차곡차곡 쌓여서 왔네요. 화장실은 커녕 움직이기도 힘들어 위에 있는 사람이 배설을 하면 그게 아래층으로 그대로 흘러내립니다.

신영복 교수님의 책 『감옥으로부터의 사색』에 이런 대목이 나옵니다. 감옥 좁은 방에서 지내다보면 겨울은 그나마 나은데, 여름은 각자 체온을 지닌 난로이다 보니 나를 덥게 만드는 옆 사람을 미워하게 된다고요. 이유 없이 옆 사람을 증오하게 만드는 그 상황이 너무나 힘들었다고 말이지요.

주인의 경제 형편이 나빠지면 아이와 아내를 팔아도 항의조차 할 수 없는 노예들……. 그들이 어떻게 희망을 갖고 싸웠는지, 또 어떻게 견뎌냈는지 보여주는 책입니다.

노예 제도를 다룬 그림책들

『엄마가 수놓은 길』 재클린 우드슨 지음, 허드슨 탤봇 그림, 웅진주니어
미국 남부의 노예들이 북부로 탈출할 때, 퀼트로 만든 이불에 지도를 암호처럼 그려 넣었다고 하지요.

『카펫 소년의 선물』 페기 다이츠 셰어 지음, 린 모린 그림, 꿈터
미국의 남북전쟁 후, 이제 노예가 없어졌을까요? 파키스탄 카펫 공장에서 하루 종일 일해야 하는 아동 노예의 이야기입니다. 아동 노예 노동 폐지를 위해 투쟁하다 열두 살이라는 나이에 피살된 실존인물 이크발 마시흐를 기리기 위해 쓴 책입니다.

『1964년 여름』 데버러 와일즈 지음, 제롬 리가히그 그림, 느림보
노예제도가 없어졌어도 인종차별은 사라지지 않네요. 1964년 여름, 백인 전용 수영장에 흑인도 들어갈 수 있도록 법이 정해지자, 백인들은 차라리 수영장을 콘크리트로 메꿔버리네요.

미술놀이가
하고 싶어지는
그림책

꽃님이 어렸을 땐, 책을 읽는 것 못지않게 책과 연계해서 하는 미술놀이에도 무척 신경을 썼습니다. 책을 읽고 나서 재미있는 경험을 하면 행여나 책을 더 좋아하지 않을까, 책 내용을 더 잘 기억하지 않을까, 그런 계산이었지요. 『꿀벌 나무』(패트리샤 폴라코 지음, 국민서관)를 보면 할아버지가 손녀를 위해 책에 꿀을 발라주는 장면이 있습니다. "책 속에는 이 꿀처럼 달콤한 것들이 가득하단다. 모험, 지식, 지혜 같은 것들 말이야." 저는 책에 꿀을 발라주는 대신, 아이가 좋아하는 미술놀이를 '발라준' 것이지요. 책 표지를 따라 그린다든지 책에 고슴도치가 나오면 귤에 이쑤시개를 꽂아 고슴도치를 만든다든지 하는 독후 미술놀이를 찾아 헤맸습니다. 나름 독후 미술놀이 잘한다고 신문 잡지에도 나고 그랬답니다.

그런데 꽃님이가 미술놀이와 세트로 하니 책을 더 좋아하는 건 맞는데, 엄마의 에너지 소모가 엄청난 것이 문제였습니다. 때로 꽃님이는 귀찮은 책 읽기는 건너뛰고 미술놀이만 하고 싶어 했고, 결정적으로 정말 좋아하는 책은 미술놀이를 하든 안 하든 별 상관없이 좋아하더군요! 그 후로는 일부러 독후 미술놀이를 하지는 않습니다. 그저 그림을 그리고 싶으면 그리고, 만들고 싶으면 만들지만, 일부러 어떤 놀이를 할까 연계 수업(!)을 하려고 애쓰지는 않아요.

  미술은 미술, 독서는 독서! 둘이 만나든지 말든지 그건 아이 맘대로! 엄마의 시간과 에너지가 절약되자, 아이와 책을 보고 이야기를 나누는 시간이 훅 늘었습니다. 독후활동에 쏟던 정열을 책을 찾는 데 바쳤더니 아이가 엄마는 어쩜 이렇게 재미있는 책을 많이 아느냐고 감탄하데요. 이것도 나름 보람차고, 무엇보다 엄마가 편합니다.

  그런데 이랬는데도 책을 보면 꼭 미술활동으로 이어지는 책들이 있습니다. 엄마의 욕심이 깔린 미술놀이 말고, 아이가 자연스럽게 이어서 하는 미술놀이는 정말 '꿀'과 같지요. 아아, 책은 이렇게도 달콤하고 재미있는 것이구나 하고 느끼는 마법의 꿀 말입니다.

1. 『까만 크레파스』
나카야 미와 지음, 웅진주니어

세 살만 돼도 할 수 있어요. 화려한 색색깔 크레파스들이 그린 그림 위를 까만 크레파스가 새까맣게 덧칠해버립니다. 그런 다음 샤프 형이 까만 크레파스를 긁어냈지요. 그랬더니 불꽃놀이가 팡팡! 까만 크레파스 긁어내기 놀이를 하지 않더라도 이 책 싫어하는 아이는 거의 못 봤답니다.

2. 『엉망진창 섬』 윌리엄 스타이그 지음, 비룡소

머리 두 개에 눈이 세 개, 뱀처럼 기다란 혀, 침을 질질, 뾰족뾰족 가시가 난 괴물들이 잔뜩 나옵니다. 이 괴물들의 엉망진창 섬을 보고 나면 나도 한번 괴물을 그려보겠다고 나서는 게 당연하지요! (특히 남자아이!) 괴물과 꽃들이 가득한 모습을 비교해서 보고 나면 "아, 아름다움이 이래서 좋은 거구나" 실감하게 되는, 초강력추천하는 책입니다.

3. 『너를 사랑할 때』   린다 크란츠 지음, 옐로스톤

작고 예쁜 조약돌 위에 선명한 색깔로 그림을 그렸네요. 당장 조약돌을 주워 와서 그림을 그리고 싶어집니다. 조약돌에 그림을 그릴 땐 아크릴 물감을 써야 합니다. 문방구에 한 병씩 덜어 파는 니스로 덧칠을 해주면 더 좋습니다. 아이가 그리겠다고 덤벼들면, 뒷청소가 좀 두렵더라도 도전해보길 추천합니다. 이런 기념품은 10년은 가더라고요. 마음속엔 더 오래 남고요.

4. 『나는 괴물이다!』   최덕규 지음, 국민서관

아이가 종이봉투를 덮어쓰고 놀이터로 뛰어나갑니다. "나는 괴물이다!" 당장 꽃봉이도 종이봉투를 덮어썼지요. 미술놀이 끝! 봉투를 좀 더 꾸며줘도 좋으련만, 미련 없이 뛰쳐나가네요.

6. 고학년도 그림책 읽어줘요?   **245**

5. 『무엇이 무엇이 필요할까』
잔니 로다리 지음, 실비아 보난니 그림, 고래뱃속

식탁을 만들려면 꽃이 필요합니다. 그런데 식탁을 만드는 데 왜 꽃이 필요할까요? 세상 모든 것은 연결돼 있다는 지혜를 아름다운 콜라주 작품으로 보여주는 책입니다. 아이와 함께 찢을 잡지나 신문을 미리 마련해두고 읽으세요.

6. 『딱지 딱지 내 딱지』
허은순 지음, 김이조 그림, 현암사

"넘어간다, 넘어간다~! 한 대 맞고 넘어간다~!"
딱지치기 하는 아이들의 조마조마한 심정이, 그 순간 세상 무엇보다 중요하고 심각한 대사건인 딱지치기를 하는 아이들의 짜릿함이 느껴집니다. 당장 딱지 하나 접어야지요. 우유팩으로 접는 게 제일 좋았답니다.

7. 『손바닥 동물원』
한태희 지음, 예림당

손바닥에 물감을 묻혀 종이에 찍습니다. 거기에 덧그려서 우리 가족도 만들고 동물도 만들지요. 새로운 그림을 그리려고 애쓰지 말고, 그저 책에 나오는 것들만 따라 그려봐도 재미있습니다.『재주 많은 손』(조은수 지음, 이가경 그림, 아이세움)과 함께 읽어도 재미있어요. 물감을 빽빽하게 풀어 지문

찍기를 해봐도 좋습니다.

8. 『오늘은 무슨 날?』
테이지 세타 지음, 하야시 아키코 그림, 한림출판사

엄마 아빠의 결혼기념일을 맞아, 아이가 깜짝 편지를 준비합니다. 첫 번째 카드를 찾은 후, 카드에 써 있는 명령대로 다음 장소를 찾아가면 또 다른 카드가 있어요. 그 카드에 있는 수수께끼를 풀어서 특정 장소에 가보면 또 다른 카드! 그 카드들을 다 모아 첫 글자만 따면 문장이 완성됩니다. "엄마 아빠 결혼기념일 축하해요!"

꽃님이도, 꽃봉이도 당장 이렇게 수수께끼 편지를 만들어 숨겨놓고 엄마더러 찾으라고 졸라댔어요. 꽃봉이가 여섯 살 때 만든 수수께끼 편지가 기억나네요. 완성된 문장은 "엄마 사랑해요"였는데요, '마' 순서에 "마술 할 줄 알아요?"라고 쓰여 있었어요. 먼저 찾아놓은 카드의 '엄'자와 붙여서 얼핏 보면 "엄마 술 할 줄 알아요?" 같아 보여서 깔깔 웃었답니다. "그럼, 꽃봉아! 엄마가 마술을 할 줄 알고말고. 마술로 너처럼 예쁜 아들을 만들었는걸."

9. 『앤서니 브라운의 행복한 미술관』
앤서니 브라운 지음, 웅진주니어

어느 가족의 미술관 나들이 이야기를 그린 『행복한 미술관』은 내용만 봐서는 그다지 행복하지 않습니

다. "고릴라의 콧구멍이 큰 이유는?" "손가락이 크기 때문이지." 아빠가 하는 농담은 늘 이런 식이에요. 한마디로, 생일 선물로 미술관을 가고 싶어 하는 엄마와는 어울리지 않는 남자입니다. 그림을 보며 나누는 대화를 보면, 둘 중 한 사람이 바람을 피운 것 같기도 하네요. 다른 남자가 보낸 편지가 남편에게 발각돼 쓰러진 여자를 그린 그림을 보며 엄마가 "누구네 집이 생각나지 않아?" 하고 묻고, 아빠는 "다 끝난 일이야"라고 대답하니까 말입니다. (앤서니 브라운이 구태여 그림책에 이런 장면을 왜 넣었을까 싶을 정도예요.)

하지만 아빠가 엄마에게 잘해주려고 참고 간 것이긴 하지만 온가족이 미술관 나들이를 한 것이 좋았나 봅니다. 미술관에 갈 때는 제각각 떨어져 있던 가족들이 집으로 돌아갈 때는 아빠가 엄마 어깨에 손을 두르고 있고, 아이들은 장난을 치면서 걷고 있거든요. 저녁인데도 오히려 노을이 환하고 화려합니다. 돌아오는 길, 엄마는 아이들에게 그림놀이를 가르쳐줍니다. 한 사람이 아무렇게나 생각나는 대로 그리면, 다른 사람이 그 그림을 무언가로 완성시키는 놀이예요.

꽃님이, 꽃봉이도 이 놀이를 보자마자 따라하기 시작했습니다. 아이들은 엄마 아빠의 묘한 신경전 따위는 신경 쓰지 않습니다. 그림 속의 웃긴 부분을 찾아내느라 바쁠 뿐이지요.

10. 『파랑이와 노랑이』 레오 리오니 지음, 물구나무

파란 동그라미 파랑이와 노란 동그라미 노랑이는 늘 함께 지내는 단짝 친구입니다. 어느 날, 둘이 같이 놀다가 섞이는 바람에 초록이 되고 말지요. 부모

님조차 파랑이와 노랑이를 몰라보자 엉엉 울기 시작한 두 아이. 눈물로 흘러나오고서야 다시 파랑이와 노랑이로 돌아온다는 이야기입니다.

당장 파란 물감, 노란 물감을 섞어 놀이를 해볼까요? 물감 뒷정리가 두려우면, 셀로판지를 둥글게 오려서 색깔이 섞이도록 해도 좋고, 색종이를 죽죽 찢어 파랑이, 노랑이를 만들어도 좋습니다. 중간에 섞여 초록색이 되는 부분은 따로 만들면 된답니다.

가장 추천하고 싶은 색깔 섞기는 투명 주스병이나 페트병을 두 개 마련합니다. 뚜껑에 물감을 묻히고 병에 물을 넣고 닫습니다. 아이에게 투명한 맹물인 것을 확인시킨 다음, 병을 흔들면? 짜자잔~~! 마술처럼 색깔이 번진답니다. 뚜껑에 묻었던 물감이 묻어나는 것이지요. 이것만 해도 마술 같아서 아이들이 매우 좋아한답니다. 파란 물과 노란 물을 한 병에 섞어 다시 흔들면, 초록 물이 됩니다.

그림책 활동지, 여기에 가면 있어요!

- **사계절**
  사계절 홈페이지 www.sakyejul.co.kr > 독자광장 > 지식창고 > 독서지도안–책놀이지도안

- **비룡소**
  비룡소 홈페이지 www.bir.co.kr > 새소식지 > 코너별 > 신나는 책도락

- **한림출판사**
  한림출판사 홈페이지 www.hollym.co.kr > 독서지도안 다운로드

- **창비어린이**
  창비 홈페이지 www.changbi.com > 창비어린이 > 어린이/청소년 독서활동 자료 / 독서활동 자료실

- **시공주니어**
  시공주니어 초등북클럽 네이버 카페 cafe.naver.com/sigongjunior2 > 독후활동 자료실

- **맘스쿨**
  맘스쿨 홈페이지 www.momschool.co.kr > 초등홈스쿨 > 독후활동지 > 교과 수록도서 독후활동지

- **주니어김영사**
  주니어김영사 홈페이지 www.gimmyoungjr.com > 책 읽기 > 책 자료 모음

- **개암나무**
  개암나무 네이버 카페 cafe.naver.com/gaeam > 독서지도안

- **책과 노는 아이들**
  책과 노는 아이들 홈페이지 www.bpchild.com > 독서지도안

- **파란자전거**
  파란자전거 홈페이지 www.paja.co.kr > 파란교실 > 엄마랑 함께해요

CHAPTER 7

엄마,
내가 책 읽어줄까요?

★
엄마를 위로하는 그림책

'엄마답게'라는 말, 그 막막함과 두려움

아이들과 미국에서 일 년 간 살아보려고 준비를 한 적이 있습니다. 비행기만 타면 미국에 가는 줄 알았는데, 그게 아니더군요. 일단 '비자'라는 태산을 넘어야 합니다. 여기저기 알아보고 시험치고 서류 마련하고……. 정말 열심히 준비했어요.

드디어 비자 심사 날. 전날 밤도 우리 가족이 갈 동네가 어떤 곳인지 구글 어스로 밤새 위성지도를 들여다보느라 눈이 빨개서 미국 대사관으로 갔습니다. 그런데 쿠콰콰쾅!! 비자를 받기는커녕, 있던 비자까지 취소를 당한 겁니다. 그동안 얼마나 밤을 새웠던가요. 비행기 표도 끊어놨고, 학비도 다 부쳤고, 아파트 계약금이며, 미리 사둔 가구 값이며, 돌려받을 수 없는 돈들이 얼마나 많은데! 우리가 그간 세운 계획과 꿈들은 어쩌라고요. 파란 눈의 영사가 눈앞에서 비자에 벅벅 엑스를 긋는데, 망연자실 얼떨떨해서 발길도 떨어지지 않더라고요. 그때 누군가 제 손을 잡았습니다. "엄마! 이제 우리 어떻게 해? 미국 못 가? 우리 망했어?"

비자가 취소된 것보다 저를 더 당황하게 만든 것은 그 순간, 꽃님이와 꽃봉이가 저를, 저만을 바라보고 있다는 것이었습니다. 이제 어떡하지? 도대체 무슨 일이 생긴 거야? 이제 뭘 해야 하는 거지? 머리가 빙빙 도는데, 어떡해 어떡해 발을 동동 구르고 싶은데, 세상에! 아이들이 저를 보고 있는 겁니다. 여기에서 제가 흥분하고 당황하면 아이들이 얼마나 놀라고 무서울까요? 우아하게 웃으며 "괜찮아. 살다보면 별일 다 있는 거야" 괜찮은 척, 의연한 척하는 동안, 제 심장은 좌심방 우심방 너덜너덜 찢어졌습니다. 어쩌면 벌어진 사건 그 자체보다 저를 더 힘들게 한 것은 그 순간 '엄마답게' 침착해야 한다는 책임감이었습니다.

아, 엄마 노릇은 이런 거구나, 머리가 땡 울렸습니다. 실제의 나보다 더 강해져야 하고, 더 용감해져야 하는 거구나, 실감을 했습니다. 아기 때 밤낮이 바뀌어 잠 못 자서 힘들었던 건 아무것도 아니더라고요. 내가 지금까지의 나보다 더 강해져야 한다는 것, 다 포기하고 어디로 도망이나 갔으면 딱 좋겠는데 용기를 내야 하고 심지어 현명해져야 한다는 것이 얼마나 막막하게 느껴지던지요.

그림책에 기대어 위로 받고 성장한 시간

엄마가 여기저기 문제를 해결하러 다니는 동안, 꽃봉이는 놀이터에서 혼자 시간을 보내야 했습니다. 그러니까 하루 몇 분쯤은 엄마 무릎에 앉아 숨소리를 나누며 뭔가 함께하고 싶었나 봅니다.

그림책을 꼭 같이 읽자는 거예요. "엄마 바쁜 거 안 보여? 네 일은 네가 좀 알아서 해!" 하고 싶은 마음이 굴뚝같았으나, 이 녀석, 꼭 이럴 땐 존댓말을 씁니다.

"엄마, 지금 시간 있어요? 마음이 힘들어요? 내가 재미있는 책 읽어줄까요?"

어휴. 읽어주긴 누가 읽어주냐. 이렇게 예쁘게 말하면 안 읽어 줄 수가 없지요. 그런데 참 신기한 일이 일어났습니다. 제가 처음엔 억지로 웃었는데 그림책을 읽다보니 어느 순간, 제가 진심으로 웃고 있더라고요. 생각이 딴 데 가 있으니 어른들 책은 한 장 읽고 한 장 까먹던 그때, 그림책은 짧고 아름다운 얘기들로 저를 위로해주고 격려해주었습니다. 아이가 골라오는 그림책들이 모두 다 제게 하는 말 같았어요. 틀려도 괜찮아, 울지 말고 말하렴, 나는 언제나 너를 사랑한단다…….

이란 출신 만화가 마르잔 사트라피(『페르세폴리스』라는 만화, 강력 추천!)의 『바느질 수다』(휴머니스트)에 이런 구절이 있습니다. "바늘 끝처럼 뾰족한 것이 사랑이고, 그래서 상처받고 괴로워하지만, 결국 그 뾰족함 덕에, 기억의 조각들을 꿰어 행복의 양탄자를 만드는 것이지요." 쉽게 말하면 이런 거지요. 아픈 만큼 성숙해진다!

마음이 많이 힘들던 시기, 저는 책에 위로를 받고, 꽃봉이는 책을 읽으며 함께 부비는 시간에 위로를 받고, 꽃님이는 책 얘기를 함께 나누며 매일 매일 성장했습니다. 뾰족한 바늘로 아름다운 양탄자를 만드는 시간이었습니다. 그림책이 꿰맨 실이었네요.

엄마를 위로하는 그림책 **01**

화나는 일도 내가 화나지 않으면 그만이야

『혼자서도 신나벌레는 정말 신났어』
권윤덕 지음, 재미마주

- 혼자서도 잘 노는 '혼자서도신나벌레' 때문에 다른 벌레들이 화가 났습니다.
"난 행복하지 않은데, 쟤는 행복한 거 짜증나!"
그래서 다들 짜고서 혼자서도신나벌레를 불러다 이상한 걸 먹입니다. 혼자서도신나벌레는 먹은 글자대로 몸 색깔이 변하거든요. 가령 노린재의 '노'와 조랑말의 '랑'을 먹으면 노랑으로 변하지요. 심술 난 벌레들이 혼자서도신나벌레에게 '불그죽죽', '누르무레', '검푸르접접', '시푸르퉁퉁' 이런 글자를 먹여서 걸레 빤 물 같은 이상한 색깔로 변하게 한 겁니다.

"음홧홧홧! 이래도 신날래? 그 꼴을 하고서도?"

근데 이게 웬일이에요? 혼자서도신나벌레가 깔깔깔 웃는 겁니다.

"나 이런 색깔은 처음이야. 넘넘 재밌어!"

"뭐야? 안 울잖아?"

처음엔 실망하던 다른 벌레들도 이제 다 같이 웃습니다.

꽃님이 어릴 땐 그냥 그림책으로 읽었습니다. 글자 공부용으로도 잘 써먹었지요. 이제 아이들이 커갈수록 기도하는 마음으로 읽어줍니다.

"얘들아, 화나는 일이 생겨도 내가 받아들이기 나름이야. 내가 아무렇지 않으면 되는 거야. 나만 혼자일 때, 정말 속상하지. 하지만 나 혼자서도 충분히 신날 수 있어. 아니, 혼자서 신나지 못하는 사람은 여럿 있어도 재미없단다. 최고의 복수는 말이야. 내가 행복한 거야. 아니, 복수는 뭔 복수니? 나 행복하게 살기도 바쁜데."

아이들의 친구관계에 엄마는 늘 신경을 곤두세우게 되지요. 유난히 친구 좋아하고 상처 잘 받는 여린 딸 꽃님이에게, 그리고 저 자신에게 읽어주는 소중한 책입니다.

저희 집에 있는 건 이 책인데, 지금은 『만희네 글자벌레』(길벗어린이)라는 이름으로 벌레 시리즈가 합본북으로 나오네요.

엄마를
위로하는   02
그림책

아프기 위해 태어난 아이

『세상에 태어난 아이』 사노 요코 지음, 프로메테우스

• 　　　　주인공 아이는 책 중반이 되도록 세상에 태어나지 않고 우주를 떠돕니다. 개가 위협을 해도 괜찮아요. 세상에 태어나지 않았으니까. 굶어도 괜찮아요. 세상에 태어나지 않았으니까. 아이는 내내 사노 요코의 주인공답게 시큰둥하고 무표정합니다. "태어나면 뭐해?"

초록과 빨간 선으로 그려진 그림은 잘못 인쇄된 것처럼 흐릿하고 어지럽습니다. 우리 사는 모습처럼 말이에요.

그러던 어느 날, 아이는 궁금해졌습니다. 저게 뭘까? 공원에서 만난 여자아이가 다쳤을 때, 여자아이 엄마가 호호 불어주고 안아주며 반창고를 붙여준 겁니다.

우주를 떠도는 내내, 태어나 살아가는 것 자체를 무심하게, 어리석은 것들 보듯 하던 아이가 태어나려고 결심한 이유가 고작, 반. 창. 고?

하여간 아이는 태어나고, 다치고, 드디어 반창고를 붙입니다. 그리곤 공원에서 아까 그 여자아이에게 달려가 말하지요.

"내 반창고가 더 커!"

그날 밤, 아이는 잠들기 전에 엄마에게 말합니다. "엄마, 사는 건 참 피곤한 것 같아." 이윽고 아이는 꿈도 꾸지 않고 깊이 잠듭니다.

"꽃봉아, 이 반창고 되게 좋은 건가 봐? 이렇게 갖고 싶어 하는 거 보면."

꽃봉이가 피식 웃데요.

"엄마는 얘가 정말 반창고 때문에 태어나고 싶어 한 것 같아? 아이참, 잘 봐. 얘는 반창고가 좋은 게 아니고, 반창고를 붙여주는 엄마가 좋은 거야. 알겠어?"

"근데 꽃님아! 얘는 왜 자기 반창고가 더 크다고 자랑할까? 반창고가 크다는 건 사실 상처가 그만큼 더 크다는 거잖아. 그만큼 더 아픈 건데, 그게 자랑이 되나?"

"엄마, 얘가 태어나기 전에는 반창고도 없었지만, 상처도 없었잖아. 그런데 지가 선택을 한 거지. 상처도 없고 반창고도 없는 것보다 좀 아픈데, 반창고도 있는 걸로. 반창고 붙여주는 사람이 있는 게 더 좋다고."

맞아요. 우리가 태어난 건 서로 사랑하기 위해서지요. 서로에게 반창고를 붙여주려고요. 울컥해지데요. 마지막 장면을 다시 한 번 보았습니다.

"꽃님아, 꽃봉아. 얘는, 사는 게 피곤하대. 너희도 사는 게 피곤하니? 그래. 인생, 피곤한 거야. 요새 너희 친구들은 생일축하 노래도 그렇게 부르더라? 왜 태어났니~ 왜 태어났니~ 어차피 죽을 거 왜 태어났니~. 엄마는 그 노래 처음 듣고 깜짝 놀랐어. 얘네가 어린애들이 인생의 쓴맛을 어찌 알고 이리 철학적인 노래를 부르나 하고 말이야."

꽃님이가 그러더군요.

"엄마, 얘는 사는 게 힘들어서 피곤한 게 아니고, 열심히 살아서 피곤한 거야. 낮에 공원에서 신나게 놀았잖아. 그러니까 피곤한 거지. 꿈도 못 꿀 만큼. 꿈꿀 필요도 없을 만큼 최선을 다해서 살았거든. 당연히 피곤하지."

아! 그런 거군요. 그림에는 잠든 아이 표정이 보이지 않았지만, 틀림없이 미소 짓고 있다는 걸 알겠습니다. 내내 무표정한 아이가 이제야 웃습니다. 피곤한 자의 흐뭇한 미소입니다.

엄마를
위로하는   03
그림책

때리는 아이, 맞는 아이, 보고만 있는 아이

『도둑맞은 이름』
호세 안토니오 타시에스 지음, 푸른숲주니어

• 주인공은 공부 잘하고, 안 싸우고 잘 참는 아이입니다. 딱 어른들이 좋아하는 애 아닌가요? 하지만 왕따를 당해서 학교가 감옥 같다는 이 아이한테 어른들은 너도 잘못이랍니다. 자기 세상에만 숨어산다는 거예요. 그래서 세상이 다르게 보이는 거라고. 그럼, 남들과 어울리기 위해서 다른 아이들처럼 누굴 놀리고 괴롭히

는 데 끼라는 얘긴가요? 그래서 패거리를 이루면, 사회성이 좋은 건가요?

책을 읽는 내내 바람직한 아이란 결국 어른을 귀찮게 하지 않는 아이인가 싶어 마음이 불편했습니다. 창피하지 않은 정도로 적당히 공부도 잘하고, 싸워서 어른 불러들이지 않게 참는 것도 적당히 하고, 나쁜 짓이라도 대강대강 남들도 이렇게 하니까~ 같이할 수 있는 융통성이 있는 아이 말예요. 이 책의 주인공처럼 공부도 벌레 소리 듣게 하면 안 되고 참는 것도 겁쟁이 소리 들으면 안 되고……. 어렵네요.

왕따 아이는 집 엘리베이터에서 자기 얼굴을 봅니다. 책에 내내 나오는 아이들 얼굴은 사과인데, 이 아이, 어쩌자고 파란 배란 말인가요. 아이는 계단을 올라 옥상으로 갑니다. 위에서 아래를 바라보는데, 아래가 왜 이렇게 밝은가요? 마치…… 천국처럼요. 혹시?

순간 다음 장으로 넘기기가 두려웠습니다. 설마, 아니겠지? 떨리는 손으로 다음 장을 넘겼더니, 어? 환한 아이 얼굴이네요.

"아, 맞다. 지금까지 내 얘기를 들어준 네가 있었구나. 내 곁에 있어줘서 고마워. 그런데 네 이름은 뭐니?"

책은 이렇게 끝납니다.

표지 뒷면에 이렇게 쓰여 있어요.

"당하는 아이, 괴롭히는 아이, 보고만 있는 아이. 너는 어느 쪽이니?"

꽃봉이는 자기는 싸우는 아이라네요.
"나는 싸우는 아이야. 보고 있다가 너무하다 싶으면 싸울 거거든. 처음엔 하지 마라~ 하지 마라~ 해보고, 안 되면 싸울 거야. 근데 엄마, 내가 막 때리고 와도 돼? 코피 내고 뼈 부러지게 때려도 돼?"

헉! 이 녀석, 엄마 할 말 없게 만드는 데는 진짜 재주 있지요? 나중엔 또 이러더군요.
"엄마, 근데 싸우는 게 무섭기도 해. 내가 겁쟁이라도 돼?"

꽃봉아, 친구 중에는 들어주는 친구도 있어. 엄마는 네 들어주는 친구가 될게.

오늘도 말해줘서 고마워.

7. 엄마, 내가 책 읽어줄까요?

엄마를
위로하는   **04**
그림책

제발 이런 책 좀 좋아해줘, 응?

『눈 내리는 저녁 숲가에 멈춰 서서』
로버트 프로스트 시, 수잔 제퍼스 그림, 살림어린이

● 　　　　우리 집에서 엄마와 아이들의 취향이 극명하게 갈리는 책입니다. 로버트 프로스트의 시에 칼데콧 아너상을 수상한 수잔 제퍼스의 그림! 이렇게 문학적이고, 고즈넉하고, 섬세한 그림이 있는 서정적인 그림책만 보면 저는 사고 싶어 죽어요~.

하지만 현실은?
꽃님이, 꽃봉이 둘 다 엄마가 읽어주면 듣긴 듣습니다. 그림도 칭찬하긴 칭찬합니다. 딱 들어도 성의 없는 목소리로. "어. 멋지네." 옛날엔 이런 그림책이 있으면 행여나 하고, 자꾸 보면 좋아할 날 오겠지 하고 사버렸습니다. 하지만 절대 자꾸 보지는 않더라고요. 이제는 도서관에서 자주 빌려올 뿐, 반납을 아쉬워하며 한 번 더 볼 뿐, 사지는 않는답니다. 우리 집 아이들은 서정적인 책은 그렇게나 정이 안 가나 봐요. 어쨌거나 이 책, 사고 싶단 말입니다!

제가 이렇게 블로그에 올렸더니, 이웃 엄마들이 엄마도 좋아하는 그림책을 살 권리가 있다며, 응원 댓글을 엄청 올려주셨어요. 하지만 집에 아이들도 좋아해주길 바라면서 사놓았으나 팽 당한 책들이 이미 잔뜩 있는걸요. 책을 사도 놔둘 데가 없다고, 책 사려면 집부터 늘려야 한다고 하자 다들 못 사는 걸 공감해주셨지요.
그런데 제 생일날, 오래된 친구가 이 책 영문판을 보내 왔어요. 얏호! 영문판은 조금 더 판형이 작습니다. 집 안 늘려도 이 정도는 놔둘 수 있다고요~!!

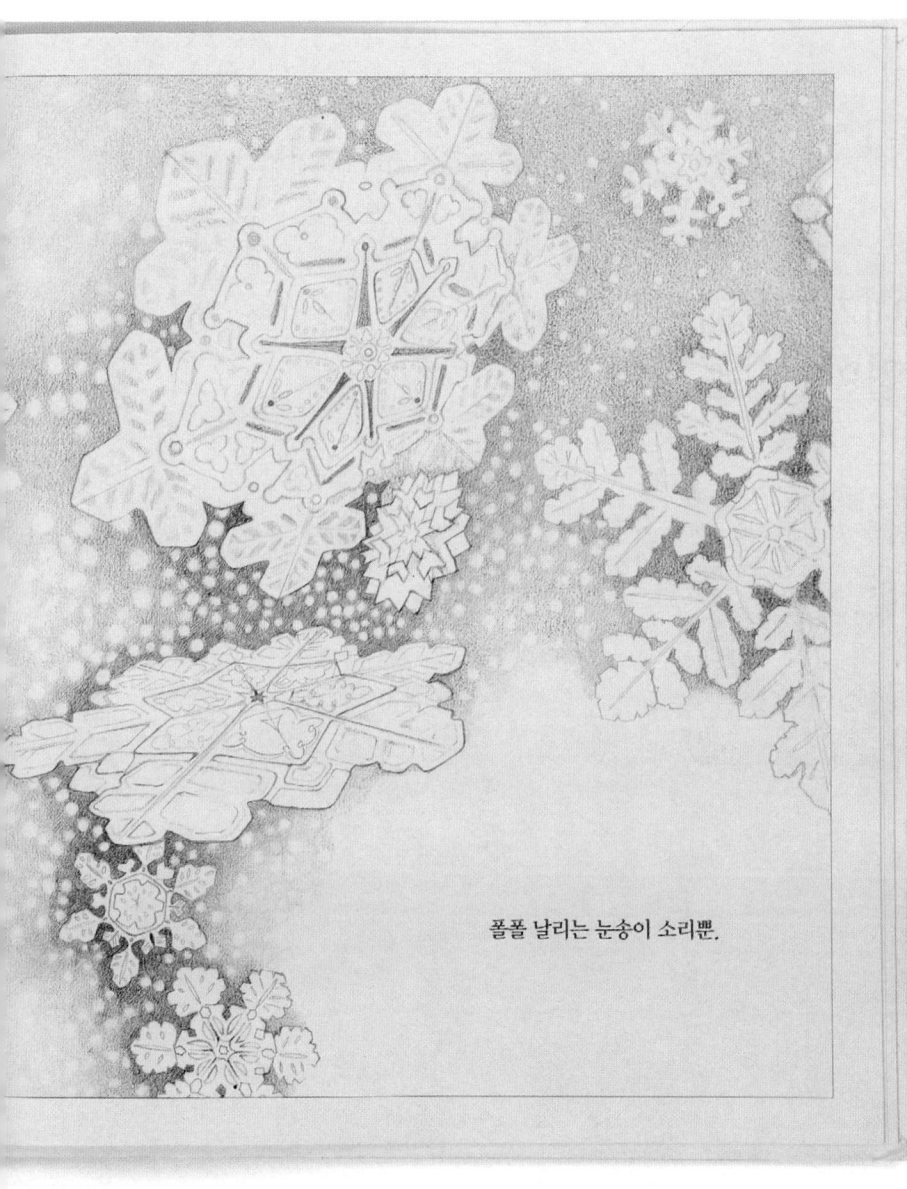

폴폴 날리는 눈송이 소리뿐.

엄마를
위로하는 05
그림책

네가 안 읽어도
엄마는 살 거다

「고향의 봄」
이원수 시, 김동성 그림, 파랑새

● 엄마는 그림이 어찌나 좋은지 보기만 해도 마음이 평안해지는데, 아이들은 흘낏 보고 그만인 책이 또 있습니다. 페이지마다 너무나 아름다운 꽃그림으로 가득한 『고향의 봄』이에요.

어지간한 꽃그림은 "우와, 이 그림을 보니까 꽃구경하러 가고 싶은걸" 이렇게 되는데 김동성 화백의 꽃그림은 진짜 꽃 생각이 하나도 안 날 만큼 충분히 아름답습니다.

유튜브에서 '고향의 봄' 노래를 찾아 아이들에게 들려주고 따라 부르면서 보니까, 아이들이 관심을 좀 갖더군요. 꽃님이는 '아기 진달래'가 아니라 '나비 진달래'인 줄 알았다네요.

엄마를 위로하는 그림책 **06**

남편에게
읽어주고 싶은 그림책

『개구리 왕자 그 뒷이야기』
존 셰스카 지음, 스티브 존슨 그림, 보림

● 　　　인터넷 서점에는 이 책이 4, 5세용으로 분류된 곳이 많지만요, 제 생각에 이 책은 개구리 왕자 이야기는 물론 신데렐라, 헨젤과 그레텔 정도는 알고 있어야 하고요, 무엇보다도 사랑을 경험해본 사람이라야 제대로 이해할 수 있을 것 같아요. 사랑의 최대 적은 질투도, 경쟁자도, 주위의 반대도 아니고 '권태'라는 것을 경험해본, 어쩌면 사랑에 지친 어른 말이지요.

　이 책은 개구리였으나 공주님의 키스 덕분에 왕자로 돌아온 개구리 왕자와 공주님이 "행복하게 살았어요~" 한 다음에 정말 행복하게 살았는지, 그 뒷이야기를 하고 있습니다.

　개구리 왕자와 공주는 처음엔 잘 살았으나, 점차 권태로워집니다. 아니, 처음엔 이게 권태인지도 몰라요. 그냥 상대방이 마음에 들지 않고 괜히 짜증이 나는 거지요. 공주는 왕자가 기껏 주머니에 연꽃 이파리나 넣어 다니는 게 싫습니다.

　"제발 밖에 나가서 용이나 거인을 무찔러요. 아니, 뭐든 좋으니까 좀 무찔러봐요. 하루 종일 팔짝거리고 뛰어다니지만 말고!"

　왕자라고 별다르겠어요? 책도 안 읽고 이젠 연못에도 가지 않는 공주가 지겹대요. 으레 대부분의 부부가 그렇듯이 겉으로 짜증이야 여자가 더 냈지만 가만히 있다가 어느 날 확 사고를 쳐버리는 건 남자! 왕자는 숲으로 도망을 가버린 겁니다. 이 사태를 해결해줄 또 한 번의 마법을 찾아서 말이지요. (이런 철딱서니 없는 남자 같으니라구!)

하지만 개구리 왕자가 만난 건 자기네 동화에 나오는 마녀가 아니라 먹는 것에만 관심 있는 '헨젤과 그레텔'의 마녀라든지, 목소리를 탐내는 인어공주의 마녀, "사과 드시려우?" 물어대는 백설공주의 마녀입니다. 급기야 신데렐라의 마녀를 만나 마차로 변해버리지요.

마차로 변해버린 개구리 왕자는 캄캄한 숲 속에서 공포에 빠집니다. 도대체 여긴 어딜까? 나의 안락하고 편안한 성은, 잔소리는 좀 하지만 그래도 날 위해서 애쓰는 공주는 어디에 있는 걸까? 흑흑, 왜 난 그녀의 소중함을 좀 더 일찍 깨닫지 못했던 걸까……?

그러던 중 12시가 되어 마법이 풀린 개구리 왕자는 마차에서 왕자로 다시 돌아왔지요. 왕자는 성으로 돌아와 그동안 왕자의 빈자리를 마음 아프게 느끼고 있던 공주와 짜자잔~ 재결합을 합니다.

그래요. 아무도 개구리 왕자를 믿어주지 않던 시절, 자기를 믿고 따라와준 공주인걸요.

맞아요. 자신의 쾌적한 연못을 버리고 공주를 위해 복잡하고 따분한, 돈과 정치에 얼룩진 궁중생활을 선택해준 왕자인걸요.

두 사람은 옛 사랑, 처음 시작하던 그 느낌을 다시 되새기며 새출발을 결심합니다. 우리 서로 있는 그대로의 모습을 받아들이며 사랑하자구~~~!

이 그림책을 읽고 나서, 집에만 오면 리모컨과 일심동체가 되어

뒹굴뒹굴, 그러다 잠이 들었기에 리모컨을 빼면 후다닥 안 잔 척 다시 리모컨을 사수하는 남편과 부부싸움을 했던 제가 갑자기 남편을 안쓰럽게 느꼈을까요, 아닐까요? 우리는 화해를 했을까요, 안 했을까요?

엄마를
위로하는
그림책 07

엄마가 읽다 울어도
책임 못 져요

『기차와 물고기』 노인경 지음, 문학동네어린이

- 하필이면 남편과 싸운 날, 아이들에게 이 책을 읽어주다 말고 뜨거운 것이 울컥 올라오더라고요. 남편이 기차 같고, 제가 물고기 같고. 남편이 물고기 같고, 제가 기차 같아서요.

높은 산에 사는 기차와 호수에 사는 물고기가 만나서 사랑에 빠집니다. 처음엔 물고기가 기차를 따라 물 밖에서 살았는데 당연히 병이 나지요. 둘이 함께 있기 위해, 이젠 기차가 물속에 들어가 살기로 합니다. "내가 참을게. 난 물속에서도 살 수 있어!" 기차는 물고기 가족들에게 인사를 하고, 둘은 행복하게 살았습니다. 한동안은요.

하지만 어느 날 보니, 기차의 몸에 덕지덕지 이끼가 끼고 녹이 슬었네요. 기차는 자꾸만 화가 났고, 물고기를 원망하는 마음이 커져갑니다. 원망은 미움이 되고, 물고기 당신만 아니었다면 내가 이러고 살지 않았을 텐데! 하고 둘은 크게 싸웁니다.

결국 기차는 바퀴 하나를 남겨놓은 채 뛰쳐나가버리지요. 물고기는 기차를 다시 찾지 않습니다. 네가 어떻게 나를 버릴 수 있어? 어떻게 이럴 수 있어? 화가 났겠지요. 하지만 무슨 심정인지 물고기는 기차가 두고 간 바퀴를 버리지 않습니다. 자기 머리에 이고 다녀요. 기차도 바퀴를 새로 끼우지 않습니다. 전보다 느려졌지만, 그저, 그렇게 달립니다. 가끔 서로가 있는 방향을 흘낏 보기도 하지만, 둘이 마주치진 않습니다.

시간이 오래 흘러, 이제 물고기의 머리 위에 달린 저것이 원래 있던 혹인지, 두고 간 바퀴인지 아닌지도 알 수 없을 때쯤, 둘은 다시 마주칩니다. 둘은 오랫동안 이야기를 나눕니다. 앞으로 어떻게 될지, 그 얘긴 나오지 않아요. 그저 오래 이야기를 나누는 기차와 물고기 뒤로 타는 저녁놀이 얼마나 붉던지요!

이 책 얘기에 혹시 누군가가 떠오르지 않으세요?

"꽃님아, 엄마는 이 얘기가 어쩐지, 결혼 얘기 같아. 엄마도 아빠랑 결혼할 때, 물속이 아니라 그 어디라도 가서 살 수 있을 것 같았거든. 사랑하는데 그게 물속이든 사막이든 무슨 상관이겠어? 어디든지 같이 있기만 하면 좋겠다고 생각했어. 그런데, 막상 내가 기차인데, 물속에서 살려니까 힘들더라고."

꽃님이는 물고기는 물고기끼리 기차는 기차끼리 결혼하는 게 좋겠다고 하더라고요. 그러자 꽃봉이가 다른 의견을 내놓았습니다.

"왜 꼭 같이 지내야 하는데? 호수 위로 다리를 만들면 되잖아. 기차는 맨날 그 다리 위를 찾아오고, 물고기는 다리 밑에 살면서 서로 만나서 얘기하고 같이 놀면 되잖아. 딴 데 가게 되면 갔다가 약속 정해서 또 만나고. 그러면 안 돼?"

다른 세계에 속했더라도 서로 만날 수 있는 다리를 만들면 된다!

그러게요. 꼬맹이도 아는 걸 제가 몰랐군요.

오늘도 아이들에게 한 수 배웠습니다.

7. 엄마, 내가 책 읽어줄까요?

엄마를
위로하는   08
그림책

그림책에서 만난
내 청춘의 그날

『버스 왔어요!』 신옥희 지음, 이승현 그림, 사계절

저는 '일과 사람' 시리즈를 참 좋아합니다. 채소 장수, 중국집 주방장, 집배원 아저씨, 버스 운전사까지, 늘 만나지만 무슨 일을 어떻게 하는지는 잘 모르는 우리 이웃들의 모습이 정성 들인 그림, 사실적인 정보, 구색 맞추기 하지 않고 공들여 쓴 재미난 줄거리에 담겨 있거든요.

버스 운전사는 무서운 게 두 개 있다네요. 둘 다 눈입니다.

하나는 졸린 눈.

또 하나는 길 미끄럽게 하는, 하늘에서 내리는 눈.

오전 근무를 마치고 일찍 퇴근한 아저씨가 아들에게 자전거를 가르쳐주는 장면에 실린 글은 이렇습니다.

"내 아들도 어딘가로 떠나고 돌아오면서 어른이 되겠지. 버스와 지하철, 기차와 비행기를 타고 말이야. 그때도 나는 사람들을 버스에 태우고 달리고 있을 거야. 멋진 할아버지 운전사가 되어 누군가를 일터로, 집으로, 세상 여기저기로 데려다줘야지."

결혼 전, 혼자 유럽 배낭여행을 하다가 스웨덴 하파란다-토르니오라는 동네에 간 적이 있습니다. 한 마을인데 작은 강을 국경 삼아 이쪽은 스웨덴의 하파란다, 저쪽은 핀란드의 토르니오입니다. 스웨덴 지역보다 핀란드 지역이 물가가 더 싸서 핀란드에서 자려고 했는데 방을 못 구해 다시 스웨덴 지역으로 가는 길이었습니다. 버스를 타고 이쪽저쪽 왔다 갔다 하는데, 버스 기사가 저를 부르는 겁니다.

"혹시 배낭여행 중이에요?"

왜 자꾸 왔다 갔다 하는지 물어보더니, 자기네 집에서 재워줄까 묻는 거예요. 알고 보니 열여덟 살인 이 소년 기사가 얼굴이 빨개지더니 덧붙였습니다.

"아, 우리 엄마한테 먼저 허락을 받긴 해야 해요. 우리 엄마가 버스표를 팔고 있으니까, 같이 가서 물어봐요."

6월이라 해가 지지 않는 백야 시즌이었습니다. 분명히 밝긴 한데 새벽의 푸른빛이 맴도는 한밤중에 푸릇한 정원 잔디밭에서 맥주를 마시며 소년 기사가 말했습니다.

"다들 나더러 여행을 떠나라고 해요. 하지만 나는 우리 마을에서도 많은 세계를 보고 있어요. 모두가 여행을 가서 버스 기사가 없으면, 여행을 간 사람들이 어떻게 여행을 하겠어요? 나는 여기서 버스를 운전하면서 친구들을 만나고, 넓은 세상을 볼 거예요. 당신을 만난 것처럼. 멋진 할아버지 운전사가 되어 여행자들을 세상 여기저기 데려다줄 거예요. 그런 사람도 필요하지 않나요? 내 아들은 바깥세상으로 직접 나가길 원할지도 모르지요. 그럼 그 아이를 기차역까지 내가 태워줄 거예요."

그 전에 태워준 중국 여행자가 줬다며 접시를 보여주는데 '무병장수 만복기원'이라고 써 있더라고요. "이건 아프지 않고 오래오래 행복하게 살라는 뜻이야." 이 그림이 글자였냐며 너무 즐거워하던 그 소년 기사는 제가 한글로 자기 이름을 써주자 뛸 듯이 기뻐했지요.

지금은 그 소년 기사의 이름도 기억나지 않지만요, 우리가 나눈 어떤 대화가 생각날 때마다 하이킥을 할 만큼 창피합니다. 소년이 자기는 피니쉬 맥주를 제일 좋아한다기에, 저도 피니쉬 맥주를 좋

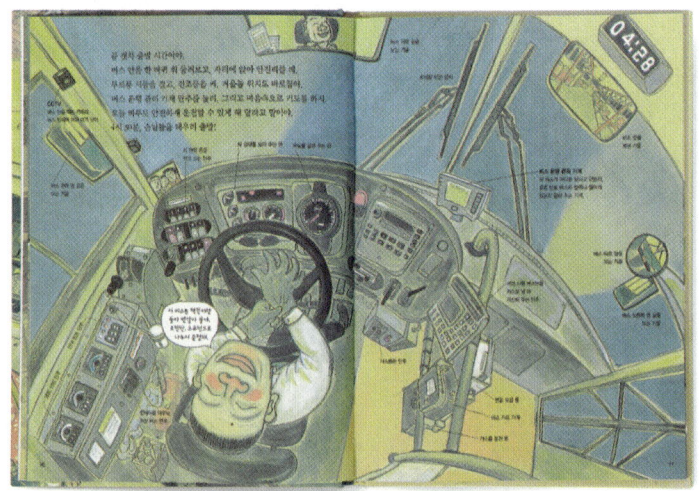

아한다고 했지요. "맥주는 역시 퇴근길에 그날의 스트레스를 날리며 쭈욱~ 들이키는 게 최고지" 그랬는데, 여행이 끝난 후에야 알았습니다. 하루 일과를 피니쉬하고 먹는 맥주가 피니쉬 맥주가 아니라 핀란드 맥주를 피니쉬 맥주라고 한다는 걸 말이에요. 으악~!

엄마를
위로하는   09
그림책

나에게 토닥토닥
괜찮아, 괜찮아

『괜찮아요 괜찮아 1: 천둥 도깨비 편』
하세가와 요시후미 지음, 내인생의책

- 　　　　　배꼽이 이마에 붙은 배꼽할아버지 시리즈입니다. 할아버지는 뭐든지 하하하 웃으며 "괜찮아요, 괜찮아!"라고 대답해요. 천둥 도깨비가 와도 겁을 내기는커녕, 몽둥이를 들고 쫓아내기는커녕, 이왕 왔으니 놀다 가라고 합니다. 식사 대접도 하고, 목욕도 하고 가라고 하시네요.

어려움이 생겼을 때, 사람들은 보통 극복하겠다거나 도망가겠다거나 하지 않던가요? 할아버지는 "괜찮아요, 괜찮아! 이왕 이렇게 된 거, 즐겁게 지내봅시다" 이렇게 반응을 하는 거예요.

짧은 책 속에 "괜찮아요, 괜찮아!" 이 말이 얼마나 자주 나오는지 모른답니다. 오버해서 읽으면 아이들도 깔깔깔 정신없이 웃습니다.

좀 심하다 싶을 정도로 일본색이 짙어 처음에는 좀 꺼려졌지만 괜찮아요, 괜찮아! 읽을 때마다 위로가 되는걸요. 말썽을 피운 아이에게도, 또 폭발을 해버린 저 자신에게도 좀 더 쉽게 말하게 됩니다. 괜찮아, 괜찮아!

엄마를
위로하는   **10**
그림책

사랑은
함부로 위로하지 않는 것

『기억의 끈』
이브 번팅 지음, 테드 랜드 그림, 사계절

• 　　　햇살 부서지는 날, 아빠와 새엄마 제인이 베란다를 색칠하는 동안 로라는 고양이 위스커스에게 '기억의 끈' 얘기를 해줍니다. 기억의 끈은 증조할머니 때부터 결혼식 날, 파티에 처음 나간 날 등 기억하고 싶은 날 입었던 옷에서 단추를 하나씩 떼어 끈에 꿰어놓은 거예요. 로라는 도망가려는 고양이를 억지로 껴안습니다.

"내 기억의 끈 얘기를 나한테 할 순 없잖아. 네가 여기 있어줘야 해."

그러니까, 로라는, 죽은 엄마의 추억 얘기를 해서 새엄마를 괴롭히고 싶은 겁니다. 당신은 전혀 중요한 사람이 아니야! 우리 가족의 역사 속에도 당신 자리는 없다고!

그러다, 아뿔싸. 고양이가 끈을 끊고 가는 바람에 단추들이 사방으로 흩어져버렸네요. 아무리 찾아도 아빠의 군복에 달려 있던 단추를 못 찾겠어요. 어떡하지요? 엄마가 가장 좋아한 단추인데요.

그날 밤, 잠 못 이루는 로라는 아빠와 새엄마 제인의 대화를 듣게 됩니다.

"다락방에 옛날 군복이 있을 거요. 단추를 하나 떼어서 잔디밭에 갖다 놓으면 돼요. 로라는 절대 모를 거야."

"안 돼요. 그 끈에 있던 단추들은 진실한 순간들이잖아요. 로라를 그렇게 속일 수는 없어요."

"나도 로라를 위로해주려고 그러는 거야."

"로라는 차라리 그 단추를 잃어버린 채로 있고 싶을 거예요. 그건 마치 엄마처럼, 그 어떤 것으로도 대신할 수 없는 거예요."

랜턴을 켜고 다시 마당을 뒤진 제인과 아빠는 마침내 단추를 찾아냅니다.

다음 날, 단추를 손에 쥔 로라는 제인과 처음으로 눈을 맞추지요.

"단추 끼우는 거 정말 도와주실 거예요?"

로라는 생각합니다. 언젠가 제인에게 단추를 하나 달라고 할지도 모르겠다고요.

사랑이란 이런 게 아닐까요? 상처를 상처로 인정해주는 것. 상처를 덮어버리면 덜 아플까 봐 허겁지겁 덮어버리고 아무 일도 없었던 척하지 않고, 서툴게 다른 것으로 대신하려고 하지 않는 것. 내가 있는데도 왜 아직도 아파하느냐며 내가 그렇게 너에게 아무것도 아니냐며 서운해하지 않는 것. 그저, 함께 견디는 것.

그런 다음 조용히 말해주는 겁니다.

괜찮아. 그 일이 있어도 괜찮다는 게 아니야.

울어도 괜찮다는 거야.

괜찮아, 괜찮아…….

CHAPTER 8

육아서야, 그림책이야?

★ 육아의 힌트가 담긴 그림책

아기에게 해주고 싶은 말, 책 속에 있었다

저는 그림책에 위로 받고, 그림책 때문에 웃습니다. 아이 책인지 제 책인지 모르겠어요. 심지어 그림책을 육아서로도 읽습니다. 하긴 예전엔 영어회화책을 육아서로 읽은 적도 있긴 합니다. 꽃님이를 금방 낳았을 때만 해도 언니도 없고, 먼저 결혼한 친구도 없던 저는 아기를 키우는 모습을 본 적이 없었거든요. 꽃님이가 잘 때는 간신히 재운 아기가 깰까 봐, 애가 깨어 있을 때는 행여나 조용하면 또 잘까 봐 온 집안을 절간처럼 조용하게 해놓고 살았지요. 그러다가 엄마가 영어로 아이를 키우면 아이가 영어를 쉽게 배운다기에 '엄마용 영어회화책'을 샀다가, 기절할 듯이 놀랐습니다. 지금도 그 문장이 기억납니다.

"Whose little baby is so pretty? Ba-ba-ba-ba-ba-."

"누구네 아기가 이렇게 이쁘니? 우루루루~" 이런 뜻이래요. 아, 다른 집은 아기한테 이런 말을 해주면서 키우는구나! 맞아, 맞아. 내가 꽃님이한테 해주고 싶은 말이 바로 이거야. 누구네 아기가 이렇게 예쁠까? 정말 내 딸 맞아? 아웅~~~! 그 책에 나오는 말들을 다 외워서 꽃님이에게 해주었습니다. 영어로 말고 우리말로요. 아유, 우리 강아지! 우쭈쭈쭈쭈~.

나도 이 엄마처럼 되고 싶어

아이들이 제법 자란 지금은 조금 더 '살벌한' 내용이 눈에 들어옵니다. 주로 읽으면서 '찔리는' 내용들이지요. 아이가 부르는데 잠깐만 하면서 전화 통화를 계속하는 엄마(『정말정말 화가 나요!』, 스티븐 크롤 지음, 크리스틴 다브니에 그림, 크레용하우스). 아이 눈에는 보이는 괴물을 못 보고 "넌 몇 살인데 아직도 혼자 물 마시러 부엌엘 못 가니?" 하는 엄마(『엄마는 정말 모르는 걸까?』, 이반디 지음, 윤지회 그림, 양철북).

제가 되고 싶은 엄마는요, 이런 모습입니다. 『내 토끼 어딨어?』(모 윌렘스 지음, 살림어린이)의 아빠처럼 딸이 가장 좋아하는 인형이 다른 아이의 인형과 바뀐 것을 알자 새벽에도 기꺼이 바꾸러 가주는 부모요. 물론 아이가 어지간히 떼를 썼겠지만, 아이에게 그 인형이 얼마나 소중한지 부모가 인정해주지 않는다면 결국 야단만 치고 끝나잖아요.

『엄마, 화내지 마』(세가와 후미코 지음, 모치즈키 마리 그림, 거인)의 지혜로운 할머니도 좋아요. 아이가 친구와 싸우자 엄마는 이렇게 말합니다. "네가 먼저 괴롭혔지? 얼른 가서 사과해. 사과하지 않으면 나중엔 너 친구가 한 명도 없을걸!" 오빠는 또 이렇게 말하지요. "걔가 괴롭혔으면, 너도 괴롭혀!"

하지만 할머니는 이렇게 말씀하세요. "우리 예림이가 민수랑 싸워서 마음이 아픈 게로구나. 화해하고 싶은 거지? 그런데 화해하는 방법을 잘 몰라서 고민인 거지?" 할머니는 아이가 표현하는 말이 아니라, 말 속에 숨은 마음을 읽어주거든요. "속상한 기분을 그냥 말하지 말고, 네 마음 깊은 곳에서 들리는 목소리를 잘 들어봐. 그리고 솔직하게 그 말을 하면 된단다."

『내 빤스』(박종채 지음, 키다리)에 나오는 엄마처럼 재봉틀을 드륵드륵 돌려서 누나의 리본 달린 빤스 말고 강아지 빤스를 만들어주는 엄마도 되고 싶고요, 『아빠랑 함께 피자 놀이를』(윌리엄 스타이그 지음, 보림)의 엄마처럼 비 오는 날, 심심한 아이를 위해 아이를 피자로 만드는 놀이를 태연하게 하는 유머감각도 있으면 좋겠어요.

아, 외모는요, 『내 당나귀 벤야민』(한스 림머 지음, 레나르트 오스베크 사진, 달리)의 수지 엄마가 좋겠습니다. 이탈리아 바닷가 작은 마을에 살지만 소피아 로렌을 닮은 글래머 패셔니스타거든요.

어른인 저도 그림책을 보면서 "나라면?", "얘는 좋겠다~", "만약 이런 일이 벌어진다면?" 감정이입을 이렇게 많이 하는데, 우리 아이들은 어떨까 싶습니다.

꽃봉아, 엄마가 제일 되고 싶은 엄마는, 12월 31일 밤 네가 직접 만든 카드에 "내년 내가 일곱 살이 되어도 우리의 사랑은 계속되는 거지?"라고 써주었던, 너에게 꼭 어울리는 그런 엄마란다.

유아의
힌트가 담긴
그림책

01

아이가 못 보게
숨겨두고 싶은 그림책

『너 왜 울어?』
바실리스 알렉사키스 지음, 장–마리 앙트낭 그림, 북하우스

●   어휴. 이 책은 아이와 엄마가 잠깐 산책하고 놀이터 다녀오는 얘긴데요. 보고 나면 기분 진짜 나쁘답니다. 왜냐면 이 엄마가 하는 말과 행동 꼬락서니가 나랑 너무 비슷하거든요. 그림책 안에 닮고 싶은 엄마 모습이 얼마나 많은데, 제일 나 같구나 공감하는 그림책의 엄마는 왜 이 모양 이 꼴일까요?

"엄마는 나가고 싶은 마음 눈곱만큼도 없는 거 알지? 엄마는 집에서 해야 할 일이 잔뜩 있는데, 정말이지." 나가기 싫은 거 애 때문에 억지로 나가주는 거 같지만요, 그림을 보면 나가자고 "코트 입어!" 하는 순간은 아이가 신나게 비행기로 놀고 있는 때입니다. 아깐 애가 나가고 싶어서 엄마를 졸랐나 봅니다. 어쨌거나 지금은 아이 혼자 잘 놀고 있는데 엄마가 나가자고 하네요. 처음부터 이렇게 어긋납니다.

나가기 전에 열쇠가 어디 있는지 까먹어서 짜증내는 건 기본이고요, 애 손 잡는 꼬라지 좀 보세요. 어찌나 꽉 잡았는지 애 팔 빠지겠네요. 어휴. 아이가 길에서 끈을 줍자 엄마가 말합니다. "더럽다고 했잖아! 줍지 마!!"

저는 이 책을 세 번쯤 보고 나서야 그림이 눈에 들어왔습니다. 아이가 주운 게 그냥 끈이 아니라 개라는 걸요. 그냥 이 엄마가 퍼붓는 잔소리가 찔리면서도 '난 이 정도는 아니야' 하고 은근히 만족했는데, 아이의 마음을 다 읽은 건 아니었던 거지요. 그 잔소리를 밖으로 내뱉지 않았을 뿐 속으론 똑같으니까요.

"왜 또 징징거리는 건데? 그만 좀 징징거려. 엄마, 그거 감당 안 되거든. 이제 그만 하라고!"
"너 왜 울어? 왜 그러는 건데? 네가 나가 놀고 싶대서 밖에도 나갔다 왔고, 엄마가 슈크림빵도 사줬는데 기분이 좋아서 웃어야지, 오히려 울어?"
"애가 사람 돌게 만드네."
"왜 울어?"

행여나 아이가 볼까 봐, 우리 엄마랑 똑같네 할까 봐, 어디 숨겨 놓고 싶은 책입니다. 그만큼 내가 평소에 아이에게 어떤 말투로 말하는지 돌아보게 만드는 책이에요. 어떤 도서관엔 그림책 서가에 이 책이 있고요, 어떤 도서관은 육아서 코너에 있습니다. 이 그림책을 육아서 코너에 분류한 사서는 아마 엄마가 아닐까 싶어요.

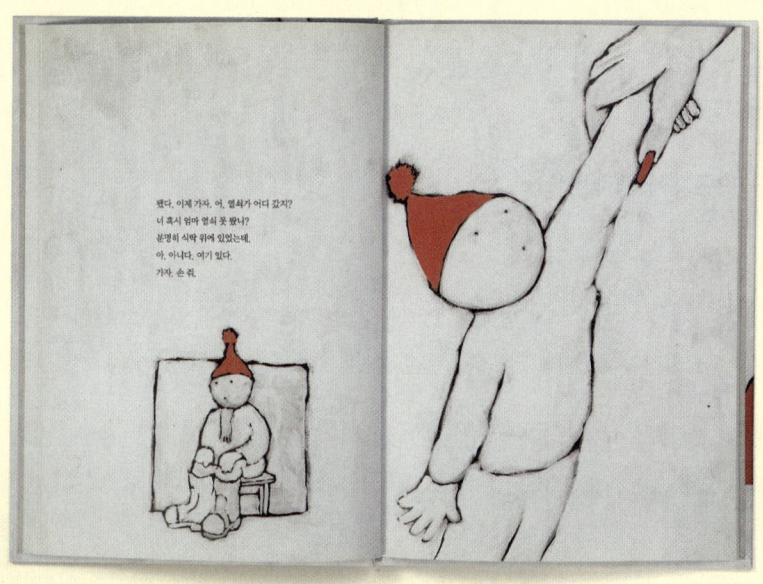

육아의
힌트가 담긴
그림책 02

사는 게 다 그렇지는 않아

『문제가 생겼어요!』
이보나 흐미엘레프스카 지음, 논장

● 앗! 큰일 났습니다. 할머니께서 수놓으신, 엄마가 가장 좋아하는 식탁보를 다림질하던 중이었는데요. 잠깐, 아주 잠깐 딴생각을 했는데 으악! 폭탄이 떨어졌습니다. 바로, 다리미 모양 그대로 눌어붙은 자국이 생긴 겁니다.
이를 어쩌나. 어떤 현명한 충고도 소용없고, (지혜의 상징 부엉이

조차도!) 인터넷을 찾아봐도 안 될 테고, 어떤 세제로도 지울 수 없는 이 얼룩. 어떡하지? 동생이 했다고 그럴까? 어디론가 아무도 없는 곳에 가서 숨어버릴까?

다리미 모양 얼룩은 계속 상상 속의 무언가로 변신을 합니다. 아, 이 모양이 마우스도 되네? 커피 주전자도 되네? 자꾸 변하는 그림을 보는 재미가 톡톡합니다.

그때 엄마가 왔습니다. 엄마가 식탁보를 보고 크게 화를 냈을까요? 엄마는 웃더니, 쓱싹쓱싹. 눌어붙은 자국을 하나 더 만들어서~~ 눈과 입을 수놓습니다.

그러자, 물고기가 짜잔.

그날 이후, 식탁보는 가족 모두가 가장 좋아하는 식탁보가 되었습니다. 왜? 할머니, 엄마, 나의 추억이 모두 담겨 있으니까요!

사랑해요, 엄마~!

"사는 게 다 그렇지 뭐."

정말 그럴까요? 아닙니다. 비슷비슷한 인생을 사는 것 같아도 사실은 다 다르게 살더라고요. 어떤 상처, 어떤 아픔이라도, 혹은 어떤 기쁨이라도 기억을 추억으로 만들고, 추억에 의미를 붙이는 것은 각자의 마음대로니까요. 식탁보를 망쳐버릴 수도 있었던 얼룩이었는데, 상처였는데, 이제 오히려 가장 아름다운 추억의 증거가 되었잖아요. 때론 상처가, 특별한 이유가 되기도 하는 법이지요.

"꽃봉아, 이 엄마 진짜 좋지 않냐? 혼낼 줄 알았는데, 혼도 안 내고."

"유머감각이 있네. 수도 잘 놓고."

"그래서 이런 엄마가 부러워? 혼도 안 내고, 웃기고, 수도 잘 놓고. 아마 요리도 잘할걸? 꽃봉이도 이런 엄마 있으면 좋겠지?"

"뭐 부럽다기보다. 세상에 이런 엄마도 있구나 하고."

"뭐라고? 쳇. 이 엄마가 왜 화를 안 냈는 줄 알아? 얘가 다림질을 했다잖아, 다림질을! 갖고 놀다 그런 게 아니고 엄마 일을 도와주다가! 그러니까 화를 안 내지!! 너도 앞으로 엄마 일 좀 잘 도와봐. 엄마가 화를 내나 안 내나!!(버럭)"

이보나 흐미엘레프스카의 또 다른 책

「학교 가는 길」 논장
타박타박 걸어서 학교로 가는 작은 발자국. 이 발자국이 오리도 되고, 개도 되고, 낯선 아줌마도 된답니다.

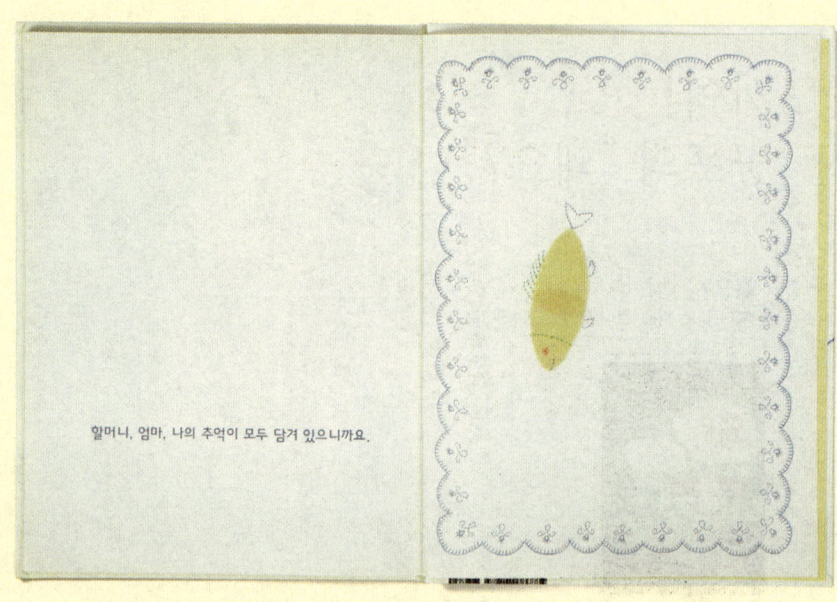

8. 육아서야, 그림책이야?

육아의
힌트가 담긴
그림책 03

꺄악!
공포의 "왜요?"

『왜요?』
린제이 캠프 지음, 토니 로스 그림, 베틀북

• '리틀 프린세스' 시리즈, '호리드 헨리' 시리즈 등 토니 로스의 책은 대부분 웃깁니다. 아기 꽃님이에게 그림책을 읽어주면서 어른 독자로서도 진심으로 깔깔깔 웃었던 첫 번째 그림책이 바로 토니 로스의 『너 잡으러 왔다!』(프뢰벨)였답니다. 우주에서 온 괴물이 주인공 아이를 잡으러 왔는데~~, 으아아아아 괴성을 지르면서 덤벼들었는데~~, 알고 보니 눈곱만큼 작은 외계인인 겁니다. 오오, 대박 반전!

그림책 앞부분에서 얼마나 난폭하고 잔인한가 잔뜩 겁을 준 것은 알고 보니 이렇게 작은 존재더라 하는 반전을 위한 것이었지요. 아이야, 네가 두려워하는 것이 어쩌면 이렇게 작고 보잘것없는 것인지도 몰라. 네 머릿속에서만 무서운 건지도 몰라. 깔깔 웃고 나선 눈물 한 방울 딸랑.

어린 아기를 안고 막막하고 두려웠던 제게 진심으로 위로가 되었던 책입니다. 꽤 비싼 전집에 속해 있는 책이라 낱권 구입이 안 되는 게 아쉽습니다(그럴 때 저는 영문판으로 산답니다).

『왜요?』이 책도 토니 로스 책답습니다. 웃겨요!
아빠는 가끔 릴리 때문에 펄쩍 뜁니다. 릴리는 말썽꾸러기는 아니지만 늘 이 말을 하기 때문이지요. "왜요?"

"릴리, 거기 축축한 잔디밭에 앉지 마라."
"왜요?"

"그거야 네 바지가 젖을까 봐 그러지."

"왜요?"

"그야 잔디가 젖었으니까."

"왜요?"

"어젯밤에 비가 왔거든."

"왜요?"

"그건 커다란 먹구름 때문이지. 먹구름 속에는 작은 물방울들이 가득 들어 있단다."

"왜요?"

"아악~! 그건. 그건. 그냥 그런 거란다!"

공포의 "왜요?"

안 당해보면 모르는 호러, "왜요?"

그러던 어느 날, 마을에 외계인이 나타납니다. 지구를 파괴해버릴 테다! 모두 공포에 떱니다. 그때 들리는 한 마디.

"왜요?"

외계인들은 왜 자기네가 지구를 파괴하려고 하는지, 횡설수설 대답을 하다가 스스로 깨닫습니다. 아니, 지구를 파괴해봤자 별 이익도 없잖아? 이 사람들이 우리를 미워하기만 할걸? 그럼, 그냥 가자! 안녕. 잘 있어. 무섭게 해서 미안해.

외계인들이 물러갔어요. 아빠는 앞으로 릴리가 아무리 "왜요?"

라고 해도 짜증내지 않기로 결심을 합니다.

혼자 몰래 키들대고 웃으면서 생각합니다. 꽃봉이가 아무리 왜요, 왜요 하더라도 기꺼이 들어주자고요. 정 안 되면 도망가더라도 웃으면서 도망가자고요. 왜요는 이다지도 강력한 아이의 무기니까요.

어느 날, 휙 사라져버리는, 안타까운 "왜요?". 선배 엄마들의 말을 들어보면요, 어느새 "왜요?"가 사라지고 그곳에 "몰라!"가 들어온답니다. 에휴.

제 블로그에 이 책을 소개했더니 덧글에 "왜요?"에 대한 추천 대답들이 많이 나왔어요.

1. 글쎄다.
2. 그러게.
3. 넌 왜인 거 같아?

육아의
힌트가 담긴　04
그림책

남들과 달라도 괜찮아

『꽃을 좋아하는 소 페르디난드』
먼로 리프 지음, 로버트 로슨 그림, 비룡소

- 　　　　스페인 어느 동네, 우람한 황소 페르디난드는 나무 그늘 아래 앉아 꽃향기 맡는 걸 제일 좋아합니다. 다른 소들은 마드리드로 가서 투우 시합을 하는 것이 꿈이지만, 페르디난드는 '자기가 뽑히지 않을 것도 알았고, 또 상관하지도 않았'답니다.
　그런데 사람들은 페르디난드가 뒝벌에 쏘여 날뛰는 걸 보고 사

납고 거칠고 강한 소인 줄 알고 투우 시합 출전소로 뽑습니다. 과연 페르디난드는 투우를 잘 할 수 있을까요?

모두가 열광하는 투우 경기장. 하지만 페르디난드는 사람들의 기대와 환호성은 아랑곳없이 경기장 한복판에 앉아 아가씨들의 머리 장식 꽃향기만 맡습니다. 결국 다시 고향 언덕으로 돌아온 페르디난드. 나무 아래 앉아 시원한 바람을 맞으며 꽃향기 속에서 홀로 행복해하네요.

남들과 똑같은 꿈을 꾸지 않아도 돼.
남들과 달라도 돼.

제가 가장 좋아하는 대목은 페르디난드의 엄마가 아들을 걱정스레 바라보는 부분입니다. 아들을 몰래 보던 엄마는 이윽고 안심을 하고 돌아서요. 아들이 외롭지 않다는 걸 알았기 때문이지요. 그리고 '그냥 그곳에서 행복하게 지내라고 아들을 내버려'둡니다.

사실 행복하기란 이렇게도 쉽습니다. 내가 누구인지, 어떤 사람인지 알면 되고, 그 본성대로 살게 그냥 내버려두면 되니까요. 그런데 그게 왜 이렇게 어려운 걸까요?

"꽃봉아, 앤 참 고집도 세다. 이렇게 많은 사람들이 모여서 한판 붙어주길 바라는데, 암만 꽃향기가 좋아도 그렇지 좀 호응해주면 안 돼? 그지? 한 번만 해주지."

"그러다 죽으면 어떡해. 딱 한 번에 죽을 수도 있잖아."

그런데 불쑥 꽃봉이가 그러는 거예요.

"그래도. 엄마가 부탁하면, 나는 들어줄게. 내가 투우 소는 아니지만."

헉! 말조심 해야겠습니다. 제가 잘못된 희망을 갖는 바람에 그 희망을 꽃봉이가 이뤄주려다가 죽으면 큰일 아니겠어요? 엄마 때문에 꽃봉이가 가짜 모습으로 살지 않도록, 꽃봉이가 가장 꽃봉이다울 수 있도록 엄마는 허튼소리 한 마디도 조심해야겠습니다.

영화 〈블라인드 사이드〉

산드라 블록이 주연을 맡아 아카데미 여우주연상을 받은 영화 〈블라인드 사이드〉에 이 책이 나옵니다. 노숙자로 살던 흑인 고등학생 마이클을 가족으로 맞아들인 리앤(산드라 블록)이, 어린 시절 한 번도 엄마가 그림책을 읽어준 적이 없는 마이클에게 읽어주는 그림책이 바로 이 책이랍니다. 페르디난드처럼 덩치가 크고 순하기 그지없는 마이클은 투우가 아니라 미식축구 선수가 된답니다. 페르디난드는 끝내 투우를 하지 않았지만, 마이클은 훌륭한 프로 미식축구 선수가 되네요. 가족의 응원과 지원 속에서, 가족이 바라는 것을 해낸 것이지요. 부모의 꿈이 아이에게 어떤 영향을 미치는가, 그림책과 영화 모두 진지한 물음을 던지고 있습니다. 강력추천하는 영화예요. 아주 감동적이랍니다.

코르크 나무는 페르디난드가 가장 좋아하는
나무였고, 페르디난드는 하루 종일
그 나무 그늘에 앉아서 꽃 향기를 맡으며
지내곤 했지요.

육아의
힌트가 담긴　**05**
그림책

지켜보는 게 제일 힘들어!

『레오가 해냈어요』 로버트 크라우스 지음, 아이세움

레오는 좀 느린 호랑이입니다. 남들보다 말하는 것도, 그림 그리는 것도, 쓰는 것도 늦습니다.

레오의 아빠는 오늘도 물어봅니다.

"레오한테 무슨 문제가 있는 걸까요?"

레오의 엄마는 느긋하게 웃으며 대답하지요.

"아니에요. 다른 아이들보다 조금 늦을 뿐이에요."

'조금 늦는 건 괜찮지, 뭐.'

레오의 아빠는 행여 오늘은? 행여 오늘은? 혹시나 하는 마음으로 레오를 지켜봅니다.

레오의 엄마가 또 한마디 하지요.

"조금 참고 기다려요. 보고 있으면 더 못 해요."

오오, 레오의 엄마는 도인인가 보아요!

그제야 레오의 아빠는 레오를 훔쳐보지 않습니다. (하지만 그래도 몰래 봅니다. 어휴, 어찌 이렇게 친밀감이 느껴질까요?)

그러던 어느 날, 드디어 레오는 달라졌습니다. 말도 하고, 그림도 그리고, 글도 쓰고!

레오가 외치는 말. "내가 해냈어요!" 이제 또래보다 훨씬 더 잘한다고요.

특히 인상적인 것은 두 군데였습니다.

첫 번째는, "내가 해냈어요!"가 영어로는 "I can do it"이 아닌 "I made it"이더라고요. 짧은 제 영어 실력으로는 이렇게 느껴집니다.

그냥 할 수 있는 게 아니라 난 노력하고 애써서 드디어 해냈어!

늦는 아이를 바라보는 엄마 아빠보다, 사실은 늦는 아이가 더 애가 탔던 겁니다. 말도 잘하고 글도 줄줄 읽는 친구들을 보는 레오의 표정이 왜 그렇게 뚱했는지, 한 번도 웃지 않고 아이답지 않았던 이유가 뭔지 그제야 알 것 같습니다. 난 왜 못하는 걸까……. 나도 잘 하고 싶은데……. 안 그래도 아이가 애 타는데 부모까지 조급해서야 안 되겠지요.

두 번째로 인상적이었던 것은 레오 아빠의 표정입니다. "그래서 레오를 보지 않고 텔레비전을 보기로 했어요." 말은 이런데 그림을 보면, 레오 아빠는 텔레비전을 켜놓았지만 사실은 역시 또 레오를 지켜보고 있습니다. 그 뒷장, 토끼를 쫓아 달려가면서도 눈길은 레오를 향해 있어요. 그렇습니다. 조급해지지 않으려고 해도, 부담감 주지 않으려고 해도 어쩔 수가 없는 건가 봐요. 마음이 완전히 떠나지 않는 걸 어떡해……. 작가는 어쩌면 이렇게 잘 아는 걸까요?

저희 집 두 아이 모두 말이 느렸습니다. 평균에 비해 아주 느린 편은 아니지만 보통이라고 하기엔 2프로 부족한 정도? 한번 말이 늦다고 생각하자, 아이의 언어능력이 초미의 관심사가 되더라고요. 하루가 늦는 것도 일 년이 늦는 것처럼 지루했지요. 언제 말을 하려나, 이 말뜻은 알려나? 늘 아이를 테스트 했던 걸 고백합니다.

이제야 반성합니다. 꽃님이가 듣고 있는데 "얜 말이 느려"라고 큰 소리로 말했던 거. 사실은 그리 느린 것도 아닌데 '느리다'고 생각해버린 것도요.

레오의 엄마를 닮고 싶습니다.
우리 아이에 대한 믿음, 섣부른 포기가 아니라 기다려줄 줄 아는 느긋한 여유 말입니다.

육아의
힌트가 담긴   06
그림책

내 인생 단 한 권의
그림책을 고르라면

『마법의 여름』
후지와라 카즈에 지음, 하타 고시로 그림, 아이세움

● 　　　　꽃님이가 2학년, 꽃봉이가 다섯 살 때, 제주도에 월세 방을 얻어 여름방학을 보냈습니다. 그때 제주도에 가서 여름방학을 보내고 싶다……고 불을 지른 게, 이 책이었어요. 제가 가장 이상적으로 생각하는 유년시절을 보여주거든요.

　유이와 케이 형제는 도쿄에 사는 맞벌이 부부의 아이들이에요. 지루한 여름방학을 보내고 있는데 외삼촌이 엽서를 보냅니다. 얘들아, 와라! 그래서 시골로 가지요.

　아이들이 거기서 뭘 하나? 동네 애들과 몰려다니면서 수박 씨 뱉기 하고, 개울 건너다니며 왕잠자리 잡고, 나무 타고, 바닷가 가고, 낚시 하고, 심부름 가고. 아, 머리도 박박 깎았어요.

　모기는 동네 애들은 안 물고 얘네만 뭅니다. 근데 참 이상하지요. 하나도 기분 나쁘지 않습니다. 소나기를 맞아도 어쩐지 후련한 기분이에요. 아이들은 점점 새까매지고, 점점 더 잘 뛰게 되고, 점점 더 나무도 잘 타게 됩니다.

　그러던 어느 날, 아직 어린 동생은 무서운 꿈을 꾸고는 집에 가고 싶다고 웁니다. 그래서 다시 도시로 리턴. 잘 있어! 또 만나자!!

　아이들과 그림책을 읽고 대화하기를 시작한 것도 이 책이었습니다.

　"모기가 왜 얘네만 물까? 모기가 꽃봉이만 물면, 꽃봉이는 기분이 어떨 거 같아?"

"기분 나쁘지! 완전!"

"그런데 얘넨 별로 화가 안 났대. 왜 그렇지?"

꽃님이가 대답했지요.

"그거야, 맨날 맨날 신나니까 그렇지. 집에서는 텔레비전만 보고 심심했는데, 시골에서는 진짜 재밌잖아. 재밌으니까 모기가 물어도 괜찮은 거야. 엄마는 그것도 모르구~."

"아, 모기가 물면 무조건 기분 나쁜 게 아니구나?"

"당연하지. 기분 좋을 때 물어서 기분 나빠질 때도 있지만, 그래도 기분 좋을 땐 훨씬 더 잘 참을 수 있어. 근데 기분 나쁠 땐, 누가 간질여도 기분 나빠."

"우와, 꽃님이 너는, 어린 애가 어른들도 잘 모르는 인생의 비밀을 잘도 아네? 엄마가 살아보니까 그렇더라. 무슨 일이 있어서 행복하고 무슨 일이 있어서 불행한 게 아니고, 행복할 땐 큰일이 일어나도 쪼맨하게 느껴져서 쉽게 이겨내고 불행할 땐 쪼맨한 일도 크게 느껴지고 그렇더라구. 행복은 사건이 아니라 태도에 달린 거 같아."

"재미있게 생각하면 행복이고, 재미없게 생각하면 불행인 거야?"

"빙고! 봐라, 엄마는 너희가 땡볕에 바닷가에서 땅 파는 거, 진짜 이해 안 돼. 근데 너희는 그게 행복이지? 엄마더러 땅 파라 그러면 진짜 불행할 거야. 똑같은 사건도 태도에 따라 다른 거야."

"하하! 엄마 웃긴다. 그게 얼마나 재미있는데. 진짜 행복한데."

정말 가고 싶었던 곳은 제주도같이 멋진 곳 말고 그냥 시골집이었어요. 옥수수 쪄먹고, 세수 삼아 바닷가 나가고, 졸리면 바람 들어오는 평상에서 자고. 운 좋으면 닭이 갓 낳은 계란 주워 오고.

가끔 생각합니다. 제주도에서 보낸 여름방학뿐만 아니라, "아이고, 늙어서 아기엄마 노릇 하기는 힘들어~" 엄살을 피운 모든 여름들을 그리워하겠구나 하고요. 아이들은 엄마만 바라보고, 저도 아이만 바라보는 이 시절, 서로에게 충실했던 이날들이 지금은 버겁다 해도 금세 그리워지겠지요. 그날을 위해서 이 시절을 잘 기억해두고 싶습니다.

참, 이 책에서 제일 놀라운 건요, 이런 멋진 여름방학을 함께 보내준 게, 엄마가 아니라 외삼촌이란 거예요. 그 엄마, 진짜 부럽습니다. 자유부인!! 우와~~~.

CHAPTER 9

도서관에서 그림책 잘 고르는 방법

★
도서관에서 찾은 보물들

도서관은 내 친구

제 도서관 가방을 보면 다들 웃으세요. 도서관 가는 날, 단골 도서관 세 군데를 한꺼번에 가기 때문에 바퀴 달린 대형 시장가방을 쓰거든요. 4인 가족 각각 다섯 권씩 세 군데를 돌면 60권, 그 중 한 곳은 (연체 없이 제 날짜에 반납 잘하고 많이 빌려간다고) 우수회원이라 1인당 열 권을 빌릴 수 있어서 많은 날은 80권도 넘기 때문에 바퀴 달린 가방 아니면 안 된답니다. 처음엔 자주 가서 적당히 빌려 왔는데요, 책마다 반납일자가 다르니까 관리하기가 어렵더라고요. 아이들은 제일 좋아하는 도서관에서 각자 빌릴 책 고르라 하고 제가 동네 한 바퀴 쫙 돌면, 얼마나 뿌듯하고 든든한지요.

그러다가 이사를 했는데, 큰 도서관이 없더라고요. 주민센터 한쪽에 있는 동네 도서관이 고작이라 이를 어떡하나, 공짜로 아이들 키운 호시절은 끝나나 보다 했는데요, 알고 보니 '상호대차 서비스'라는 게 있는 겁니다!

"우리 동네엔 쓸 만한 도서관이 없어요"라는 분들! '상호대차 서비스'가 얼마나 물건인지 알면 깜짝 놀라실 거예요. 상호대차 서비스는 내가 가는 도서관에 빌리려던 책이 없으면 다른 도서관에서 책을 빌려다 주는 시스템입니다. 그러니까, 우리 집에서 제일 가까운 도서관이 '즐거운 도서관'인데 내가 찾는 책이 없단 말이에요? 홈페이지에서 검색을 해보니 같은 구이긴 하지만 좀 멀리 떨어져 있는 '행복한 도서관'에 그 책이 있네요. 자, 이제 상호대차 신청을 합니다. 그러면 며칠 후(늦어도 3일내) 즐거운 도서관에서 행복한 도서관의 책을 갖다 놨으니 빌려가라고 연락이 옵니다. 그럼 저는 집 가까운 도서관에서 책을 빌리고 반납하고 다 할 수 있는 거지요. 상호대차 서비스는 특히 규모가 작은 구립 도서관들이 잘 돼 있습니다.

처음엔 반납을 한 날, 당장 다른 책을 빌려올 수 없다는 게 서운했는데요. 대신 여러 개 도서관에서 빌릴 수 있으니 누가 빌려가서 못 빌리는 일이 없다는 게 정말 장점이더라고요. 또 상호대차 서비스 책들은 따로 책장이 마련돼 있기 때문에 빌릴 책을 찾아 서가를 한참 뒤지지 않아도 되니 시간 절약도 됩니다. 내가 신청한 책만 딱 모아두었으니까요. 얇아서 여러 권 꽂혀 있으면 제목 확인하기도 곤란한 영어 그림책들을 빌려보신 분들이라면 이게 얼마나 큰 장점인지 공감하실 겁니다.

다만 상호대차만 하면 도서관 보물찾기의 즐거움은 놓치는 경우가 생기기 때문에, 아무리 작은 도서관이라도 나의 단골 도서관 서가는 이 잡듯이 뒤진답니다. 도서관 보물찾기는 제가 제일 좋아하는 책 고르기 방법이기도 합니다. 그냥 이거 저거 뽑아보는 거예요. 이 책 제목은 처음 듣네. 무슨 내용일까? 이 책은 표지가 이 쁘네. 와, 이 책은 새 책이네! 내가 처음으로 넘겨봐야지, 얏호! 쩌 억. 새 책 첫 번째로 넘기는 이 종이맛, 너무 좋아. 혼자 궁시렁궁 시렁 하면서 책 구경을 합니다. 그러면서 괜찮다 싶으면 빌리는 거지요. 그러다 아이의 반응이 대박인 책을 만나면, 추천목록 들고 가서 골라왔을 때와는 비교도 되지 않는 기쁨이 있답니다. 유레 카!! 심봤다!!!

도서관 책이 재미있는 이유? 본전 생각이 안 나니까!

도서관에서 재미있는 책을 고르는 비결을 말씀드리면요.
 첫 번째, 옆 자리를 노려라. 최근 가장 아이들에게 반응이 좋았 던 책이 어디에 꽂혀 있는지 확인을 합니다. 그리곤 딱 그 옆자리 를 보는 겁니다. 십중팔구 같은 작가의 책이거나, 제목이 비슷한 책이에요. 주제가 같은 책일 가능성도 높지요. 그럼 아이는 그 책 도 관심을 가지는 경우가 많습니다.
 같은 작가의 책인데 또 재미있다, 그럼 당연히 그 작가의 다른 책은 뭐가 있나 검색 들어갑니다. 주제가 비슷한 책이면, 다른 그 림풍, 다른 시각으로 새로운 재미를 주거든요. 만약 옆의 책이 재 미없어 보이면? 가차없이 미련을 버리고 재미있었던 다른 책을 찾 아갑니다. 그 책 옆에는 뭐가 있나~ 하고요.

그러기 위해선 평소 재미있게 읽었던 책 제목도 몇 개 기억해야 하고요, 신문 신간 안내나 광고에서 재미있겠다 싶어 찍어놓은 책 목록도 좀 써놔야 해요. 전에는 관심 가는 책 제목을 쓴 수첩이 따로 있었는데요, 요즘은 그냥 스마트폰 사진첩에 그림책 폴더를 하나 만들었어요. 그때그때 표지나 기사를 찍어둔답니다. 새로운 그림책, 즉 새로운 뿌리를 하나 찾았으면 주변을 더듬더듬 찾아나갑니다. 이름을 붙이자면 그림책 가지치기랄까요?

두 번째, 낡은 책을 찾아라. 그림책 서가를 휙 보면요, 유난히 손때를 많이 탄 책들이 있습니다. 너덜너덜 책장이 부풀어 있는 책들. 아이들이 그만큼 많이 찾아 읽었다는 뜻이지요. 혹시 도서관에서『Why? 사춘기와 성』책을 보신 적 있으신가요? 어찌나 아이들이 많이 읽었는지 원래 두께보다 세 배 네 배 부풀어 있답니다. 아이구~ 녀석들, 뭐가 그렇게 궁금했는지!

세 번째, 신간 코너를 공략하라. 낡은 책도 기꺼이 견디겠지만, 사실 이왕이면 새 책이 좋잖아요? 도서관에서도 얼마든지 새 책을 볼 수 있답니다. 새로 들어온 책 책장도 보물 투성이입니다. 신간 트렌드도 알 수 있지만, 신간이 아닌데 새로 구입을 했다면 누군가가 구입 신청을 했다는 뜻이지요. 대부분 뭔가 좋은 이유가 있더라고요. 도서관에서 새 책 보기! 홈페이지에 구입 신청을 하면 대개 신청자가 첫 번째로 대여를 할 수 있도록 연락을 준답니다.

도서관, 어릴 때부터 가는 게 좋을까?

"아이들이 일찍 도서관에 갈수록 좋겠지요?"라고 묻는 분들 많으신데요. 글쎄요, 저는 '놀더라도 도서관에서 놀면 뭔가 한 권이라도 보면서 놀겠지'라는 희망은 일찌감치 버린 사람이라서요. 꽃님이 때 아이가 도서관을 좋아하도록 하기 위해 애를 많이 썼습니다. 도서관에도 자주 데려가고요, 평소엔 절대 사주지 않는 불량식품도 도서관 매점에서는 하나씩 사주곤 했지요. 근데 그랬더니 도서관, 책을 좋아하랬는데 불량식품을 더 좋아하더라고요. 장난치거나 수다를 떨다 혼이 나기도 하니 '도서관은 야단맞는 곳' 이런 생각도 하는 것 같고요, 집에서는 보여주지 않는 각종 만화책들과 우스꽝스러운 정보 반, 만화 반인 어린이용 자기계발책들을 처음 접한 것도 다 도서관이었지요. '도서관에 가면 꼭 놀이터에 들른다.' 이 규칙도 깨는 데 애를 많이 먹었어요.

그래서 꽃봉이는 꽃님이보다는 늦게 도서관에 데려갔고(세 돌쯤 처음 갔습니다), 보다 본래의 목적에 충실합니다. 함께 책을 고르고, 빌릴 책 선택권을 주고, 사서 선생님께 공손하게 인사 드리지요. 도서관 매너는 꽃봉이가 훨씬 더 좋답니다. 꽃님이에게 도서관은 '노는 곳'이고요, 꽃봉이에겐 '책 읽는 곳'이지요.

도서관에서
찾은
보물들
01

신데렐라는
끝까지 행복했을까?

『신데렐라』
샤를 페로 원작, 로베르토 인노첸티 그림, 비룡소

- 　　　　도서관에서 책을 빌리면 가장 좋은 점은? 책을 나중에 집에 보관해야 할 필요도 없고, 아이들이 반드시 내가 고른 책을 좋아하고 여러 번 읽어서 '본전'을 뽑아야 한다는 부담감이 없으니 마음 편하게 책을 고른다는 '오픈 마인드'가 제일 큰 장점인 것 같아요.

어느 날 보니까, 다섯 권 빌릴 수 있는 도서관에서 고른 책과 열 권 빌릴 수 있는 도서관에서 고른 책이 살짝 다르더라고요. 열 권 빌리는 곳에서 훨씬 더 제 평소 취향이 아닌 책들을 고르더군요. 열 권이나 되는데 '아니면 말고' 이런 배짱이 생긴 게 아닐까요? 도서관에서 찾은 대박 보물들은 주로 그렇게 가볍게, 열린 마음으로 고른 책들이었답니다.

로베르토 인노첸티의 『신데렐라』가 바로 그런 보물 같은 책입니다. 6학년, 2학년 아이들 집에서, 신데렐라 얘기를 모르는 것도 아니고 특별히 좋아하는 것도 아닌데 과연 이 책을 샀을까요? 『마지막 휴양지』, 『그 집 이야기』, 『백장미』 등 인노첸티의 그림은 아름답긴 한데 어쩐지 묘한 느낌이 듭니다. 인노첸티가 안데르센상 수상 소감에서 이렇게 얘기했대요. 자기는 대학을 다니지 않아 글을 잘 못 쓰니까 결국 작가를 따로 써야 한다고, 그래서 자기의 생각과 정서를 깊이 표현할 수 있는 저술(writing)이 부럽다고 말예요. 그런데 이 사람의 그림을 보면 "아니, 누구 놀리나! 이보다 어떻게 더 자기 생각을 담을 수 있단 말이야?" 싶어요.

이 신데렐라도 진짜 특이해요. 신데렐라를 17세기 프랑스가 아니라 19세기 초반 아르누보가 휩쓸던 벨에포크 시대로 옮겨놓았네요. 신데렐라는 새까만 단발에 진한 눈 화장, 터번 모자를 썼지요. 오오, 멋진데요? 하지만 인노첸티가 신데렐라 이야기를 썩 좋아하진 않은 것 같습니다.

"엄마, 근데 왕자가 왜 이렇게 못생겼어? 좀 멍청이 같아."

꽃님이 말마따나 어째 왕자는 전혀 멋지지 않습니다.
"신데렐라도 행복해 보이지 않아. 사랑해서가 아니라 그냥 왕자라서 결혼하는 거 같아."
엄마가 봐도 그렇네요.

마지막 페이지. 한 여인이 신데렐라의 결혼 사진을 보면서 담배를 피우고 있습니다. 발 아래 뒹구는 술병과 시든 화분……. 누구일까요? 인터넷 서점의 서평을 보니 다들 새엄마라고 하네요. 아닌 게 아니라 새엄마는 내내 술나발을 불고 있거든요.
하지만 꽃님이와 저는 신데렐라의 늙은 모습이라고 의견을 모았습니다. 새엄마라면 이렇게 회한에 젖을 이유가 뭐 있겠어요? 신데렐라가 복수를 한 것도 아니고, 새언니들도 높은 귀족들과 결혼시켜줬다는데. 결혼 사진에서도 새언니들이 제일 행복하게 웃고 있는데요!
왕자와 결혼하면 인생 성공일 줄 알았는데, 그게 아니었나 봅니다. 여자에게 선택권이 없던 17세기가 아니라 그래도 여자들도 샤넬과 함께 바지를 입고 재킷을 입던 시대이니, 재투성이 시절에도 돋보이던 자기의 패션센스를 이용해 뭐라도 해볼걸 그랬나, 내 인생 내 손으로 어떻게든 해볼걸 싶은 마음에 신데렐라는 서글퍼진 게 아닐까요?
책장을 덮자마자 꽃님이와 동시에 소리쳤습니다.
"이 책 사자! 진짜 재밌어!"

9. 도서관에서 그림책 잘 고르는 방법

도서관에서 찾은 보물들 **02**

빨간 모자를 구해줘

『로베르토 인노첸티의 빨간 모자』
애런 프리시 지음, 로베르토 인노첸티 그림, 사계절

● 로베르토 인노첸티의 작품 하나 더 볼까요? 서양 옛이야기 중에서도 빨간 모자는 유난히 패러디가 많습니다. 늑대를 혼쭐내는 코믹 버전이 있는가 하면, 알고 보니 늑대가 착한 동물이었다~ 그런 것도 있지요. 도서관에서 한꺼번에 빌려와 같은 이야기를 두고 작가들이 어떻게 해석했는지 비교하면서 읽어도 재미있답니다.

인노첸티의 『빨간 모자』는 시대 배경이 현대입니다. 빨간 모자는 'The woods'라는 대도시의 대형 쇼핑몰 근처에 살아요. 도시의 숲은 나무가 자라는 숲보다 훨씬 더 위험합니다. 온갖 성적인 이미지가 난무하는 간판들, 넋을 잃게 만드는 화려한 네온사인들. 가장 위험한 이유는 책에 딱 써놨습니다.

"그 많은 사람들이 다 나를 보고 있는 것 같지만, 실은 아무도 나를 보고 있지 않거든."

빨간 모자는 옛이야기와 마찬가지로 편찮으신 할머니의 병문안을 가는 길입니다. 엄마가 낯선 사람과 말을 하지 말라고 했지만, 깡패를 만난 걸 어떡하겠어요? 그때 정의의 사도 아저씨가 나타나 빨간 모자를 구해줍니다. 아저씨는 혼자 계신 할머니 댁까지 오토바이로 태워다준다더니, 아쉽게도 급한 전화를 받고 가버리네요.

자, 드디어 트레일러를 개조한 할머니 댁에 도착했습니다. 과연 빨간 모자를 기다리고 있던 것은 누구일까요? 트레일러 하우스 앞에 서 있는 빨간 모자. 다음 페이지는……. 어휴, 경찰들이 집을 둘

러싸고 있습니다. 출동한 경찰의 규모를 보면 살인사건이구나 쉽게 짐작됩니다. 그런데 단순 살인사건이 아닌 것 같아요. 그 아저씨는 정말 정의의 사도였을까요? 마지막 페이지에서 왜 깡패들과 그 아저씨가 같이 놀고 있는 거지요? 할머니가 사는 트레일러 하우스는 딱 봐도 가난한 집입니다. 그러니까 그 아저씨가 노린 것이 돈은 아닌 것 같고요. 그렇습니다. 그 사람이 노린 것은 바로 빨간 모자, 어리고 예쁜 소녀였지요.

옛날이야기의 패러디니까 늑대의 배를 갈라 빨간 모자와 할머니를 구해준 나무꾼 아저씨가 등장해야 할 텐데요. 독일의 그림형제가 기록한 이야기에는 나무꾼이 등장하지만, 프랑스의 샤를 페로가 기록한 빨간 모자 이야기는 빨간 모자가 잡아먹히고 끝난다네요. 과연 인노첸티는 누구의 이야기를 기반으로 했을까요? (참고로 앞에서 소개한 『신데렐라』는 샤를 페로의 이야기 기반입니다.)

어린이 성폭행은 생각보다 치밀하게 일어납니다. 그저 낯선 사람을 따라가지 말라는 주의 정도로는 아무 소용이 없지요. 이렇게 깡패로부터 나를 구해준 아저씨를, 어떻게 따라가지 않겠습니까? 그리고 그 고마운 아저씨를 기쁘게 해줄 '사소한 일'을 과연 거부할 수 있을까요?

너무나 세밀하고 사실적인 그림이라 오히려 더 낯설게 느껴지는 인노첸티의 그림에 정신이 팔린 꽃봉이를 데리고 성폭행 얘기를 하려니 어떻게 설명해야 할지 갑갑합니다. 하지만 이젠 어린이

성폭행이 남녀를 구분하지 않는 세상이니까요.

엄마가 잠깐 망설이는 사이에 누나 꽃님이가 꽃봉이에게 설명을 해주더군요.

"너 남자라고 강간이나 성폭행을 안 하는 게 아니야. 남자애들이 방심하다가 더 당할 수도 있다고."

어이쿠! 어린 줄만 알았던 꽃님이가 다 컸습니다. 아이는 엄마가 아는 것보다 늘 더 빨리 자랍니다. 자기 생각보다는 늘 더 늦게 자라지만 말이에요.

도서관에서
찾은
보물들
03

딸아, 너무 아픈 사랑은
사랑이 아니란다

『인어공주』
안데르센 원작, 찰스 산토레 그림, 어린이작가정신

• 　　　　　제가 아는 최고로 멋진 인어공주입니다. 아주 어린 아기들은 오히려 좀 거부감을 느낄 정도로 화려하고 강렬한 그림입니다. 가슴팍에 조개껍데기나 붙이고 있는 촌스런 인어공주도 아니고요. 결국 '같이 살아봐야 사랑의 완성'이라고, 왕자님과 결혼하도록 결론을 바꿔가며 밀어붙인 인어공주도 아니랍니다.

미역 느낌 팍팍 나는 치렁치렁한 머리카락.
햇빛 비치는 저 바닷속 청년 조각상에 설레는 소녀의 얼굴.
꽃님이는 6학년 때 이 책을 봤는데요, 눈을 떼지 못하더라고요. 표지는 인어공주가 밤에 남몰래 타는 듯이 아픈 다리를 시원한 바닷물 속에 담그고 바다를 그리워하는 장면입니다.
아아, 그깟 남자 때문에 자기다움을 포기하다니. 자유롭게 헤엄치는 꼬리를 버리고 칼날 위를 걷는 것처럼 고통스러운 발을 선택하다니. 누가 자기를 정말로 구해준 건지 제대로 찾아볼 생각도 없이, 다른 여자의 품에서 하하호호 좋아하는 저 남자를 위해 목소리까지 포기하다니요!
"얘야…… 이만하면 됐어. 살아봐라, 사랑이 전부가 아냐. 너무 아픈 사랑은 사랑이 아니란다……."
마흔 넘은 아줌마는 그만 그 작은 소녀를 토닥여주고 싶습니다.

저는 옛날부터 인어공주 이야기가 참 불편했습니다. 사랑은 이

9. 도서관에서 그림책 잘 고르는 방법　337

토록 처절하게 나를 버려야만 하는 걸까? 왜 하필 나를 버리고 희생하는 것은 여자일까? 그림이나 아름답지, 내용은 별로라고 생각했지요. 꽃님이에게도 이런 사랑은 안 된다며 흥분해서 설교했습니다.

그런데 마지막 장에 이런 얘기가 나오네요. 공기방울 요정들이 물거품이 된 인어공주에게 말합니다.

"인어에게는 영혼이 없지요. 그래서 한 사람의 완전한 사랑을 받지 않는 한 영원히 살 수는 없어요. 인어가 영원히 살기 위해서는 사람의 사랑이 필요하지요. 가엾은 인어공주님, 당신은 우리처럼 영혼을 얻으려고 모든 것을 바쳐서 노력해왔잖아요. 아픔을 참고 견디면서요. 그렇기 때문에 지금 우리들과 함께 있게 된 거예요."

그래요.
사랑은 결국 나의 영혼을 위한 것이지요.

도서관에서 찾은 보물들 04

좋은 남편감을 고르는 방법

『아기돼지 세 자매』
프레데릭 스테르 지음, 파랑새

● 아기돼지 삼형제도 워낙 패러디가 많은데요. 이 책은 삼형제가 아니라 세 자매네요.

아가씨 돼지 세 자매가 남편감을 찾으러 집을 떠납니다. 첫째, 둘째 언니는 돼지의 탈을 쓴 늑대에게 잡아먹히고, 늑대의 탈을 쓰고 있던 셋째는 오히려 늑대를 협박해 잡아 혼쭐을 내주지요.

마지막 장면에서는 늑대도 잡은 대단한 아가씨라고 소문이 나 돼지 청년들이 프로포즈하기 위해 집 밖에 줄을 서 있습니다. 마지막 문장이 제일 멋지네요.

"멋진 남편감을 찾았는지 어떤지는 아무도 모르지만요."

"꽃님아, 보통 동화는 둘은 결혼해서 행복하게 살았습니다 하고 끝나는데, 이 책은 어쩐지 심술궂지 않냐? 해피엔딩일지 아닐지 모르잖아. 그래도 좋은 남편감을 골랐겠지?"

"그건 모르지."

"똑똑하고 용감한데 잘 골랐겠지, 모르긴 왜 몰라?"

"똑똑한데 결혼 이상하게 한 여자들 얘기, 엄마가 몇 번이나 해 줬잖아. 그 아나운서도 그랬다면서?"

"음, 맞아. 근데 그 아나운서는 왜 그런 남자를 골랐을까? 모든 단점을 다 덮을 만큼 너무 사랑했나?"

"엄마, 그건 아니지 않을까? 오히려 사랑 말고 다른 걸 봤을 거 같아. 근데 자기가 똑똑하니까 자기 선택을 믿었겠지."

"그럴 수 있겠다. 정말, 똑똑한 거랑 사람 보는 눈은 다른 거 같

아. 이 첫째 언니 돼지 좀 봐. 게으른 돼지 삼형제 첫째랑 다르게 벽돌집을 지었잖아. 돼지들도 역사를 통해 알았겠지. 벽돌집을 지어라! 그래서 배운 대로 다 했잖아. 모범생이었을 거야. 그런데도 늑대 밥이 되고, 대강 지푸라기집을 지은 막내는 오히려 그 지푸라기집으로 늑대를 잡고. 첫째 언니 불쌍하다."

"늑대가 돼지 가면을 쓰고 있었는데, 그 가면을 못 봤잖아. 대강 본 거지. 좋은 옷만 본 거야."

"근데, 꽃님아. 그럼 어떤 사람이 좋은 결혼 상대일까?"

여기서 꽃님이 말문이 막혔습니다. 생각해본 바 없다네요. 일단은 사랑하는 사람이라야 하고 대화가 통하는 사람? 요 정도 나왔을 때 옆에서 자동차로 부앙부앙 시끄럽던 꽃봉이에게 물었습니다. "넌 어떤 사람하고 결혼할래?"

우와, 1초도 안 쉬고 줄줄줄 나오네요.

"나는 재미있고, 웃기고, 내가 미안하다 그러면 잘 용서해주고, 말이 잘 통하고, 입맛이 나랑 비슷해야 해. 그리고 똑똑하고."

"이쁜 거는? 안 이뻐도 돼?"

"그거야 당연히 사랑하는데 이쁘겠지. 남 눈에 안 예뻐도 내 눈엔 예쁘지. 사랑하는데!"

이 얘기를 블로그에 올리자, 선배 언니가 사랑이 뭔지 안다며 꽃봉이를 폭풍 칭찬했습니다. 다음 날, 한껏 기분이 좋아진 제가 꽃봉이를 붙들고 또 얘기했어요.

"근데 말이야, 남들이 너더러 막 보는 눈 없다고, 안 예쁘다고 하면 어떡할래?"

"뭐 어때? 그게 뭐 중요해? 난 난데. 내 생각이 중요하지."

우와!

여기서 멈춰야 했습니다.

흥분을 해서 제가 또 물었어요.

"넌 쪼끄마한 아기가 그런 대단한 사랑의 비밀을 어떻게 알았니? 정말 멋지다!"

꽃봉이가 대답하데요.

"엄마 보고 알았지. 남들이 뭐라 해도, 내 눈엔 엄마가 정말로 예쁘거든!"

헉!!

도서관에서
찾은   05
보물들

메롱,
널 좋아한다구!

『엄마, 생각고래가 왔어요!』 최현룡 지음. 청년사

● 　　　　도서관 신간 코너에서 처음 봤을 때, 사실 독자 대상이 애매한 책이라고 생각했어요. 내용은 유치원 나이쯤에 재미있게 들을 내용인데, 글밥은 꽤 되기 때문이었지요. 그래도 고래 그림이 단순하고 이쁘기에 1학년 꽃봉이더러 한 번 따라 그려보라고 할 속셈으로 빌려왔습니다. (우리 집 아이들은 책 속의 그림을 따라 그리는 걸 좋아하거든요.)

　　내용은 엄마와 유치원 다니는 아이의 대화로 돼 있습니다. 엄마, 우리 맘속엔 생각고래가 있대. 생각고래가 크고 이뻐지려면 생각이 깊고 넓어야 한대. 뭐 이런 얘기지요. 꽃님이는 이런 뭔가 교훈적인 내용을 쉽게 풀어 말하는 스타일의 책은 딱 싫어했어요. 꽃님이 초등학교 1학년 때 이 책을 읽어주면 아마도 이랬을걸요?
　"생각고래? 유치해. 난 나를 아기 취급하는 책은 별로야."
　그런데 꽃봉이는 재미있다고 두 번이나 읽네요. 똑같은 책도 아이마다 이렇게 반응이 다릅니다. 꽃님이가 너무 좋아했던 책을 꽃봉이는 거들떠보지도 않는가 하면, 꽃봉이는 보면서 감동해서 우는데 꽃님이는 유치하다고 하기도 하거든요. 아직 밥 한 그릇 뚝딱 해치우는 것도 버거워하는 작은 아이들이 나름대로 취향이 있고 생각이 있는 걸 보면요, 내 자식이라고 내 것인 줄 알고 엄마 마음대로 계획 세우고 끌고 다니고 실망하고 섣부른 기대를 거는 모든 일들이 얼마나 잘못인 건가 저절로 반성이 됩니다.

생각고래가 자칫 뾰족뾰족 미워질 수도 있다는 부분에서 제가 꽃봉이에게 물었습니다.

"생각이 뾰족하면 왜 안 좋은데?"

"그럼 말도 뾰족하게 하게 되잖아. 그럼 그 말을 듣는 사람은 기분 나쁘고, 상처도 받고."

"너도 뾰족한 말 듣고 상처받은 적 있어? 어떤 말?"

"돼지똥꼬. 바보. 넌 아는 게 하나도 없구나? 넌 이것도 모르냐? 그리고 제일 상처받는 말은 이거야. 너랑 안 놀아. 너랑 절교야. 우리 헤어져!"

흐흐. '우리 헤어져' 이런 말은 도대체 누구한테 들어봤을라나요? 드라마를 많이 보는 친구인가 봅니다.

"그럼, 들어서 기분 좋은 말도 있었어? 사랑해. 이거 말고."

"고마워. 미안해. 그리고 이 말도 좋아. 넌 이름이 뭐야? 메롱!"

"에? 메롱은 왜?"

"그건 나랑 놀자, 나랑 장난치자 하는 거잖아. 넌 이름이 뭐니 하는 것도 나한테 관심이 있는 거고. 나랑 친해지고 싶은 거고. 마음이 좋아져."

"아, 그렇구나."

어지간히도 관계지향적인 울 아들입니다. 그게 뭔지 아니까~, 느낌 아니까~, 괜히 짠합니다. 짜식.

어이! 꽃봉아! 메롱~.

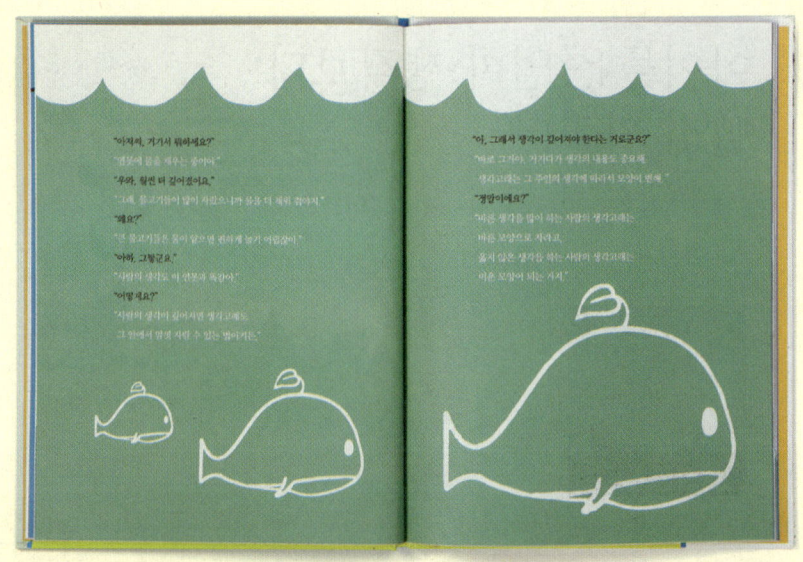

도서관에서
찾은   06
보물들

아이들은 엄마 생각보다
빨리 자란다

『내 자전거』 예안더 지음, 예림당

● 　　　　　그림도 내용도 정말 좋아서 이 책은 사야지 하면서도, 벌써 대여섯 번 도서관에서 빌려보고 나니 이젠 정말 못 사겠어요. 흑. 그래도 살까요?

　주인공의 소원은 새 자전거를 갖는 것입니다. 친구들과 자전거를 타러 가면 엄마는 늘 천천히 타라고 하지만, 엄마는 몰라요. 어차피 주인공은 언제나 제일 늦게 달리는 꼴찌라는 걸요. 자전거를 잘 못 타서가 아닙니다. 어른들에게 물려받은 짐 자전거가 너무 크고 무겁기 때문이지요.
　어느 날, 할아버지께서 낡은 찻주전자가 사실은 알라딘의 요술 램프라는 얘길 하십니다. 믿지 않지만, 혹시 하고 몰래 소원을 빕니다. 첫 번째, 새 자전거를 갖게 해주세요. 두 번째, 빨리 갖게 해주세요. 하지만 집에 놀러 왔던 친구가 주인공 몰래 빌었는지 친구가 먼저 자전거를 사네요? 부러워 죽을 지경이지만 그래도 착한 마음으로 친구의 운전사 노릇을 해줬습니다. 그러니까, 뒤에 태우고 달린 거지요. 그 친구는 잘 못 타거든요. 그랬다가 그만 둘 다 다치고 맙니다. 괜히 엄마만 친구 엄마에게 굽신굽신 빌고요.
　엄마가 반에서 1등 하면 자전거를 사준다기에 열심히 해서 드디어 100점으로 1등! 하지만 엄마가 밤늦게까지 일하면서 고생하는 거, 다 압니다. 결국 주인공은 새 자전거 대신 새 크레용을 샀어요. 더 싸고, 더 학교에서 필요한 것이니까요. 대신 자전거는 다시 페인트칠을 하기로 하고요. 그날 주인공은 세 번째 소원을 빕니다.

빨리 어른이 되기를요……. 그렇다고 너무 빨리 늙지는 말고요.

아아, 운명도 세월도 내 맘대로 되지 않지만, 어떻게든 아이들은 자라고 세상은 살 만하구나 하는 그런 느낌이랄까요. 유년시절이 늘 즐겁고 행복한 건 아니었지만, 돌아보면 따뜻한 것처럼요.
아이를 성장시키는 건, 풍부한 경험과 자원이 아니라 어쩌면 결핍인지도 모르겠어요. 그 결핍의 자리에 서러움과 욕망이 아니라 꿈과 인내를 키우는 건 가족의 힘일 테고요.

꽃봉이에게 너는 알라딘의 요술 램프가 있다면 뭘 빌래 하고 물었습니다.
"나도, 나도 그냥 달라는 건 아니고, 있잖아……. 공부 1등 하면, 그것도 한 번 1등 말고, 두 번 1등 하는 조건으로~."
제가 말을 잘랐습니다.
"그래도 게임기는 안 돼!"
"휴, 그럴 줄 알았어. 그럼 내 소원은, 첫 번째는 큰 엔진을 달라고 하고, 두 번째는 멋진 보드를 달라고 해서 그 보드에 엔진을 달 거야. 바람보다 더 빨리 달리게. 세 번째는 내가 그 보드를 잘 타게 해달라고 할 거야."
이번엔 누나가 끼어들었습니다.
"바보냐? 소원을 아껴야지. 잘 생각해봐."
궁리, 또 궁리.

"아, 큰 엔진이 달린 보드를 내가 잘 타게 해달라고 할 거야. 그리고 두 번째는, 울 엄마가 내 말 다 듣게 해달라고 해서, 게임기도 사고, 매일 매일 뭐 사달라고 할 거야. 평~~생! 세 번째 소원은 생각 좀 해보고."

도서관에서 찾은 보물들 **07**

나는 누구인지 알아가는 먼 길에서

『기러기』 몰리 뱅 지음, 마루벌

● 　　　　어느 날, 도서관 문 닫기 직전이라 무슨 책을 빌릴지 고를 시간이 없었습니다. 옆자리 반납창구에 쌓여 있는 책 중에서 맨 꼭대기 책을 제목도 모르고 집어넣었지요. 이날따라 몸살기운이 있어 집에 와 일찍 누웠는데, 옆에서 이 『기러기』를 읽던 꽃봉이가 뜬금없이 우울한 얼굴로 그러더라고요.

"엄마. 나는 내 정체를 아직 모르겠어."

"정체를 모른다는 게 무슨 말이야?"

"어떤 사람인지 모르겠다고. 왜 태어났는지, 뭘 할 건지 다 모르겠어."

갑작스런 철학적인 질문에 잠시 당황했습니다.

"엄마는 엄마 정체를 알아?"

(아들이 이렇게 진지한데, 정체란 말은 적절하지 않다고 지적할 용기는 없습니다.)

"글쎄. 알겠는 때도 있고, 모르겠는 때도 있어. 그거 아는 사람 많지 않을걸. 그걸 묻고 찾아가는 게 철학이고 신학인데, 아니 모든 공부가 어쩌면 그 답을 찾아가는 거야. 내가 누구인가. 근데 넌 누구 같아?"

"난…… 부족한 사람. 엄마 아픈 데 해줄 수 있는 것도 없고. 과학자, 축구선수, 보드 잘 타는 사람이 되고 싶은데 아직 잘하는 게 하나도 없어."

"그건 아직 어리니까 당연한 거지. 점점 잘하게 될 거야."

"커서도 잘 못하면?"

"사람 정체에 꼭 뭘 잘하는 사람, 그런 것만 있는 게 아니잖아. 넌 사랑이 많고 따뜻하고 웃긴 사람이야, 이미. 아직 어리지만 벌써 그런 사람이야."

"아니야. 엄마가 몰라서 그렇지, 나 별로 사랑이 많은 사람 아니야. 우리 반에 ○○○를 너무 싫어해. 하나님은 왜 그런 애를 만들었을까?"

"네 생각엔 왜 만드신 것 같아?"

대답이 궁하면 일단 되묻기 신공을 발휘!

"그 애도 이유가 있겠지만, 나한테는 싫은 사람하고 지내는 법을 연습하라고 만든 것 같아. 막 싸우면 안 되니까."

"엄마. 나는 왜 태어났을까?"

하필 엄마 아픈 날, 너무 어려운 질문을 하는구나. 엉겁결에 노래를 했습니다.

"당신은 사랑받기 위해 태어난 사람~~~."

"아 엄마! 그건 노래고~!"

"진짜야. 사랑을 받고 사랑을 나눠주고, 그러려고 태어났지. 근데 왜 갑자기 네 정체가 궁금해졌어? 이 책에 그런 얘기가 나와?"

"기러기가 자기가 기러기인 줄 모르고 남들하고 다르니까 외로워해."

어느 날, 비버의 둥지로 기러기 알 하나가 떨어집니다. 비버 가족이 아무리 잘해줘도 기러기는 자기만 달라서 외롭습니다. 외로움에 헤매다니다가 벼랑에서 떨어지는데 그 덕분에 발버둥을 치다가 자기가 날 수 있다는 걸 알게 된다는 이야기입니다.

"근데 꽃봉아. 얘는 자기가 날 수 있다는 걸 알게 돼서 덜 외로워졌을까? 뭐 달라진 게 없잖아. 오히려 자기는 완전히 다르다는 걸 알았으니 더 외롭지 않을까?"

"아니지. 자기가 누군지, 왜 다른지 알면 훨씬 덜 외롭지. 내 생각엔 그래."

"엄마도 네 말이 맞을 거 같아. 근데 꽃봉아. 혹시 너, 네가 누구일까 하는 생각에 외로운 적 있니?"

"아니. 오늘 그런 생각 처음 한 거야."

"그렇구나. 앞으로 외로울지도 몰라. 그래도 확실한 건, 넌 엄마의 빳데리라는 거야. 엄마에게 힘을 주는, 빳데리. 잊지 마."

"알았어, 엄마. 고마워."

"그리고 내가 누구인가 찾아가는 과정에서, 쉽게 찾아지지 않아서 실망하고 힘들 때가 많을 거야. 그럴 때, 쓰러지지 말라고 엄마가 기도할게."

블로그에 이 이야기를 올리자 한 이웃이 덧글을 달아주었습니다.

"꽃봉아. 내가 누구인가 찾아가는 과정에서 실망하지 않을 수 없고, 쓰러지지 않을 수 없단다. 하지만 그렇게 쓰러질 때 내가 누구인지 조금은 알 수 있다는 것, 그래서 실망하고 쓰러져도 괜찮다는 것이 이모가 깨달은 거란다."

아아. 그렇구나. 이렇게 깊이 생각한 귀한 조언을 들을 수 있어 정말 감사했습니다.

그리고 다음 날.
"엄마는 어떤 엄마야? 무슨 사람이야?"
"글쎄. 여행이랑 책을 무지하게 좋아하고, 울 가족이 세상에서 제일 좋고, 맨날 감사하는 사람이지. 넌 엄마가 어떤 사람 같아?"
"착하고 사랑이 넘치고. 근데 엄마도 못하는 게 있어?"
"그럼 많지. 엄마 청소 못하잖아."
"엄마, 못한다고 생각하지 마. 누구든지 처음에는 다 서툰 거야. 연습을 하면 돼. 얼마나 열심히 연습을 하는가가 중요한 거야. 알지?"
"맞아, 맞아."
"그러니까 내 방에서 청소 연습하는 거 어때? 맨날 더러우니까 맨날 연습할 수 있을 거야. 알았지?"
컥. 저, 당한 거 맞지요?

그림책 속의
도서관들

어느 날, 도서관에서 빌려온 그림책을 보다가 무언가를 발견했습니다. 책 속에 누군가 끼워놓은 단풍잎과 은행잎 몇 장……. 참 행복해지는 서프라이즈 선물을 받았네요.

1. 『도서관을 구한 사서』
마크 앨런 스태머티 지음, 미래아이

그림책이라기보다 만화책입니다. 주인공이 이렇게 안 예쁜 책도 드물 거예요. 등장인물을 귀엽게, 멋지게 캐릭터처럼 그릴 법도 한데, 이 책은 네모 얼굴에 주름살까지, 하지만 진짜 이라크 사람같이 그렸습니다.

전쟁이 나자 옛날 역사 속의 바그다드 도서관처럼 이라크 바스라 중앙도서관이 불에 탈까 봐 사서 알리아는 혼자 책을 빼돌립니다. 도서관을 점령한 군인들의 눈길을 피해 옷 속에, 가방 속에 살살 숨겨 갖고 나온 거지요. 폭격이 있기 직전에는 이웃들까지 총동원해 한 권 한 권 손으로 날라 빼돌려 구해낸 책이 자그마치 3만 권!

도서관을 포함해서 도시 전체를 한순간에 불바다로 만들 수 있는 전쟁에 대해 얘기를 나누던 중, 엄마는 전쟁의 참혹함 뭐 이런 얘기를 하고 싶지만 꽃봉이는 전투를 재현하느라 바쁩니다. 그러니까, 어쩐지 전쟁을 멋지게 보는 것 같아요. 어이쿠!

한창 가상의 적과 칼싸움을 하던 꽃봉이가 불쑥 말하네요.

"엄마, 참 이상해. 싸우는 장면에서 보면 꼭 이런다? 둘이서 한 편인데 나쁜 놈은 디게 많은 거야. 둘이 딱 등 대고 싸우는데, 꼭 한 명이 먼저 죽어. 그럼, 내가 복수해주겠다아!!! 하면서 막 혼자 용감하게 싸워서 나쁜 놈들을 다 죽여. 왜 처음부터 그렇게 안 싸울까? 처음부터 그렇게 막 용감하게 싸웠으면 친구도 안 죽을 거 아니야."

"네 말이 맞아. 하지만 가장 좋은 때에 용기를 내기란 그렇게나 어렵구나. '동기'라는 게 있거든? '아, 저걸 하고 싶다, 꼭 저렇게 하고 싶다' 하게 만드는 마음. 동기가 있으면 용기를 내기가 쉬워. 꼭 해야 하니까, 꼭 하고 싶으니까, 있는 힘, 없는 힘 다 쓰게 되는 거지. 똑같은 능력을 갖고 있더라도 간절함에 따라서 발휘되는 힘이 다르더라. 동기와 간절함이 용기의 바탕이 되기도 하더라고. 근데, 뒤늦게라도 용기를 낸 게 어디야? 평생 용기를 내지 못하는 경우가 얼마나 많다구."

2. 『도서관의 비밀』 통지아 지음, 그린북

어느 날, 도서관에 도둑이 듭니다. 그것도 한 번이 아니라 계속 찾아오네요. 사서는 도둑을 잡기로 결심하고 도둑의 뒤를 쫓아갑니다. 과연 도둑을 잡을 수 있을까요?

쉿! 이 책은 마지막 반전이 아주 중요한 재미 포인트이기 때문에요, 줄거리를 절대 미리 말하면 안 된답니다. 그림에 계속 빨간 원피스의 소녀가 나와서 이 소녀가 사서인 줄 알지만, 알고 봤더니 소녀가 도둑이고, 초록 옷의 개가 사서라는 사실, 절대 미리 말하면 안 된다고요!

이 책은 보고 나면 반드시 한 번 더 읽게 된답니다. '초록 옷의 개가 사서라는 힌트가 어디에 있었을까?' '내가 바보라서 몰랐나? 아니면 책이 워낙 정교하게 속인 건가?' 다시 확인하고 싶어지거든요.

얼마나 내가 틀에 박힌 생각을 하는지, 혹은 내가 얼마나 속이기 쉬운 사람인지 실망을 할지도 모릅니다. 하지만 그만큼 멋진 독자예요. 반전에 놀라고, 허점을 찔려 깔깔 웃는 것, 그게 제일 멋진 독자랍니다.

이렇게 뒤통수를 치는 반전 그림책으로 패트리샤 폴라코의 『엠마, 네가 참 좋아』(아이세움)도 있어요. 이 책의 반전도 만만치 않답니다.

3. 『도서관에 간 사자』
미셸 누드슨 지음, 케빈 호크스 그림, 웅진주니어

도서관에 사자가 나타났습니다. 아니, 사자가 도서관엔 왜? 그림책을 읽어주는 스토리텔링 시간에 이야기를 듣고 싶어서지요. 처음엔 무서워하던 사람들도 늘 도서관에 나타나는 사자와 차츰 친해집니다. 하지만 도서관 직원 맥비 씨는 사자가 오는 걸 끝까지 싫어하네요. 사자는 도서관에서는 조용히 해야 한다는 규칙을 반드시 지키기로 약속하는데요. 어이쿠! 이를 어쩌나요. 도서관장님이 쓰러졌어요. 이를 빨리 알리려면 사자가 조용하기로 한 약속을 깰 수밖에 없는데요. 과연 사자의 선택은?

꽃봉이는 "규칙을 깨더라도 친구를 구하기 위해서는 어쩔 수 없다"고 단호하게 말하더군요. 자기가 불이익을 받아도 어쩔 수 없대요.

"친구를 구하기 위해서 깰 수밖에 없는 규칙이라면 그건 나쁜 규칙 아닐까? 나쁜 규칙은 없애버리는 게 좋지 않을까?"

"도서관에서 가장 중요한 규칙은 무엇일까? 조용히 하는 것? 책을 손상시키지 않는 것? 열심히 책을 읽는 것?"

"나는 사자가 오는 게 싫은데, 다른 사람들은 다 원한다면 어떻게 해야 할까?"

이야기 나눌 거리가 무궁무진한 책이랍니다. 책을 읽고 난 다음 뉴욕 공공도서관 앞에 있는 커다란 사자 조각상 사진을 보여주면 아주 좋아하더라고요. 정말 사자가 도서관에 갔네요?

4. 『도서관 생쥐』
다니엘 커크 지음, 푸른날개

이번엔 생쥐입니다. 생쥐 샘은 도서관에서 살고 있어요. 어린이 참고서 칸 뒤쪽에 있는 구멍에 살지요. 밤마다 아이들이 집으로 돌아가고 나면 책을 읽습니다. 책을 많이 읽고 난 샘은 마침내 자기가 직접 책을 쓰기로 합니다. 제목은? 『찍찍, 어느 생쥐의 삶!』. 내친 김에 2편도 씁니다. 『외로운 치즈』. 3편은 『생쥐 집의 비밀』. 샘이 몰래 써놓은 책을 보고 아이들이 이 작가를 너무나도 만나고 싶어하지요. 생쥐가 작가라는 걸 알면 얼마나 놀랄까요?

"샘이 4편을 쓴다면 제목을 뭐라고 할까? 생쥐가 지을 만한 책 제목을 얘기해줘."

집에 있는 그림책, 아이가 내용을 아주 잘 알고 있는 그림책을 골라다 물어봅니다.

"만약 이 책을 동물이 쓴 거라면, 어느 동물이 썼을까?"

"내가 샘이라면 요리책이 있는 칸에 살겠어. 왜냐면 맛있는 음식 사진을 늘 볼 수 있으니까. 너는 무슨 책이 있는 칸에 살래? 멋진 풍경 사진이 있는 칸? 영어 공부를 할 수 있게 영어로 된 책 칸?"

꽃봉이는요, 제일 재미없는 책 뒤에 살겠다네요. 그러면 아무도 그 책을 꺼내 보지 않을 테고, 그럼 안전할 테니까요.

CHAPTER 10

여행 가서 읽은 책은
그 자체로 추억이 된다

★
뉴욕 여행 전 읽었던 그림책

책 읽고 대화 나누기, 이렇게 쉬운 걸

"나도 애랑 그림책을 읽고 얘기를 하고 싶긴 한데, 무슨 얘길 해야 할지 모르겠어. 나는 책 읽고 아무 생각도 안 나던데. 꽃님이, 꽃봉이는 좋겠다. 엄마가 아는 게 많아서."

저만 만나면 늘 이렇게 얘기하는 친구가 있습니다.

"왜 아무 생각 안 나는지 알아? 마음속에, 이 책을 통해서 우리 아이한테 뭘 가르쳐야 하나, 이 생각이 있어서 그래. 맞지? 그 생각이 있으면, 다른 생각이 들어설 자리가 없거든."

"그럼 애한테 가르치려는 것도 아니면 대화를 왜 해? 대화로 잘 가르치려는 거 아니야?"

"아니지. 우리가 엄마지 선생님이야?"

우리는 엄만데, 선생님이 아닌데, 재미있는 그림책을 읽고 아이와 대화를 해야지 수업을 할 필요는 없잖아요? 물론 아이는 엄마와의 대화를 통해서 굉장히 많은 걸 배웁니다. 하지만 배우는 건 그냥 따라오는 거고요, 목적은 상대를 더 잘 아는 것이랍니다. 세상에서 가장 사랑하는 사람과 데이트하는 거라니깐요. 데이트할 때 수업하나요? 아무리 멋진 남자라도 데이트하면서 저를 가르치려고 하면, 전 도망가버리고 싶을 거 같아요. 이 사람은 어떤 사람인가, 무슨 생각하나, 기분은 어떤가, 다음에 또 나랑 만날 건가. 제가 궁금한 건 이런 것들인걸요.

무엇을 얘기할 건가를 고민하지 말고 내가 상대방에게 매력이 있을지, 그러니까 아이가 엄마에게 속 얘기를 털어놓고 싶을지 그걸 고민해야지요. 내가 이 얘길 하면 엄마가 야단치지 않을까? 나쁜 생각, 쓸데없는 생각 하지 말라고 하면? 아니면, 똑바로 알아듣게 얘기 좀 해보라고 다그치면 어떡하지? 이런 불안이 있으면 아이는 절대 속 얘길 하지 않는답니다. 모든 얘기의 결론은 교훈과 잔소리, '기승전잔소리'가 되어도 아이는 얘길 하지 않지요. 그럴 때 아이의 대답은 뻔합니다. "몰라."

아이와 대화를 나누기 위해서는 특정 주제에 대한 정보나 지식이 아니라, '신뢰'가 필요한 것 같아요. 엄마라면 내 마음을 알아줄 거야 하는 신뢰. 나에게 올바른 길을 가르쳐줄 거야 하는 신뢰. 엄마가 언제 '버럭'할지 모른다거나, 처음엔 좀 참다가 어느 순간 폭발해버리지 않을 것이라는 신뢰랍니다. (그런데요. 가르치지 않고, 아이에 대한 순수한 관심으로 대화를 할 때, 아이가 가장 많이 배운다는 것도 참 아이러니합니다.)

여행 가기 전 책 읽기로 워밍업!

그런데 "그래도 무슨 얘기를 해야 할지 정말 모르겠다. 꼭 뭔가 그럴듯한 얘기를 하고 싶다!" 이럴 때, 여행 가기 전에 책을 함께 읽는 것은 참 좋은 훈련 기회가 되어준답니다. 엄마가 무식한 게 아니라 엄마도 아직 그곳에 가보지 않았으니 너도 모르고 나도 모르는 거야. 우리 같이 한번 알아보자꾸나. 이게 서로 이해가 되는 상황이니까요.

또, 그림책의 주제와 소재에 대해서 아이보다 내가 더 잘 알아야 한다는 부담감에서 벗어날 수 있습니다. 엄마와 함께 배워가는 느낌은 아이들에게도 기분 좋은 일일 거고요. 잘 모르는 것에 대해서 질문을 받았을 때는 "모른다"고 대답하는 것이, 아는 척하다가 틀리는 것보다 아이들에게 훨씬 더 긍정적인 영향을 준답니다. 어른이 되어도 "나는 모르는 존재"라는 것을 받아들이기가 얼마나 힘든데요!

여행 가기 전에 읽는 책의 가장 좋은 점은, 여행 가서 훨씬 더 친숙하게 그곳에 적응하게 하고요, 돌아와서도 책을 볼 때마다 "아, 이곳!" 하면서 몇 번이고 그곳을 다시 추억할 수 있는 것이지요.

뉴욕 여행 전
읽었던
그림책

01

그저 살아남는 것의 위대함

『제시가 바다를 건널 때』
에이미 헤스트 지음, P. J. 린치 그림, 프뢰벨

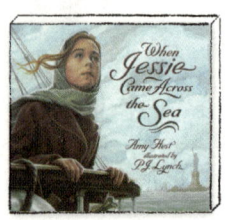

● 　　　　19세기 미국 이민자들의 이야기입니다. 열세 살 소녀 제시가 뉴욕에 정착하는 잔잔한 이야기지요. 아, 이런 걸 잔잔하다고 해도 되나 모르겠어요. 어린 소녀가 유일한 피붙이인 할머니가 있는 고향을 떠나 머나먼 나라에 와서 바느질로 밥 벌어먹어가며 자리잡고 결혼하는, 인생 대하드라마인데 말이에요. 어쨌

거나 그림의 분위기는 잔잔합니다.

저는 이민 이야기라고 하면 일단 감동을 받는 경향이 있긴 합니다. 저 역시 혼자 낯선 곳에서 자리를 잡고 살아남는 일을 겪었기 때문일까요? 고등학교를 졸업하고 서울로 와서 지금껏 살면서, 사실은 혼자라는 자유를 더 만끽하고 산 편임에도 불구하고, 왜 저는 가끔 20대를 돌이켜보며 "잘 버텼구나. 애썼다. 쯧쯧" 이런 기분이 되는 걸까요?

하여간, 제시가 신대륙에서 뭐 그리 거창한 부자가 되거나 대단한 일을 한 것도 아니지만, 그저 살아남고 새로운 가정을 꾸리고 뿌리를 내렸다는 것만으로도 가슴 벅차고 막, 그런 느낌이 듭니다.

재미있는 대목이 있어요. 제시가 할머니에게 글자를 가르쳐주자 할머니가 코웃음을 칩니다.

"나더러 글을 읽고 쓰는 법을 배우라고?"

"할머니는 잘 모르시겠지만, 이따금 뭔가 읽거나 글을 쓰고 싶을 때가 있단 말예요. 심심하거나 외로울 때, 뭐 그럴 때 말예요."

할머니도 제시에게 바느질을 가르쳐줍니다.

"제가 왜 이런 걸 배워야 해요?"

"넌 잘 모르겠지만, 이따금 뭔가 수놓고 싶을 때가 있단다. 돈을 좀 벌고 싶을 때, 뭐 그럴 때 말이다."

저도 돈을 좀 벌 수 있는 그런 걸 배울걸, 어쩌자고 글자만 배웠나 모르겠어요.

뉴욕 여행 전
읽었던
그림책

02

우주로 확장되는
마법의 순간

『한밤중에』 조나단 빈 지음, 고래이야기

● 　　　다른 도시는 별로 그렇지 않은데, 뉴욕에는 늘 특별하게 반응하게 됩니다. 일곱 살 꽃님이, 24개월 꽃봉이와 함께 맨해튼을 헤매 다니던, 스산한 11월 여행의 추억이 있어서 그렇겠지요.

여행은, 그런 것 같아요. 별것 아닌 것에도 여행을 하면서 받은 특정 이미지와 추억이 덧입혀져 특별하게 다가옵니다. 파리 여행 후 꽃봉이가 빵집 간판만 봐도 반가워하는 것처럼 여행을 통해 마법의 안경을 쓰고 나면 평범한 일상이 새롭게 재해석되거든요.

이 책을 뉴욕 그림책이라고 하면, "이게 뉴욕하고 무슨 상관이야? 뭐, 풍경이 쪼금, 아주 쪼금 비슷하긴 하네" 이러실 분도 계실 겁니다. 하지만 제겐 이 책이 뉴욕의 한 부분으로 다가오고, 그래서 더 특별하게 느껴지는걸요. 그저 평범한 그림책도 추억을 덧입혀 특별한 책으로 만드는 것, 그것이 여행의 힘이지요.

정말, 이 책엔 딱히 뉴욕이라는 말은 없습니다. 그냥 보다 보면 뉴욕이구나 싶어요.

배경은 표지에 있는 옥상 집이고요. 어느 밤, 잠 못 드는 아이가 옥상에 올라와 의자에 이불을 깔고 잔다는 얘기입니다. 그냥 자면 사실 별 얘기 아닐 텐데, 한 문장이 그 밤을 특별하게 만듭니다.

> 도시 한가운데, 집 위에 마련한 잠자리에 누웠어.
> 한밤중에, 하늘 아래 말이야.
> 주위를 감싸고 있는 드넓은 세계를 생각하고 웃었지.

아이가 드넓은 세계를 만나기 위해서는 구태여 깊은 자연으로 들어갈 필요도, 멀리 글로벌하게 나갈 필요도 없다는 걸 보여줍니다.

그냥, 어느 날 밤. 어느 곳이든. 마법의 순간이 있는 거지요.
그렇게 잠든 아이 옆에 어느새 엄마가 함께 합니다. 커피 혹은 차 한 잔을 마시는 엄마. 엄마도 세계를 만나고 있을까요?

『제시가 바다를 건널 때』와 『한밤중에』, 이 두 책의 공통점은 뉴욕이 배경이라는 것뿐만이 아닙니다. 사실 제 마음을 흔든 공통점은 책 속의 작가 소개글이에요.
『제시가 바다를 건널 때』를 쓴 에이미 헤스트의 소개글은 이렇게 시작합니다.

"책을 읽고 자전거를 타고 스파이놀이를 하기도 하면서 행복한 유년기를 보냈으며."

『한밤중에』를 쓴 조나단 빈의 소개글은 이렇지요.

"펜실베니아에서 하이킹을 즐기고 새들을 관찰하고 풍경화를 그리며 행복한 유년생활을 보냈다."

음. 둘 다 행복한 유년시절을 보냈다네요.
꽃님이, 꽃봉이는 유년시절을 어떻게 기억할까요?

뉴욕 여행 전
읽었던
그림책

03

100년 전 뉴욕의 모습

『페페, 가로등을 켜는 아이』
일라이자 바튼 지음, 테드 르윈 그림, 열린어린이

● 　　　전기가 없을 땐 가로등에 기름 램프를 넣어두고 저녁이 되면 하나하나 손으로 켜야 했다는 걸 아시나요? 100년 전쯤 이민자들의 도시 뉴욕. 어린 페페는 아픈 아버지를 대신해 돈을 벌기 위해 가로등 켜는 일을 합니다. 하지만 아버지는 고맙다고 하기는커녕 그딴 일이나 시키려고 이민 온 줄 아냐며 평생 밑바닥 일이나 하라고 폭언을 퍼붓지요. 급기야 페페도 더 이상 가로등 켜는 일을 하지 않습니다. 이따위 일!

　하지만 어느 날, 막내 동생이 길을 잃어버렸는지 저녁이 되어도 돌아오지 않습니다. 무서움을 많이 타는 동생이 어두운 거리에서 무섭지 않도록 페페는 다시 가로등을 켜러 나섭니다. 그러다 동생을 찾지요. 아버지도 이날은 페페에게 고맙다고 하네요.

　이 책은 1994년 칼데콧 아너상을 받았습니다. 예전에 꽃님이는 유독 칼데콧과 뉴베리 수상작을 싫어했어요. 상 받는 책 특유의 역경 극복이나 자연 친화, 모범적 태도, 과장된 동심, 뭐 이런 것들이 오글거린다 이거지요. 그런데 크면서 점점 칼데콧 수상작을 좋아하더라고요. 그림이 좋기 때문이랍니다. 이 책도 한참이나 들여다보더군요. 수채화인데도 어둠속에서 환한 빛을 포인트 조명처럼 살린 솜씨가 대단하거든요. 꼭 렘브란트 같습니다!

　내친 김에 렘브란트 그림과 무대 조명처럼 과장된 빛으로 연극적 효과를 내는 카라바조 그림도 인터넷으로 찾아보았습니다. 그림에서 빛이 어떤 역할을 하는가 얘기를 나누었지요.

그런데 그림을 보며 빛 얘기를 했다고 해서 무슨 거창한 얘기를 한 건 아니고요. 그냥, 환한 그림이 좋다, 어두운 그림이 좋다, 어두운데 환한 빛이 들어오면 시선을 끈다, 우와~ 이 빛은 진짜 눈부시다, 뭐 이런 각자의 느낌 얘기만 해도 충분한 것 같아요.

늘 느끼는 점인데요,
좋은 그림책은 어지간한 전시회보다 낫습니다!

10. 여행 가서 읽은 책은 그 자체로 추억이 된다

뉴욕 여행 전
읽었던
그림책
04

가난하지만 꿈이 있는
이민자들의 도시

「도착」 숀 탠 지음, 사계절

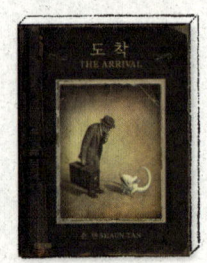

● 　　　　　이민자 이야기를 더 볼까요? 말도 통하지 않고, 낯설기만 한 땅에 먼저 도착한 한 아버지. 우여곡절 끝에 새로운 나라에 정착하여 가족을 초청합니다. 그곳에 사는 사람들은 저마다 사연이 있어요. 가난을 피해, 전쟁을 피해, 학대를 피해…… 이런저런 사연을 안고 모인 하얗고, 까맣고, 노란 얼굴의 사람들.

낯선 땅임을 대번에 느끼게 하는 낯선 글자와 낯선 생태를 상징하는 듯한 작고 기묘한 괴물(?)들의 모습을 보면 상상을 그렸다기보다, 옛날 이민자의 눈에 낯선 나라가 딱 이렇게 보이지 않았을까 싶어 더 리얼하게 느껴집니다.

19세기 초반 사람들은 왜 미국으로, 호주로 새 땅을 찾아 이민을 왔는지 얘기를 나누기 좋은 책이에요. 이 책을 지은 숀 탠은 호주 이민 2세라서 그런지 이민자의 두려움, 설렘, 용기, 걱정, 이런 것들을 확실하게 보여주네요.

'초등학생이 보는 그림책' 시리즈라도 글자 없는 그림책이라서 엄마와 같이 보면 더 어려도 읽을 수 있고요, 혼자 읽기엔 초등 저학년에게도 좀 어렵거나 놓치는 게 많을 것 같습니다.

예전에 뉴욕 앨리스 섬에 있는 이민 박물관에 가기 전에 이 책을 보았습니다. 아니 이 책을 보고 이민자들의 역사에 관심이 생겨서 박물관에 간 것이지요. 외국에서 이민자들이 배를 타고 와서 뉴욕 시로 들어가기 전, 앨리스 섬에서 각종 심사와 서류 작업을 했다는데요, 당시 꽃님이가 고작 일곱 살이었는데도 아주 흥미로워했답니다.

  그런데 꽃님이는 일곱 살 때 본 이 책을 꽃봉이는 2학년인데도 어렵다고 하더라고요. 아들과 딸의 차이일까요, 개인의 차이일까요? 하하!

뉴욕 여행 전
읽었던
그림책
05

죽으려고 작정했어?

『쌍둥이 빌딩 사이를 걸어간 남자』
모디캐이 저스타인 지음, 보물창고

• 　　　　2001년 9.11테러로 사라진 뉴욕의 명물 세계무역센터 쌍둥이 빌딩이 그림책 속에서 다시 살아났습니다. 1974년 외발 자전거를 타는 곡예사 필립 쁘띠가 400미터나 되는 쌍둥이 빌딩 꼭대기에 밧줄을 걸고 줄타기를 한 이야기거든요.
　도대체 죽으려고 작정한 사람도 아니고, 그 높은 빌딩 사이에

줄을 타고 걸어 다닌 이유가 뭘까요? 그 사람의 이야기에 우리가 감동을 받는 것은 왜일까요? 1970년대만 해도 쌍둥이 빌딩처럼 커다란 건물이 흔치 않았을 거예요. 작은 인간에 비해 위압적으로 느껴질 만큼 거대한 빌딩은 어쩌면 경쟁과 규칙을 강요하는 도시의 상징 같았겠지요. 다른 사람들이 걷는 것과 다른 방법으로 움직이고 싶었던 곡예사 필립에게는 그렇게 압도적인 빌딩을 놀이터로 만든다는 자체가 어쩌면 통쾌한 자유를 느끼게 하지 않았을까요? 거대한 도시에 눌려 찌부러지지 않고, 보란 듯이 그 안에서 놀고 가볍게 날고 싶었겠지요. 아이들과 '자유'와 '도전'에 대해 이야기하기 좋은 책이랍니다.

이 책의 또 하나 장점은요, 풍경을 다양한 각도로 바라볼 수 있다는 거예요. 눈높이를 맞추다 보면 아래에서 높은 곳을 바라보는 각도로 그림을 그리는 경우가 많은데요, 이 책에선 공중에서 아래를 내려다본 풍경, 아래에서 까마득히 높은 곳에 있는 필립을 바라보는 장면 등 일상적이지 않은 각도의 그림들이 많습니다. 바라보는 위치에 따라 풍경의 느낌이 이렇게 달라지는구나, 일부러 엄마가 짚어주지 않아도 느낄 수밖에 없을 정도로 강렬합니다. 2004년 칼데콧 상 수상작답게 그림이 눈에 띄게 멋지지요.

실제 있었던 이 사건을 다룬 〈맨 온 와이어〉라는 영화도 있고요, 유튜브에서 '필립 쁘띠 Philippe Petit'를 검색하면 실제 사건을 기록한 다큐멘터리 동영상이 있어서 아이들이 매우 재미있어합니다. 같이 9.11 테러 장면을 보면서 얘기를 나누는 것도 좋겠지요.

뉴욕 여행 전
읽었던
그림책 **06**

때로 어둠은
삶이 주는 선물

『앗, 깜깜해』 존 로코 지음, 다림

• 　　　　브루클린 브릿지가 보이는 뉴욕의 주택가. 뜨거운 여름밤입니다. 아이는 보드게임을 하고 싶지만, 아빠는 요리하느라 바쁘고 엄마는 컴퓨터를 하느라 바쁩니다.
　'아무도 나랑 놀아주지 않아. 심심해!'
　그런데 그 순간, 마법이 일어납니다. 온 마을 전체가 정전이 되어버린 것이지요.

다들 하던 일을 못하니 식탁으로 모여듭니다. 촛불을 켜고, 그림자 놀이를 하고, 오랜만에 함께 이야기를 나누고, 장난을 치지요. 이 집뿐만 아니라 동네 전체가 술렁입니다. 더우니까 다들 밖으로 나오네요. 누군가는 음악을 연주하고, 누군가는 아이스크림을 나눠줍니다. 거리에서 물장난도 치고요. 전기는 나갔지만, 사람들이 돌아왔습니다. 밤하늘엔 오랜만에 별도 보이고요.

나도 정전이 되어야만 정신을 차리고 아이를 바라보는 바쁜 엄마가 아닌가, 생각을 해봅니다. 어쩌면 지금은 정전이 되어도 아이에게 엄마 아빠를 돌려주기는 어렵지 않을까 싶어요. 스마트폰의 배터리는 그렇게 쉽게 나가지 않으니까요.

밤하늘의 오묘한 푸른빛과 검은색이 이렇게 다양했구나 새삼 느낄 수 있는, 아름다운 책입니다.

세계의 여러 모습을
보여주는 그림책

예전 친구들과 로마 여행을 갔을 때였습니다. 영화 〈로마의 휴일〉을 본 사람과 안 본 사람이 로마에서 느끼는 감회가 완전히 다른 것을 보고 깜짝 놀랐어요. 오드리 헵번이 앉아서 아이스크림을 쫄쫄 먹던 장면을 본 사람은 스페인 광장의 계단이 특별한 건 물론, 그저 골목길만 걸어도 멋진 로맨스의 현장에 있다는 게 행복하다고 했고요, 영화를 안 본 친구는 "음, 로마군. 여긴 왜 이렇게 덥냐?" 콜로세움 보고 나니 끝. "자, 피자 먹으러 가자."

아이들과 뉴욕과 파리 여행을 가게 됐을 때, 무언가 특별한 이유를 만들어주고 싶었습니다. 여행 갈 곳이 배경이 되는 책과 영화들을 살살 보여줬더니 생각보다 효과가 훨씬 좋더라고요.

"우와, 이 플라자 호텔이 엘로이즈가 사는 곳이야? 우와, 센트럴파크에 진짜 스머프가 있을까?"

블로그에 여행기와 가기 전, 후에 읽은 그림책 목록을 올리면, 이웃분들이 세계 여러 나라에 대해 알려주려면 어떤 그림책을 보면 좋을지 꼭 물어보세요. 전집을 사는 분들도 여럿이고요. 저도 몇 년 전에 꽤 비싼 세계 문화, 나라 전집을 샀지만, 생각보다는 '효과'(?)를 보지 못했답니다. 이젠 그냥 '모든 나라를 다 커버하겠다'는 욕심을 버리고, 잘 만든 단행본들이 있는 나라들만 챙기고 있습니다.

먼저 한 권으로 여러 나라 모습을 볼 수 있는 책 몇 권 소개해드릴게요. 엄마와 같이 본다면 유치원생부터 초등 고학년까지 다 읽을 수 있고요. 엄마가 봐도 재미있는 책들이랍니다.

1. 『내가 라면을 먹을 때』
하세가와 요시후미 지음, 고래이야기

내가 라면을 먹을 때, 옆에서 동생이 한 입 달라고 조른다? 엄마가 몸에 나쁜 것을 먹는다고 야단을 친다? 내가 라면을 먹을 때, 이웃나라 어떤 아이는 소를 치고, 또 어떤 나라 아이는 아기를 돌보고, 또 어떤 나라 아이는 전쟁에 쓰러집니다.

꽤나 일찍 다른 나라로 여행을 다닌 둘째 꽃봉이는 '다른 나라', '다른 동네' 개념을 빨리 깨우쳤지만, 첫 아이라 "두 돌 전에 비행기를 태워도 될까요?" 뭐 이런 질문을 인터넷 카페에 올려가며 집에서만 키운 꽃님이는 '다른 나라' 개념이 꽤 늦게 생겼습니다.

지구상 모든 아이들이 나처럼 엄마 아빠의 보호 아래, 그냥 뛰어놀고 괴로움이라 해봤자 기껏해야 숫자 공부 좀 해야 하는 팔자가 아니라는 것을 확 일깨워주는 책입니다. 다른 나라에선 동갑내기 내 친구가 다른 모습으로 살고 있단다, 얘들아.

책 마지막에 보면 전쟁통에 쓰러졌던 아이가 일어나 걸어가는 장면이 있습니다. 내가 라면을 먹을 때, 누군가는 죽어버렸다고 아이가 충격을 받는다면 살짝 일러주세요.

2. 『토끼와 거북이의 세계 일주』
<small>셜리 글레이저 지음, 밀턴 글레이저 그림, 비룡소</small>

이 책도 세계 여러 나라, 여러 문화권에 대한 워밍업을 하기에 좋아요. 솔직히 말하자면, 아주 재미있는 책은 아니지만 이 나라는 주식이 뭐고, 기후가 어떻고, 역사는 어떻고, 과연 어린 아이들이 이것까지 알아야 하나 싶은 정보까지도 총망라한 지식정보 책들보다는 낫지 않을까 싶어요.

잠이 드는 바람에 거북이에게 달리기 시합에서 졌던 토끼가 거북이더러 두 번째 시합을 하자고 하지요. 뉴욕의 도서관 앞에서 출발해서 영국과 프랑스, 네덜란드를 거쳐 중국, 일본, 인도, 갈라파고스와 남극까지 세계를 한 바퀴 도는 스케일 큰 달리기 시합입니다.

어? 그런데 거북이는 어디 있지? 책을 다 보고 나면 마지막 장에 "책을 거꾸로 돌려요"라고 쓰여 있어요. 아하! 뒤에서 이야기가 또 진행되는 책이군요! 내용도 내용이지만, 구성에서 점수를 주고 싶은 책입니다.

3. 『우리 집을 공개합니다』
<small>피터 멘젤 외 지음, 월북</small>

이번엔 수준이 확 뛰어서, 사실은 성인용 책입니다. 하지만 꽃봉이도 즐겁게 본답니다. 각 나라 가족들이 자기네들 살림살이 일체를 다 꺼내놓

고 사진을 찍는다면? 한눈에 어떤 물건을 얼마나 갖고, 어떻게 쓰면서 살고 있는지 알 수 있겠지요? 바로 그런 콘셉트로 30개국을 돌아다니며 만든 사진집입니다. 어린이용 책은 아니지만, 사진집이라 아이들도 충분히 즐거워하면서 볼 수 있어요. 하지만 아이 혼자 보는 것보다 어른과 같이 얘기하면서 보는 게 좋겠습니다. 11명 대가족이 사는데도 그저 항아리 몇 개면 족한 아프리카 말리, 천막을 걷으면 집이 쏙 사라지는 몽골, 서너 명 가족 살면서도 차마 사진 한 장에 담기가 어려울 만큼 많은 것들을 갖고 사는 이른바 선진국들의 모습을 보노라면 소유와 행복, 공부와 일의 목표, 가족과 자유 등 여러 가지 이야기를 나눌 수 있기 때문입니다.

4. 『모나리자를 찾아라!』
마이컬 콜런 지음, 니키 티오니슨 그림, 키즈엠

프랑스 파리 루브르 박물관에서 모나리자를 훔친 다섯 도둑과 이들을 뒤쫓는 쥐와 늑대 경찰의 이야기. 글자가 없는 그림책이지만, 파리, 런던, 베를린, 로마, 바르셀로나 등 유럽의 유명 도시를 돌아다니며 다섯 도둑과 쥐, 늑대 경찰, 그리고 모나리자가 어디 있는지 숨은 그림 찾기 하듯 샅샅이 뒤지는 재미가 엄청납니다. 처음엔 그저 모나리자 그림 찾기, 쥐 경찰 등을 찾지만 자꾸 볼수록 각 도시의 명승지가 눈에 들어옵니다. 어느 도시에 무슨 유명한 것들이 있나 외우고 익히기 위해서, 지리 공부 삼아 보는 것이 아니라 보다 즐거운 숨은 그림 찾기를 위해서 '실사 사진'을 보여주고 그것을 찾게 하는 놀이를 해도 재미있답니다.
 '콜로세움 앞에서 찍은 엄마 처녀적 사진'이라도 보여주면 아이가 정말 부러워한다는 거! 어떤 세계문화지리 전집도 부럽지 않을 정도의 퀄리티라는 거!

이번엔 한 나라에 한 책!
 지식 정보를 알 수 있는 책 말고, 그냥 그림책인데 배경이 그 나라라서 그 나라를 알 수 있는 책들이에요. 뉴욕, 파리 등 유명 도시들은 워낙 배경으로 한 책이 많아서 흔치 않은 나라 위주로 골랐습니다.

5. 『미시게의 약속』
김동연 지음, 주니어김영사

몽골 고비 사막에서 아빠와 단 둘이 천막집 게르에 사는 미시게에게 친구가 생깁니다. 바로 몽골의 수도 울란바토르에서 온 공룡학자의 딸 유로지요. 하지만 유로는 곧 도시로 돌아가고, 미시게는 한참 후에야 유로를 만나러 난생 처음 도시로 갑니다. 꾸미지 않은 소박한 우정을 그린 이야기 자체만으로도 재미있고, 사막과 도시의 생활 모습도 자연스레 비교해 볼 수 있는 작품이랍니다.

6. 『세상에서 가장 아름다운 나의 마을』
고바야시 유타카 지음, 미래아이

아프가니스탄의 작은 파구만 마을. 소년 야모는 전쟁터에 나간 형 대신 아버지와 함께 마을 시장에 버찌를 팔러 갑니다. 창피하기도 하고 쑥스럽기도 하네요. 또 한편으로는 아버지를 돕는다는 게 자랑스럽습니다. 전쟁터에서 다리를 잃은 아저씨에게 세상 돌아가는 얘기를 듣기도 하고 어쩐지 부쩍 자란 것 같은 날, 이날 버찌를 판 돈으로 아버지는 새끼 양을 삽니다. 야모는 이 양에게 바할이라고 이름을 지어주지요. '봄'이란 뜻입니다. "봄에 형이 돌아와 바할을 보면 깜짝 놀라겠지요? 빨리 보여주고 싶어요!" 그리고 다음 페이지. 딱 한 줄 있고 그림책은 끝납니다.

"그 해 겨울, 마을은 전쟁으로 파괴되었고 지금은 아무도 없습니다."

붉다 못해 빨갛게 훨훨 타오르는 것 같은 사막의 석양. 황량한 사막 위에 있는 진흙 마을. 그 마을에 화사하게 피어 있는 버찌 꽃들. 터번을 두른 남자들과 당나귀를 타고 가는 얼굴 가린 이슬람 여인들······. 그들이 복작복작 풍경을 이룬 시장통······. 구태여 '아프가니스탄은 이런 나라예요' 하고 공부하지 않더라도 살아가는 모습을 통해 그 나라에 대해 자연스레 알게 됩니다. 결국 우리와 똑같은 '사람'이 살아가는 곳이라는 것을 말이지요.

이 책은 절판이라 중고서점이 아니면 구하기 어렵습니다. 하지만 소개하는 것은 이렇게 입소문이라도 나야 다시 출간되지 않을까 하는 바람에서입니다. 다행히 역시 파구만 마을이 배경인 『우리 마을에 서커스가 왔어요』는 아직까지 절판이 아니네요.

7. 『마음으로 듣는 노래』
제임스 럼포드 지음, 시공주니어

꽃봉이의 장래희망은 축구 선수입니다. 이 책의 주인공 알리도 축구를 무엇보다 좋아하지만, 다른 아이들처럼 평범하게 축구 선수를 장래희망으로 삼을 수 없습니다. 왜냐하면 이라크의 수도 '바그다드'에 살고 있기 때문에. 전쟁의 한복판에 있기 때문이지요. 알리의 희망은 '평화'입니다.

지은이 제임스 럼포드는 본인이 12개국어 이상 공부를 했다는데요, '글자'에 관심이 많은 작가인가 봅니다. 미국 체로키 인디언의 글자를 만든 사람들의 이야기 『세쿼야』, 『상형 문자의 비밀을 찾아서』(비룡소) 등 글자에 대한 책들을 썼군요. 이 책 역시 그림 같은 아랍 글자의 아름다움에 흠뻑 빠질 수 있습니다.

고학년이라면 『도서관을 구한 사서』, 『바그다드 우편배달 소년』(마르코스 칼베이로 지음, 별숲) 등도 좋답니다.

8. 『쩌우 까우 이야기』
화이 남 지음. 응우옌 꽁 환 그림, 보림

그린 사람 이름이 응우옌 꽁 환이라니. 작가 이름부터 굉장히 낯설지 않나요? 베트남 전래 이야기를 모은 책입니다. 떤과 랑 형제는 사이좋기로 유명했지만, 형 떤이 스승님의 딸과 결혼한 후 사이가 점점 멀어져요. 둘이 하도 똑같이 생겨놔서 형의 아내가 자꾸만 두 사람을 헷갈리기 때문입니다. 그림도 좋고, 내용도 재미있습니다. '솔거나라' '옛이야기 그림책 까치

호랑이' 시리즈 등 우리나라 전래동화 시리즈로 좋은 책들을 많이 만든 보림출판사에서 이번에는 세계 그림책 시리즈를 만들었네요. '땅.별.그림.책' 시리즈예요. 세계라 해도 서유럽, 미국 쪽이 아니라 베트남, 몽골, 대만, 스리랑카, 남미, 북유럽 등 평소 접하기 힘든 곳들입니다. 열 권쯤 되는데 초등 중학년까지 즐겁게 보겠습니다. 아, 세트로 사버리고 싶다 아아아!!

9. 『짹짹 참새의 아침』
린환장 지음, 류보러 그림, 보림

보림출판사의 '땅.별.그림.책' 시리즈 중 대만 편.
    봄날, 짹짹 새소리에 일찍 눈뜬 아이는 참새들은 어떻게 살고 있는지, 학교는 가는지 어떤지 궁금합니다. 고층 빌딩이 들어서기 전 옛 동네의 풍경이 우리네 풍경과 참 닮았네요. 그런데 이 책은 내용보다 책의 모양 때문에 더 특별한 책입니다. 중국어이다 보니 글자도 세로쓰기이고, 오른쪽에서 왼쪽으로 읽어야 하거든요. 책장도 보통 책들과 반대 방향인 오른쪽에서 왼쪽으로 넘겨야 해서 아이들은 "이거 잘못 인쇄된 거 아니야?" 하기도 한답니다. 아, 나라마다 글자도, 읽는 방법도, 책 모양도 다르구나, 문화권마다 다른 모양으로 사는구나, 가르치지 않아도 알게 되는 거지요.
    내용만 보자면, 대만 그림책 중에서 더 추천하고 싶은 그림책들이 있습니다. 『여덟 살, 혼자 떠나는 여행』(베틀북)은 배경이 대만이라 특별한 그림책이 아니라 이제 유아에서 소년의 세계로 한발 내딛는 여덟 살 남자아이의 기차여행 이야기가 그 자체로 특별하고 재미있습니다.

『파라파라 산의 괴물』과 『일찍 일어난 아침』 등 대만 일러스트레이터 라이마의 작품들도 다 좋습니다. 색깔로 시간과 감정을 어떻게 나타낼 수 있는지 확실하게 느낄 수 있거든요. 하지만 라이마의 두 책은 이미 절판 상태. 구비해놓은 도서관도 별로 없습니다. 영어권이나 일본이 아닌 나라의 그림책들은 이렇게 자칫하면 구할 수 없기 때문에 좋다 싶으면 바로 사야 합니다. 아이들이 다양한 나라의 작품들을 만날 수 있으면 좋으련만!

10. 『에란디의 생일 선물』
안토니오 에르난데스 마드리갈 지음. 토미 드 파올라 그림.
문학동네어린이

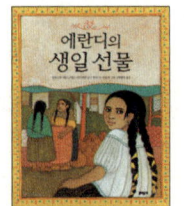

1950년대 멕시코. 물고기를 잡는 엄마와 둘이 살고 있는 에란디는 일곱 번째 생일을 맞아 인형을 선물로 받고 싶습니다. 하지만 돈이 없는 엄마는 머리카락을 팔아 돈을 마련하기로 하네요. 당시 멕시코 여자들은 검고 탐스러운 머리카락에 큰 자부심을 갖고 있었다고 합니다. 머리카락을 자르면 저주를 받는다는 미신까지 있을 정도였다는군요. 큰 맘 먹고 머리카락을 팔러 갔지만, 엄마는 팔지 못합니다. 이미 예전에 팔았던 적이 있어서 머리카락이 충분히 길지 않았던 거지요. 이발소에서 탐내는 것은 에란디의 머리카락! 과연 에란디는 인형을 가질 수 있을까요?

2학년 꽃봉이와 이 이야기를 읽으면서 혹시 멕시코에 대해서 오히려 머리카락까지 팔아야 하는 가난한 나라라는 선입견을 줄까 봐 걱정되었습니다. 그래서 배경이 패나 오래전이라는 것, 이맘때는 우리나라 역시 여자들이 머리카락을 팔아 돈을 마련하는 일이 흔했다는 얘기를 해주었지요. 지금은 멕시코가 얼마나 발전했는지, 인터넷으로 같이 검색을 해보기도 했답니다.

닫는 말
육아가 재미있어지는 비밀

언젠가부터 제가 블로그에 아이들과 나눈 그림책 대화를 '책 읽기 책 일기'란 제목으로 적기 시작했습니다. 아이 키우면서 기억력이 사흘을 못 넘기게 된 터라 아이들이 쏟아내는 보석 같은 말, 때론 웃기고 때론 감동적이고 때론 굉장히 엄마를 부끄럽게 만들거나 자랑스럽게 만드는 그 말들을 흘려버리기가 아깝더라고요.

그런데 책 일기를 쓰면서 변화가 생겼습니다.

첫 번째 변화는 제 마음이 많이 가벼워졌다는 겁니다. 전에는 아이들에게 어떻게든 좀 더 잘해줘서, 더 멋지게, 더 행복하고 더 훌륭한 사람으로 키워내고 싶었거든요. 그런데 아이들과 대화를 나누어보니, 이건 뭐 제가 잘하고 말고 할 일이 아닌 거예요. 아이들은 제가 혼신의 힘을 다해 완성시켜야 하는 '대상', 그러니까 '미완성'의 존재가 아니라, 이미 자기만의 세계를 갖고 있는 독립된 인격체라는 걸 깨닫게 된 것이지요. 육아책에서 그렇게나 아이들은 독립된 인격체이니 인격적인 대우를 해주라고 해도 "이런 껌딱지가 무슨 독립체야?" 했는데요. 그림책을 읽고 얘기를 나누면서 어엿하게 자기 생각이 있고, 때로는 그 생각이 엄마보다 훨씬 낫다 싶은 경험을 자꾸 하니까, 제가 부정하려야 부정할 수가 없더라고요. 그래, 넌 엄마의 소유물이 아니야. 넌 너야. 인정!

두 번째 변화는, 그때까지 제 블로그는 주로 놀러다닌 얘기거나 "아이고, 애 키우는 거 왜 이렇게 힘들어요?" 이런 하소연이었는데요, 책 일기를 쓰면서 키우기 힘들다는 소리가 확 줄어들었어요. 물론 키우기가 쉬워진 건 아닙니다. 오히려 아이와 이런저런 얘기를 나누려면 내 가치관이 바른가 어떤가 말조심도 해야 하고, 얘깃거리도 찾아야 하니까 더 힘들어진 부분도 있습니다. 하지만 어려운 건 어려운 거고, 재미있는 건 재미있는 거잖아요. 아이들과 보내는 시간이 훨씬 더 재미있어졌어요! 아이들과 그림책을 함께 읽고, 얘기를 나누는 건 정말 재미있습니다. 아이들은 누구보다도 웃기고, 기발하고, 섬세하고, 핵심을 찌르는 의견들을 내어놓거든요. 가끔은 제 책을 보다가도 "꽃님아, 꽃봉아. 너희는 이거 어떻게 생각해?" 물어보고 싶을 정도로요. (실제로 가끔 물어보기도 합니다.)

아, 그렇다고 물론 매번 그런 얘기를 하는 건 아닙니다. "그거야 꽃봉이, 꽃님이는 말을 잘하니까 그렇지요. 애들이 굉장히 똑똑한가 봐요?" 혹시 이러실까 봐 노골적으로 말씀드리면요, 아이들과 대화를 나누면서 감동을 받는 건 열 번에 한 번쯤 됩니다. 아홉 번 속 터지는 얘기를 하고요. "방금 읽었잖아. 생각 안 나?" "넌 도대체 생각을 하는 거니, 안 하는 거니?" 이런 말이 콧구멍 밖으로 삐져나옵니다. 하지만 참아야지요. 왜? 열 번 속 터지게 하고 딱 한 번 감동적인 말을 하는데, 그게 대박이거든요. 엄마가 아이의 말에 속 터져하고 답답해했다는 게 너무너무 부끄러워집니다. 뭐든지 결과가 있어야 하고 성과가 있어야 하는 급하고 속 좁은 엄마를 내리치는 죽비 같은 한 마디를 듣고 "내가 왜 널 의심했던가, 미안하구나" 괴로워하지 않으려면 쓸데없는 소리는 꾹 참고, 조금 더 기다려야 하니까요.

뭐, 열두 번을 기다려도 감동적인 얘기를 안 하면 또 어떻습니까? 겨우 팔뚝만 한 아기들을 낳아놨더니, 언제 컸다고 이런저런 의견을 내놓고 생각을 하고 말을 하잖아요. 아이들이 종알종알 떠드는 입을 보면, 신기하기 짝이 없습니다. 지 똥도 못 닦던 아기들이 언제 자랐다고 어떨 땐 엄마를 비판하고 심지어 속여먹으려 할 때도 있다니까요. 매일, 진심으로, 궁금합니다. "도대체 너희는 무슨 생각을 하니?"

아이와 함께 책 읽기. 그리고 함께 이야기하기. 엄마는 편하고, 아이의 마음속엔 추억이, 보물이 쌓입니다. 아니, 진짜 보물은 엄마 마음에 쌓이고 있습니다. 선배 부모들이 한결같이 하는 말 있잖아요. 아이들이 엄마 아빠만 바라보고 '달라붙는' 이 시간이 영원히 끝날 것 같지 않지만, 아이들 크는 것 금방이라고요. (열 번의 바보 같은 말 뒤에 한 번, 그러나 너무나 예쁜) 보석 같은 말을 엄마의 마음에 심어놓고 아이들은 달려나가겠지요. 저희들만의 넓고 멋진 세계로요. 어떤 위험이 있을지 몰라 조마조마한 부모 심정쯤 생각해주지 않을걸요? 생각해줘서도 안 되겠지요. 부모의 눈치를 보느라, 부모의 기대에 맞추느라, 자기를 억지로 참고 바꾸는 일이 생기면 안 될 테니까요.

힘차게 달려나간 아이들의 뒤에서 우리는 어린 시절 아이들이 주었던 보석들을 천천히 찾아내어 소중하게 들여다보고 웃으며 되새기는 것 외에 무얼 할 수 있을까요? 그때 쓸 보석들이 그림책 속에, 아이와 나누는 대화 속에 들어 있습니다.

아아, 꽃님아, 꽃봉아. 엄마가 조금만 더 보석을 모을 수 있게 조금만 더 천천히 자라주렴…….

엄마가 책을 쓰는 동안 기다리느라 애쓴 꽃봉이, 또 제 베프 꽃님이에게 감사 인사를 전합니다. 결국은 아내의 선택을 지지해주는 박현수 씨에게도요.

꽃님에미 전은주

웰컴 투 그림책 육아
© 전은주 2015

1판 1쇄	2015년 3월 6일
1판 6쇄	2019년 7월 30일

지은이	전은주
펴낸이	김정순
책임편집	오세은
디자인	이혜령
마케팅	김보미 임정진

펴낸곳	(주)북하우스퍼블리셔스
출판등록	1997년 9월 23일 제406-2003-055호
주소	04043 서울시 마포구 양화로 12길 16-9(서교동 북앤빌딩)
전자우편	editor@bookhouse.co.kr
홈페이지	www.bookhouse.co.kr
전화	02-3144-3123
팩스	02-3144-3121

ISBN 978-89-5605-926-6 (13590)

이 도서의 국립중앙도서관 출판시도서목록(CIP)은 서지정보유통지원시스템 홈페이지(http://seoji.nl.go.kr)와 국가자료공동목록시스템(http://www.nl.go.kr/kolisnet)에서 이용하실 수 있습니다.
(CIP 제어번호 : CIP 2015005999)